via reise tour

Ab ins Grüne

Ausflüge rund um Hamburg

via reise verlag

Inhalt

NORDEN

OSTEN

SÜDEN

WESTEN

CITY & HAFEN

HIGHLIGHTS RUND

FRIEDHOF OHLSDORF ▸ Seite 26

Hamburgs größte Grünanlage: Ein Tag auf dem Ohlsdorfer Friedhof macht nicht traurig, sondern nachdenklich. Besonders beeindruckend: die Rhododendronblüte im Mai/Juni.

VIER- UND MARSCHLANDE ▸ Seite 68

Eine schöne abwechslungsreiche Radtour durch das Blumen- und Gemüseanbaugebiet mit gepflegten – oft reetgedeckten – Bauernhäusern am Wegesrand.

MÖLLN & MÖLLNER SEEN ▸ Seite 82

Eine romantische Radtour durch die Möllner Seenlandschaft nach einem Stadtrundgang durch die mittelalterliche Eulenspiegel-Stadt.

SCHWARZE BERGE & KIEKEBERG ▸ Seite 104

Zwei wunderschöne und lehrreiche Klassiker: Ein sehr gepflegter Wildpark und ein Freilichtmuseum über das Leben unserer Vorfahren.

LÜNEBURG ▸ Seite 110

Die mittelalterliche Hansestadt, die einst durch Salz reich wurde. Den besten Blick auf die rote Backsteinstadt mit ihrem Rokokorathaus gibt's vom Wasserturm!

UM HAMBURG

ALTES LAND & STADE ▸ Seite 134

Ob im Frühjahr zur weiß-rosa Kirsch- und Apfelblüte oder im Herbst zur Apfelernte, das Alte Land ist fast zu schön, um wahr zu sein.

LOKI-SCHMIDT-GARTEN ▸ Seite 158

Lektionen in Botanik und Erholung inmitten exotischer Gewächse und einheimischer Nutzpflanzen können Besucher im botanischen Garten erleben – kostenlos.

WEDEL & FÄHRMANNSSAND ▸ Seite 172

Auch bei der letzten Landratte kommt Fernweh auf, wenn die großen Passagier- und Containerschiffe am Schulauer Fährhaus in Wedel begrüßt und verabschiedet werden.

GLÜCKSTADT ▸ Seite 180

Eine Radtour auf dem Elbdeich nach Glückstadt ist eine tolle Sache. Dort kann man dann auch die Spezialität der Stadt, den Glückstädter Matjes, probieren.

WILHELMSBURGER INSELPARK ▸ Seite 202

Die Wilhelmsburger Insel ist mit der Internationalen Gartenschau aufgeblüht. Und seither kann man in ganz Wilhelmsburg viel Neues entdecken.

HVV-Informationen

Ab ins Grüne – der HVV bringt Sie bequem hin

Einfach mal raus in die Natur: Mit Bus, Bahn oder Fähre geht das ganz einfach.

Ein abgestimmter Fahrplan, ein einheitlicher Tarif, eine Fahrkarte: Nicht nur in Hamburg, sondern auch in den sieben Kreisen bzw. Landkreisen rings um Hamburg (Pinneberg, Segeberg, Stormarn, Herzogtum Lauenburg, Lüneburg, Harburg und Stade) können Sie alle Verkehrsmittel im HVV nutzen.

Dazu gehören neben unseren Schnellbahnen (U-, S- und A-Bahn) auch die Züge im Regionalverkehr (RB/RE) und die Busse. Und wie es sich in einer Hafenstadt gehört, dürfen Sie im HVV auch die sieben Hafenfähren auf der Elbe nutzen, um die Stadt auf dem Wasserweg zu erkunden.

Infos – Fahrpläne – Service
Über unsere Infoline (040) 19 449 erhalten Sie Auskünfte über Fahrzeiten, Fahrtrouten und Fahrkarten – täglich, auch am Wochenende.

Große Auswahl, faire Preise

Egal, ob Familienausflug, Stadtbesichtigung oder Wochenendfahrt ins Hamburger Umland – mit unseren Tageskarten fahren Sie immer gut.

Ganztageskarte/9-Uhr-Tageskarte: Mit dieser Karte ist eine Person einen Tag zum Pauschalpreis unterwegs – sie lohnt sich oft schon ab 2 Fahrten. Ein weiterer Pluspunkt: bis zu 3 Kinder (6–14 Jahre) können kostenlos mitfahren.

9-Uhr-Gruppenkarte: Mit der 9-Uhr-Gruppenkarte fahren bis zu 5 Personen beliebigen Alters zum Sparpreis. Diese lohnt sich oft schon zu zweit.

Natürlich gibt es im HVV auch **Einzelkarten**, sie sind gültig für 1 Fahrt und 1 Person. Einzel- und Tageskarten erhalten Sie im Bus, am Automaten, über Ihr Smartphone als mobilTicket (► Seite 8) oder zum selbst Ausdrucken unter hvv.de.

Hamburg CARD: Mit diesem Entdeckerticket hat man freie Fahrt im HVV und bekommt bis zu 50% Rabatt bei über 150 touristischen Angeboten. Die Hamburg CARD gibt's als Einzel- oder Gruppenkarte für 1 bis 5 Tage im HVV-Großbereich (Ringe AB) oder für 1 oder 3 Tage im Gesamtbereich (Ringe ABCDE). Sie ist unter

Übrigens:
Kinder unter 6 Jahren fahren im HVV kostenlos.

Wir beraten Sie auch gern persönlich in einer unserer vielen Servicestellen. Hier eine Auswahl in Hamburg:

HVV-Kundenzentrum
Johanniswall 2

Hauptbahnhof
Wandelhalle, Eingang Kirchenallee
oder gegenüber des Elektrofachmarktes „SATURN" (betrieben vom metronom)

U Hauptbahnhof Süd
Eingang Kirchenallee

U S Jungfernstieg
Eingang Neuer Wall

Bahnhof Dammtor
Hamburger Abendblatt Ticketshop Dammtorbahnhof

Bahnhof Altona
Container vor dem Haupteingang des Elektrofachmarktes „Mediamarkt" (Bahnsteigebene der Fernzüge) oder Busanlage, LEKKERLAND/tabaccoland

Alle Servicestellen und Öffnungszeiten finden Sie unter hvv.de oder Tel.: (040) 19 449

anderem an den Fahrkartenautomaten, im HVV-Onlineshop oder auch als mobilTicket erhältlich.

Ihr Smartphone wird zur Fahrkarte: mit dem HVV-mobilTicket

Wählen Sie beim HVV-mobilTicket zwischen Einzel-, Tages-, Gruppen- und Wochenkarten sowie Ergänzungskarten und der Hamburg CARD. Nutzen Sie ganz einfach die kostenlose HVV-App für iOS und Android oder m.hvv.de. Für das mobilTicket benötigen Sie einen MeinHVV-Zugang, für den Sie sich mobil während des Kaufprozesses oder an Ihrem heimischen Computer anmelden können. Ihr HVV-mobilTicket zahlen Sie bequem per Lastschrift oder Kreditkarte. Präsentieren Sie bei der Fahrkartenkontrolle Ihre Fahrkarte auf Ihrem Mobilgerät.

Richtig abfahren und gut ankommen

Unsere Fahrplanauskunft informiert Sie über die beste Verbindung – für Schienen-Verbindungen sogar in Echtzeit – und lässt Sie pünktlich abfahren – egal, wo Sie sind:

hvv.de: Einen persönlichen Fahrplan können Sie sich im Internet erstellen. Als weiteren Service bieten wir Ihnen dort auch Umgebungs- und Fahrpläne zum Ausdrucken an. Natürlich können Sie hvv.de auch mobil über Ihr Smartphone erreichen.

HVV-App: Die HVV-Fahrplanauskunft gibt es auch als kostenlose App für iOS und Android-Geräte. Die HVV-App bietet Auskünfte sowie Karten und Pläne für das gesamte Bedienungsgebiet des HVV – und steht im iOS App Store und in Google Play zum Download zur Verfügung.

Losradeln, abstellen, umsteigen oder einfach das Fahrrad mitnehmen

Natürlich können Sie Ihren Ausflug auch mit dem Fahrrad unternehmen.

Fahrradmitnahme: An vielen Haltestellen gibt es Stellplätze fürs Fahrrad. Aber wenn Sie wollen, können Sie Ihr Fahrrad auch in den Schnellbahnen (U, S, A), den Hafenfähren und auf über 100 Buslinien kostenlos mitnehmen. Am Wochenende und feiertags rund um die Uhr. Nur montags bis freitags von 6 bis 9 und von 16 bis 18 Uhr ist

die Fahrradmitnahme nicht gestattet.
HVV-Fahrradkarte: Für die Züge im Regionalverkehr (RB/RE) benötigen Sie eine HVV-Fahrradkarte. Hier gibt es keine zeitliche Einschränkung. Diese Fahrkarte ist für beliebig viele Fahrten an einem Tag gültig und an allen Fahrkartenautomaten auf den Bahnhöfen des Regionalverkehrs erhältlich.

Wussten Sie schon, …
… dass viele Eintrittskarten fürs Theater, Konzerte und Sportveranstaltungen gleichzeitig Hin- und Rückfahrkarte im HVV sind? Deutlich durch das HVV-Symbol gekennzeichnet.

Übrigens:
Zu den Touren in diesem Ausflugsführer nach und in Lüneburg, Blankenese sowie Harburg bieten wir Ihnen noch einen Extra-Service: Audiotouren zum kostenlosen Download unter hvv.de. Einfach über die HVV-Webseite unter hvv.de/audiotouren die gewünschte Tour anklicken und auf Ihr mobiles Endgerät herunterladen. Alle weiteren Infos sowie Touren-Pläne finden Sie ebenfalls unter hvv.de/audiotouren.

Wir wünschen Ihnen viel Spaß bei Ihrem Ausflug ins Grüne!

Ihr HVV

Extra: Audiotouren

Jetzt gratis herunterladen

- Lüneburg (Seite 110)
- Blankenese (Seite 164)
- Harburg (Seite 210)

Einfach über die HVV-Webseite unter hvv.de/audiotouren die gewünschte Tour anklicken, auf Ihren PC herunterladen und die MP3s auf Ihrem Smartphone oder Ihrem MP3-Player speichern.

Alle weiteren Infos sowie Touren-Pläne finden Sie ebenfalls unter hvv.de/audiotouren.

Vorwort

Wohin am Wochenende?

Ins Grüne – da ist man sich schnell einig. Aber was und wohin denn nun genau? Wandern oder Radfahren? Oder nur raus und spazierengehen? Natur pur oder darf auch etwas Kultur dabei sein? Und natürlich: Wie kommt man wo hin, wenn man das Auto endlich mal zu Hause lässt?

So viele Fragen. Hier finden Sie die Antworten dazu. Zunächst einmal: In Hamburg und dem Umland bietet der Hamburger Verkehrsverbund (HVV) ein dichtes Netz von Bussen und Bahnen und sogar Fähren, sodass sich ein Ausflug ins Grüne problemlos mit den öffentlichen Verkehrsmitteln unternehmen lässt. Seit der Ausdehnung des Verkehrsverbundes nach Süden reicht das Gebiet sogar bis Buxtehude, Stade und Lüneburg. Fahren Sie also so weit der Fahrschein reicht.

In diesem aktuellen Tourenplaner haben wir für Sie 72 Tipps für Ausflüge rund um Hamburg zusammengestellt, geordnet nach Himmelsrichtungen. Urwüchsige Natur und gepflegte Parks, malerische Städte und Dörfer, Schlösser und Museen inmitten ländlicher Idylle – wählen Sie einfach Ihr Lieblingsziel. Neben Ausflugsklassikern wie dem Alten Land und dem Elbuferweg, die es neu zu entdecken gilt, finden sich auch echte Geheimtipps wie die Fahrt nach Barmstedt oder der Besuch des Naturschutzgebietes Höltigbaum.

Was der Tourenplaner als besonderen Service bietet: Als Ausgangspunkt ist für jede Tour eine Haltestelle des HVV angegeben. Und alle Ausflüge enden wieder an einer Station des öffentlichen Nahverkehrs. Außerdem gibt es Hinweise zu den jeweiligen Sehenswürdigkeiten, Tipps zu Restaurants und Ausflugslokalen sowie die Taktzeiten der Busse, Bahnen und Fähren. Aber nun wollen wir Sie gar nicht länger aufhalten. Suchen Sie sich den schönsten Ausflug raus und auf geht's – ab ins Grüne!

Zur genauen Orientierung vor Ort empfehlen wir Wander- oder Radwanderkarten. Für die nähere Umgebung eignet sich die Karte des Hamburger Wandervereins e. V. Für Radtouren empfehlen wir ADFC-Karten im Maßstab 1:75 000. Erhältlich im Buchhandel.

Die Autoren

Reiner Elwers, geboren 1954 in Hamburg, studierte Publizistik.

Dagmar Krappe wohnt in Schenefeld bei Hamburg und arbeitet als Reisejournalistin.

Sabine Schrader lebt als Journalistin auf der Elbinsel Wilhelmsburg. Für diese Neuauflage hat sie alle Touren neu recherchiert, neue lohnenswerte Ausflugsziele erkundet und viele neue Tipps entdeckt.

Norden

Blütenpracht im Arboretum Ellerhoop-Thiensen

▸ Seite 16

Tiere ohne Gitter

★ **Stadtausflug Tierpark & Tropen-Aquarium**
★ **Elefanten füttern, Raubkatzen bestaunen, ins Eismeer abtauchen und mit Haien unter Wasser wandeln**

Start
Hagenbecks Tierpark
U2 alle 5–10 Min.
MetroBus M22
alle 7–20 Min.

Bereits seit 1907 gibt es in Stellingen eine Attraktion, die schon Generationen von Ausflüglern anzog: Tierpark Hagenbeck. Hier kann man wilde Tiere nicht in Käfigen, sondern durch unsichtbare Gräben von den Besuchern getrennt in Freigehegen erleben.

Angefangen hatte alles im Jahre 1848 mit sechs Seehunden, die der Fischhändler Gottfried Claes Carl Hagenbeck auf dem Spielbudenplatz in St. Pauli ausstellte. Die Tiere waren Finkenwerder Fischern als Beifang ins Netz gegangen. Beflügelt durch den Zuspruch der Besucher gründete Hagenbeck neben seinem Fischgeschäft eine Handelsmenagerie, heimkehrenden Seeleuten kaufte er exotische Tiere ab. Das Geschäft entwickelte sich so gut, dass sein Sohn und Nachfolger Carl Hagenbeck eigene Tierfänger engagierte, die bald weltweit nach wilden Tieren suchten.

Als es am Spielbudenplatz zu eng wurde, zog Hagenbeck auf ein größeres Gelände am Neuen Pferdemarkt um und eröffnete hier 1874 „Carl Hagenbecks Tierpark". Neben Tieren wurden allerdings auch Menschen fremder Völker den staunenden Besuchern präsentiert. Die Vorstellungen waren ein enormer Erfolg, sodass in den folgenden Jahren die Tier- und Völkerschauen zu Zirkussen ausgebaut wurden. Hagenbeck führte die sogenannte „zahme Dressur" ein, bei der auf die damals üblichen Gewaltmethoden der Dompteure verzichtet wurde. Sorgfältig studierte Hagenbeck dabei auch die Sprunghöhen und Sprungweiten der Raubtiere. Sein Traum war ein Tierpark ganz neuer Art: Nur durch Gräben vom Publikum getrennt, sollten die Tiere in einer ihrer Heimat ähnlichen Landschaft leben. Für diese Idee beantragte und erhielt Hagenbeck sogar ein Patent.

Tierpark Hagenbeck
Lokstedter Grenzstraße 2
(direkt an der U-Bahn-Station)
Tel. (040) 53 00 33-0
www.hagenbeck.de
Tierpark tgl. von 9 Uhr bis zum Einbruch der Dämmerung (mind. bis 16.30 Uhr, max. bis 19 Uhr), Tropen-Aquarium tgl. 9–18 Uhr
Preise:
Tageskarten Erw. Tierpark 20 €, Tropen-Aquarium 14 €, Kombikarte 30 €; Kinder 4–16 Jahre Tierpark 15 €, Tropen-Aquarium 10 €, Kombikarte 21 €

Füttern ausdrücklich erlaubt. Aber nur mit gesundem Obst oder Gemüse

Im damals preußischen Dorf **Stellingen** vor den Toren Hamburgs wurde ab 1897 die Idee Hagenbecks umgesetzt. Auf einem 27 Hektar großen Gelände entstand ein moderner Zoo mit Außenanlagen und Volieren, eingebettet in eine Parklandschaft mit Teichen, Brücken, Hügeln und einer artenreichen Bepflanzung. Am 7. Mai 1907 strömten die Besucher erstmals durch das im Jugendstil erbaute Eingangstor mit Tierbronzen und zwei Elefantenköpfen. Seit 2003 befindet sich der Haupteingang an der **Lokstedter Grenzstraße**.

Besonders sehenswert ist das neue Eismeer: Mehr als 100 Tiere aus 15 Arten leben hier auf über 8000 Quadratmetern. Ein 750 Meter langer Besucherweg führt durch diese beeindruckende Polarlandschaft. Panoramascheiben im Innern der begehbaren Anlage erlauben unterschiedlichste Unterwasser-Einblicke. Faszinierende Beobachtungen von tauchenden Eisbären, Seebären, Walrossen und Pinguinen gehören dazu.

Über einen separaten Eingang ist das einzigartige **Tropen-Aquarium** erreichbar. Entlang eines verschlungenen Dschungelpfads über vier Ebenen können auf der Expedition 14300 Tiere aus rund 300 Arten bestaunt werden. Sie leben in verfallenen Hütten, alten Schränken und Veranden. Aber auch die Tiere unter Wasser rund um den Äquator lassen sich durch dicke Glasscheiben betrachten. Highlight ist das Große Hai-Atoll mit verschiedenen Haiarten, Stechrochen, einem Riesenzackenbarsch und vielen anderen Fischen.

via Tipp

Dschungel und Romantik
Besonders beliebt sind die Dschungel- und Romantik-Nächte, die zwischen Mai und August an verschiedenen Samstagen stattfinden. Dabei werden Musik und Shows im nächtlichen Zoo-Ambiente geboten.

Gehölze sammeln

★ Radtour (25 km) Quickborn – Ellerhoop – Barmstedt
★ Vom Torfwerk zum Arboretum und weiter über den geschichtsträchtigen Ochsenweg

Start
Quickborn
A1 ab Eidelstedt alle 10–40 Min.

Rückfahrt
Barmstedt
A3 nach Elmshorn alle 30–60 Min. und weiter mit **RE/RB** oder
A3 nach Henstedt-Ulzburg alle 60–120 Min.

Von Quickborn aus gelangt man auf einem besonders schönen Weg nach Barmstedt: Natur pur im Himmelmoor und Natur künstlich im Arboretum Ellerhoop-Thiensen.

Wir verlassen Quickborn – eine typische Schlafstadt für Hamburg-Pendler – in Richtung Himmelmoor. Durchs Moor hindurchzufahren, ist nicht möglich. Auf der Himmelmoorchaussee erreichen wir ein Torfwerk. Von hier führt der asphaltierte Schulweg bis Renzel. Am Torfwerk kann man von weitem noch die Schienen und Loren der Feldbahn betrachten, die nach wie vor Torf befördert. In Renzel folgen wir der Dorfstraße nach rechts und biegen danach links in die Straße Am Hörn ab. An der Wegkreuzung Am Hörn/Krehlohweg biegen wir rechts in einen Forstweg ein. Dieser führt durch ein Waldgebiet zu einem Park der besonderen Art: dem **Arboretum Ellerhoop-Thiensen** (▸ Seite 17).

Vom Arboretum geht es durch die Ortschaft **Ellerhoop** und weiter in östlicher Richtung. Man stößt auf den **Ochsenweg,** einen ausgeschilderten Radwanderweg, der von Wedel bis Flensburg und weiter bis nach Viborg in Dänemark verläuft. Der Name erinnert an die großen Ochsentriften, die vom 14. bis ins 19. Jahrhundert stattfanden. In jedem Frühjahr wurden die Ochsen von Jütland aus auf die Märkte nach Bramstedt, Itzehoe und Wedel getrieben und dort verkauft.

Wir befahren den Ochsenweg in nördlicher Richtung und biegen nach etwa sechs Kilometern vor Hemdingen nach links ab. Nach weiteren vier Kilometern erreichen wir **Barmstedt,** wo wir von der Hamburger Straße kommend am Ortseingang in den Mühlenweg einbiegen. Später geht er in die Straße Spitzerfurth über, die zur Schlossinsel

Gasthof Zur Linde
Landgasthaus mit traditioneller Küche und Biergarten.
Barmstedter Straße 23
25373 Ellerhoop
Tel. (0 41 20) 2 00
Mi–So 11.30–21 Uhr
www.zur-ellerhooper-linde.de

Rantzau (▸ Seite 18) führt. Wer jetzt noch nicht zu müde ist, kann die Tour in den Staatsforst Rantzau fortsetzen.

Arboretum Ellerhoop-Thiensen

Das Arboretum dient sowohl der Erholung als auch der Informationsvermittlung. Der Begriff Arboretum leitet sich vom lateinischen Wort arbor – der Baum oder Baumbestand – ab. Man versteht darunter eine Sammlung von lebenden Bäumen und Sträuchern, die zumeist in parkähnlicher Anordnung stehen und botanischen, forstlichen oder gartenbaulichen Zwecken dienen. Die Gehölzsammlung des Arboretums Ellerhoop-Thiensen enthält mehr als 2 200 verschiedene Baum- und Straucharten. Daneben sind auf der 7 Hektar großen Parkanlage ein ökologischer Lehrpfad, ein Hochmoorbiotop und ein Heidegarten angelegt worden. Besonders sehenswert ist der Bauerngarten mit alten Nutz- und Heilpflanzen. Mittendrin liegt auch der Münsterhof, ein 1664 errichteter reetgedeckter Bau. Weitere Attraktionen sind der Bernsteingarten sowie die Lotusblüte im August.

Arboretum Ellerhoop-Thiensen
Bezaubernde Blütenpracht und eindrucksvolle Farbspiele.
Mai–Sep. tgl. 10–19 Uhr
Okt.–Apr. 11 Uhr bis Eintritt der Dunkelheit
Von Dez.–Mitte Jan. ist das Arboretum geschlossen
März–Okt.: 7 €, erm. 6 €, 8–16 Jahre 2 €
Nov./Jan./Feb.: 5 €, erm. 4 €, 8–16 Jahre 2 €
www.arboretum-ellerhoop-thiensen.de

Café-Betrieb in der Diele des Münsterhofes
Es gibt auch eine Terrasse mit Blick in das Arboretum.
Mo–Fr 11–18,
Sa/So 13–18 Uhr

Stadt, Wald, See

★ **Stadtausflug zur Schlossinsel Rantzau**
★ **Kuratmosphäre am Rantzauer See und Kulturdenkmäler auf der Schlossinsel Rantzau**

Start
Barmstedt
A3 ab Henstedt-Ulzburg alle 60–120 Min. oder ab Elmshorn alle 30–60 Min.

Karte ▸ Seite 17

Museum der Grafschaft Rantzau
Rantzau 13
25355 Barmstedt
Tel. (0 41 23) 42 96
So 14–18 Uhr und nach Vereinbarung

Galerie-Café im Schlossgefängnis
Rantzau 9
25355 Barmstedt
Tel. (0 41 23) 61 39
März–Okt. Mo–Fr 12–19, Sa/So 10–19 Uhr
Nov.–Feb. Mi–Fr 12–18, Sa/So 10–18 Uhr
www.schlossgefaengnis.de

Barmstedter „Badewonne"
Seestraße 12
25355 Barmstedt
Tel. (0 41 23) 6 81 70
Sommer Sa/So 8–13 Uhr
Winter Sa/So 8–19 Uhr
4 €, erm. 2,60 €
www.stadtwerke-barmstedt.de

„Waldstadt am Rantzauer See" – so nennt sich Barmstedt selbst. Sehr passend, denn das Städtchen im Norden des Kreises Pinneberg hat eine herrlich waldreiche Umgebung.

Barmstedt liegt am Flüsschen Krückau, das zwischen Wedel und Glückstadt in die Elbe mündet. Die Krückau ist es auch, die zum landschaftlichen Reiz der über 850 Jahre alten Stadt beiträgt. Sowohl die ausgedehnten Laubwälder als auch der im April prächtig blühende **Rhododendronpark** rund um den Rantzauer See haben das Städtchen zu einem immer beliebter werdenden Ziel für Erholungssuchende gemacht. Sportlich Ambitionierte besuchen Barmstedt am besten von Quickborn aus mit dem Fahrrad (▸ Seite 16). Oder man nimmt die AKN-Bahn, die Tagesausflügler bis nach Barmstedt bringt.

Treffpunkt für alle ist der **Rantzauer See.** Ein Spaziergang an der Seepromenade oder eine Bootsfahrt auf dem Rantzauer See lassen Kuratmosphäre aufkommen. Die **Schlossinsel Rantzau** gehört wegen ihrer wechselvollen Geschichte und der eindrucksvollen Gebäude zu den herausragenden Kulturdenkmälern Schleswig-Holsteins. Auf dem ehemaligen Schlossareal des deutschen Reichsgrafen Christian Rantzau steht noch das Herrenhaus aus dem Jahre 1806. Sehenswert sind auch das Gerichtsschreiberhaus von 1826, die alte Wassermühle und mehrere Bürgerhäuser.

Im **Schlossgefängnis Rantzau** erwartet den Besucher ein kleines Café. Im Gebäude des „Königlichen Amtsgerichtes" befindet sich das Museum der Grafschaft Rantzau. Die umfangreichen Bestände des Museums sind vorwiegend volkskundlich-kulturgeschichtlicher Art. Neben einer kleinen Sammlung vorgeschichtlicher Funde hat

Eines der herausragendsten Kulturdenkmäler Schleswig-Holsteins: Schlossinsel Rantzau

die stadtgeschichtliche Abteilung zur Entwicklung des Orts- und Siedlungsbildes, zur Geschichte der Kirche und des einst in Barmstedt blühenden Schuhmacherhandwerks besonderes Gewicht.

Am Rantzauer See liegt auch das Strandbad, das leider von Blaualgen betroffen ist und deswegen vorerst nicht öffnet. Dafür bietet am Wochenende die **Barmstedter „Badewonne"** Spaß und Erholung. Also: Badebekleidung einstecken!

HolstenTherme Kaltenkirchen

Ein noch aufwendiger gestaltetes Freizeitbad gibt es in Kaltenkirchen: die HolstenTherme. Hier werden Wasserfälle und Geysire, tropischer Regen, Felsenquellen und Unterwassermassagen geboten. Für Mutige gibt es einen Wildwasserkanal und eine 92 Meter lange Riesenrutsche. Der Entspannung dient die umfangreiche Saunawelt, die als Besonderheit über eine Kalahari-Afrika-Sauna und eine altfinnische Erdsauna im Außenbereich verfügt. Die AKN-Linie A1 bringt die Besucher direkt vor die Tür (Haltestelle Holstentherme).

HolstenTherme
Norderstraße 8
24568 Kaltenkirchen
Tel. (0 41 91) 9 12 20
Mo–Do/So 10–22,
Fr/Sa 10–22.30 Uhr
www.holstentherme.de
Tageskarten ab 13 €, Kinder ab 5 Jahren ab 6,50 €
A1 bis Holstentherme alle 60–120 Min.

Bad, Land, Fluss

★ Stadtausflug durch Altstadt & Kurviertel
★ Wandern entlang idyllischer Flüsse und zu historischen Bauten

Start
Bad Bramstedt
A1 ab Eidelstedt alle 30–60 Min.

Rückfahrt
Bad Bramstedt Kurhaus
A1 nach Eidelstedt alle 30–60 Min.

Der typische Bad-Bramstedt-Tourist hat entweder ein Paddelboot oder Rheuma. Ein Tagesausflug lohnt sich aber auch, wenn man weder das eine noch das andere mitbringt.

Von Hamburg aus kommend ist die erste Station Bad Bramstedt Kurhaus, der Bahnhof der Klinik-Stadt. Wir fahren aber weiter bis Bad Bramstedt.

Um zum alten Stadtkern zu gelangen, geht man den gegenüber des historischen Bahnhofsgebäudes liegenden Schlüskamp hinein – und stößt schon nach kurzem Weg auf den grünen Lauf der Osterau, die hier eine kleine Insel im Fluss, die Osterauinsel, ausbildet. Gleich mehrere Flussläufe laden zum Paddeln ein. In Bad Bramstedt vereinigt sich die **Osterau,** einer der wenigen Wildflüsse Norddeutschlands, mit der Hudau zur Bramau. Die Bramau, der die Stadt ihren Namen verdankt, gilt als idealer Anfängerfluss. Es treffen sich in Bad Bramstedt daher Paddler aller Ligen. Aber natürlich bieten die Flüsse auch uns Fußwanderern naturnahe Erholung, sind doch an ihren Ufern meist gute Wege angelegt.

Vor einer Wanderung lohnt eine Besichtigung des **alten Stadtkerns,** in den man hinter der Osterauinsel gelangt. Zentrum des Stadtkerns ist der Bleeck, ein zentraler Platz. **Bleeck** heißt im Niederdeutschen so viel wie „Flecken“ und bedeutete „unbefestigte Stadt“, die Bramstedt bis 1910 war. Das historische – und heutige – Rathaus steht hier am Bleeck, gegenüber dem Torhaus am Markt, das als letztes noch stehende Gebäude des ehemaligen Guts Bramstedt auch als **„Schloss“** bezeichnet wird. Davor steht der Roland, das Wahrzeichen der Stadt. Der Roland war ein Symbol der Marktgerechtigkeit im Ochsenhandel. Zu seinen Füßen wurden Kontrakte geschlossen und bei Streitigkeiten rechtliche Entscheidungen gefällt. Bis

Tourismusbüro Bad Bramstedt
Bleek 17–19 (Rathaus)
24576 Bad Bramstedt
Tel. (0 41 92) 5 06 27
www.bad-bramstedt.de
Mo–Fr 10–13 und
Mo/Di/Fr 15–17 Uhr,
Do 15–18 Uhr,
Juni–Aug. Sa 10–13 Uhr

Stadtführung
Jeden 1., 3. und 5. Sa sowie jeden 2. und 4. So historische Stadtführung, jeweils 14.30 Uhr
Dauer 1,5 Stunden, 2 €
Treffpunkt: vor dem Roland (am Schloss)

zum Jahre 1693 standen an dem Platz hölzerne Roland-Standbilder. Dann wurde der heutige Roland aus Oberkirchener Sandstein aufgestellt. Die Originalfigur musste sich im Laufe der Jahrhunderte mehrmals von Steinmetzen durchgeführten Schönheitsoperationen unterziehen.

Der Bau, der heute als Schloss bezeichnet wird, ist eigentlich nur noch das Torhaus des ehemaligen **Bramstedter Gutes.** Das heute noch vorhandene Gebäude wurde zwischen 1631 und 1647 errichtet. Die Funktion als Torhaus für das dahinter liegende Schloss ist noch an den großen Toren erkennbar, durch die die Kutschen fahren konnten.

Nördlich des Bleecks, am Kirchenbleeck, steht die **Maria-Magdalenen-Kirche.** Vermutlich wurde der Bau in der ersten Hälfte des 13. Jahrhundert errichtet, aber immer wieder umgestaltet. Heute stellt das Bauwerk ein Sammelsurium unterschiedlichster Stile und Materialien dar.

Nach der Besichtigung der Altstadt bietet sich ein Spaziergang entlang der Hudau ins **Kurviertel** an. Ein Weg führt vom Stadtzentrum entlang des Flüsschens an der Kneippanlage und am Garten der Sinne vorbei. Wer dann dem Lauf der Hudau folgt, der gelangt automatisch in die Kuranlagen der Rheumaklinik. Die in den Wald eingefügten Bauten der Anlage stellen eine perfekte Verbindung zwischen Architektur und Natur dar. Hier mitten im Wald liegt malerisch der Haltepunkt Bad Bramstedt Kurhaus, von dem man bequem die Heimreise antreten kann.

Café im Landweg
Kuchen, Torten und Suppen aus eigener Herstellung, liebevoll gestaltetes Ambiente, kleiner Mittagstisch bis 14 Uhr.
Landweg 6
24576 Bad Bramstedt
Tel. (01 72) 8 82 80 53
www.cafe-im-landweg.de
Di–So 8–18 Uhr, So/Fei
9–13 Uhr Frühstücksbuffet

Die Schlossbrücke führt über die Hudau

TOUR 5 | Staatsforst Rantzau

Zum Butterberg

★ Radtour (25 km) Bad Bramstedt – Mönkloh – Bokel – Dauenhof
★ Durch den weitläufigen Rantzauer Staatsforst bis zum Butterberg und weiter ins Naturfreibad am Mühlenteich

Start
Bad Bramstedt
A1 ab Eidelstedt alle 30–60 Min.

Rückfahrt
Bhf. Dauenhof
RB 71 alle 60–120 Min.

Keine Auswirkung einer verfehlten Agrarpolitik, sondern eiszeitlichen Ursprungs ist der Butterberg, den man bei diesem Ausflug besteigen kann. Der 33 Meter hohe Berg erhebt sich im schönen Staatsforst Rantzau, der allein schon einen Besuch wert ist.

Der Staatsforst Rantzau liegt in dem Gebiet, das von den Städten Bad Bramstedt im Nordosten, Barmstedt im Süden und der Gemeinde Hörnerkirchen im Westen eingefasst wird. Das noch weitgehend zusammenhängende große Forstgebiet ist kaum zersiedelt – und damit schon eine Ausnahme.

In der Altstadt **Bad Bramstedts** startet ein Rad- und Wanderweg in westlicher Richtung nach **Hitzhusen.** Der Ort liegt nur knapp 3 Kilometer von der historischen Stadtmitte entfernt, gehört aber nicht mehr zu Bad Bramstedt. Anstatt uns an die

Wanderwegmarkierung zu halten und geradewegs nach Hitzhusen hineinzuradeln, folgen wir weiter der Glückstädter Straße, auf der wir schon in der Altstadt gestartet sind, und gelangen nach **Weddelbrook,** an dessen Ortsausgang zur Linken ein kleiner See namens Mühlenteich liegt, und weiter in südwestlicher Richtung nach Mönkloh. Erst hier endet die Glückstädter Straße und der Staatsforst Rantzau beginnt.

Mönkloh ist der letzte Außenposten vor der Wanderung in die Wildnis. Hier steht die kleinste Kirche Schleswig-Holsteins, die Waldkapelle am Mönchsweg, die erst 2001 geweiht wurde. Wir stellen das Fahrrad ab und folgen dem Weg, der nach Bokel ausgeschildert ist und der uns durch einen dichten Wald führt. Das Waldgebiet zur Rechten nennt sich Haselbusch, ist aber auch nur ein Ausläufer des Staatsforstes Rantzau. Der Weg zum Butterberg zweigt nach links ab. Allerdings versperrt ein Schild „Wildschutzgebiet, betreten verboten" den Weg zum **Butterberg.** Aber das macht nichts, denn so etwas wie einen Ausblick bietet die sanfte Erhebung eh nicht. Egal, ob man nun einen Abstecher zum Butterberg unternommen hat, um sagen zu können, man habe den „Butterberg" bestiegen, oder nicht – man sollte auf jeden Fall wieder auf den Hauptweg nach Bokel zurückkehren und zu diesem Ort, der schon zu der Gemeinde Brande-Hörnerkirchen gehört, fahren.

Brande-Hörnerkirchen ist ein Zusammenschluss mehrerer kleiner Dörfer ohne rechte eigene Struktur. Soll heißen, weder die Gesamtgemeinde noch die einzelnen Ursprungsdörfer haben eine eigene Struktur entwickeln oder bewahren können. Am deutlichsten zeigt noch Bokel seinen dörflichen Charakter.

Wenn man **Bokel** in Nord-Süd-Richtung durchquert, gelangt man über die Mühlenstraße an einen Mühlenteich, ursprünglich eine Aufstauung des Krummbaches. Das hier angelegte **Naturfreibad** kann vor allem mit seiner malerischen Lage punkten. Zudem ist es auch zur Hochsaison nicht überlaufen.

Von hier aus geht es auf unspektakulärem Weg zum Endpunkte dieser Tour, dem **Bahnhof Dauenhof** im Gemeindeteil Westerhorn.

Wolters Gasthof von 1787
Traditionsgasthaus mit regionaler Küche, im Sommer Biergarten.
Glückstädter Straße 3
24576 Weddelbrook
Tel. (0 41 92) 14 12
www.woltersgasthof.de
Mo/Mi–Sa ab 17 Uhr, So/Fei ab 16.30 Uhr

Naturfreibad Bokel
Wer eine Abkühlung benötigt, kann hier ganz malerisch untertauchen.
Mühlenstraße
25364 Bokel
Tel. (0 41 27) 15 14
Mai–Sep. 8–20 Uhr (Öffnungszeiten können je nach Wetterlage verkürzt oder verlängert werden)
2 €, erm. 1 €

Im Reich der Riesengräber

★ **Radtour (30 km) Bad Bramstedt – Wahlstedt**

★ **Vom Gesundbunnen ohne Trinkwasser zu den Hünengräbern – und zwischendurch noch heimische Wildtiere gucken**

Start
Bad Bramstedt
A1 ab Eidelstedt alle 30–60 Min.

Rückfahrt
Bhf. Wahlstedt
RB 82 alle 60 Min. nach Bad Oldesloe (mit Anschluss nach Hamburg)

Im Wildpark Eekholt gibt es auch ein Storchenhaus

Im Staatsforst Segeberg findet sich die weltweit größte Ansammlung von Riesengräbern. Durch diesen gigantischen vorzeitlichen Friedhof führt die heutige Tour.

Ausgangspunkt der Tour ist der Bahnhof Bad Bramstedt. Vom historischen Bahnhofsgebäude geht es gleich weiter in östlicher Richtung. Man überquert die Gleise auf einem Fußgängerüberweg und gelangt über den Weg „Am Badesteig" in das **Tal der Osterau.** Wir folgen hier dem ausgeschilderten Weg zum etwa 3 Kilometer entfernten „Gesundbrunnen".

Seit seiner Entdeckung 1681 wechselten sich Perioden der Popularität und des Vergessens der Quelle ab. Im Jahre 1999 wurde der **Gesundbrunnen** dank des Engagements einzelner Bramstedter Bürger und Sponsoren wiederhergerichtet. Nur Trinkwasser bietet die Anlage heute nicht mehr.

Weiter geht es durch das Osterautal nach Bimöhlen. Zuvor wird die Autobahn A 7 auf einer Brücke überquert. Gleich nach der Brücke geht es rechts ins Dorf **Bimöhlen.** Dort überqueren wir die Osterau, fahren am Dorfplatz links, folgen den Hinweisschildern „Wildpark Eekholt" und nehmen die Weider Straße, eine Landstraße mit mäßigem Verkehr.

Zwei Kilometer hinter **Weide** ist der **Wildpark** erreicht. In der privat geführten Naturerlebnisstätte am Nordrand des Segeberger Forstes leben auf einer Fläche von 67 Hektar über 700 Tiere aus 100 Arten. Danach geht der Weg nach **Klint** weiter, einige Kilometer östlich gelegen. Hier muss man sich entscheiden, ob man nach Norden über die nur mäßig befahrene Landstraße gen Heidmühlen weiterfährt oder kurz vor der Ortschaft in den ruhigen, ausgeschilderten Radweg abbiegt.

Auf jeden Fall treffen sich die Wege – denn von **Heidmühlen** aus halten wir uns wieder südostwärts – nahe der Kolonie **Glashütte,** die mitten im Wald liegt. Auf dem restlichen Weg durch den Staatsforst nach Wahlstedt liegen nun rechts des Weges dicht an dicht die **Hügelgräber**.

In **Wahlstedt** kann man am nordwestlichen Ortsausgang in die Bahn steigen (der Bahnhof liegt zwei Kilometer außerhalb des Ortskerns). Wer noch nicht genug hat, der radelt weiter bis Bad Segeberg (▸ Seite 50).

Hügelgräber

Hügel-, Riesen- oder Hünengräber werden von Archäologen „Steinkammergräber" genannt, denn sie bestehen aus einer Grabkammer aus großen Steinblöcken und einer Erdummantelung, die die Gebilde wie kleine Hügel aussehen lässt. Hochgestellte Persönlichkeiten, denen man diverse Grabbeigaben mit auf den letzten Weg gab, wurden so beigesetzt. Die hiesigen **Hügelgräber** stammen aus der Älteren Bronzezeit, 1800 bis 1000 v. Chr. Im Laufe der Jahrhunderte wurden die Gräber entweder geplündert, weil die nachfolgenden Kulturen der Meinung waren, dass es einem im Jenseits schon an nichts mangeln würde, oder sie wurden abgetragen, weil sie dem sich ausbreitenden Ackerbau im Wege waren.

Café Okal
Kleine Gerichte, im Sommer mit Terrasse.
Kronsheider Straße 41
23812 Wahlstedt
Tel. (0 45 54) 28 06
Mo–Fr 11.30–17,
Sa/So 14–18 Uhr

Wildpark Eekholt
Stellbrooker Weg
24598 Heidmühlen
Tel. (0 43 27) 99 23-0
www.wildpark-eekholt.de
Ganzjährig ab 9 Uhr bis Einbruch der Dunkelheit
Erw. 8,50 € / erm. 7,50 € /
Kinder 4–16 Jahre 6,50 €

Grün über Gräbern

★ Rundwanderung (8 km) durch den Ohlsdorfer Friedhof
★ Gärtnerische Schönheit in vielseitigen Formen und Farben

Start
Ohlsdorf
S1 S11 alle 5–10 Min.
U1 alle 5–10 Min.

Karte ▸ Seite 29

Hamburgs größte Grünanlage ist ein Friedhof: Mit einer Fläche von fast 400 Hektar ist der Ohlsdorfer Friedhof sogar der größte Parkfriedhof der Welt. Die Anlage mit 255 000 Grabstätten bietet den Toten die letzte Ruhe in schöner Umgebung und den Lebenden einen lehrreichen Ausflug.

Der Rundgang beginnt am Haupteingang, der schon vom S-/U-Bahnhof Ohlsdorf aus zu sehen ist. Hier starten auch die beiden Buslinien der Hochbahn, die das weiträumige Areal erschließen. Auch mit dem Fahrrad lässt sich das 17 Kilometer lange Straßennetz des Friedhofs bequem befahren und die gärtnerische Schönheit entdecken. Wir erkunden den Friedhof jedoch zu Fuß. Dazu besorgen wir uns im Verwaltungsgebäude, das 1911 errichtet wurde, einen Übersichtsplan und Vorschläge zu Spaziergängen sowie eine Auflistung von Prominentengräbern. Wer Lust hat, kann sich auch einer der zahlreichen Führungen anschließen, die es zu unterschiedlichsten Themen gibt. Sogar Märchen von Leben und Tod kann man zwischen den Grabstellen lauschen.

Gegenüber des Haupteingangs erhebt sich die Terrassenanlage des **Althamburger Gedächtnisfriedhofs.** Hier ruhen die sterblichen Überreste von einstigen Persönlichkeiten der Stadt. Die Terrassen wurden schon um die vorletzte Jahrhundertwende als gärtnerische Schmuckanlage im neobarocken Stil gestaltet. Davon sind heute nur noch die Sandsteintreppen und die Christusfigur aus strahlend weißem Marmor erhalten.

Hält man sich beim Rundgang in südlicher Richtung, gelangt man schon bald zum **Rosengarten**, einer gärtnerischen Zieranlage, die für einen Friedhof wohl einmalig ist. Der Garten wurde vor über 100 Jahren angelegt. Nach jahrzehntelanger

Friedhof Ohlsdorf
Fuhlsbüttler Straße 756
Tel. (040) 5 93 88-0
www.friedhof-hamburg.de
Apr.–Okt. tgl. 8–21 Uhr
Nov.–März tgl. 8–18 Uhr
Infohaus am Haupteingang Mo/Di/Do/Fr 11–15 Uhr

Infos zu Führungen
www.friedhof-hamburg.de/service

Busverbindungen
durch den Friedhof:
Bus 170 Haupteingang – Maisredder (südliche Route)
Bus 270 Haupteingang – Bramfeld, See (nördliche Route)
alle 10–20 Min.

Vernachlässigung zeigt er sich heute wieder annähernd so schön wie früher.

Der westliche Bereich des Friedhofs, in dem wir uns gerade aufhalten, ist der historische Teil des Ohlsdorfer Friedhofs. Im Jahre 1877 eröffnet und von Wilhelm Cordes gestaltet, diente die damalige Anlage als Beispiel für zahlreiche andere Parkfriedhöfe. Charakteristisch für diesen nunmehr auch Cordes-Teil genannten Bereich sind der sehr artenreiche, häufig waldartige Baumbestand und die großzügigen Grabflächen, die geschickt mit dichten Gehölzpflanzungen – heute meist Rhododendren – umgeben sind.

Engelsskulptur auf dem Grabmal Plesch/Ritz

Der östliche Friedhofsteil wurde ab 1920 nach den streng landschaftsarchitektonischen Plänen von Otto Linne angelegt. Hier befinden sich mehrere Ehrenfriedhöfe und Mahnmale. Etwa 52000 Kriegsopfer aus 30 Nationen wurden mit ewigem Ruherecht in Ehrenanlagen bestattet. Besonders beeindruckend ist das **Mahnmal für die Bombenopfer** von Gerhard Marcks aus dem Jahre 1952. Es steht im Zentrum von vier Massengräbern, in denen im Sommer 1943 fast 39000 Tote beigesetzt wurden.

Geschichtlich interessant sind die beiden **Grabmal-Freilichtmuseen** (am Heckengarten und an der Kapellenstraße). Die historischen Grabmäler stammen von den aufgelassenen Steintor- und Dammtorfriedhöfen bzw. von den Grabstätten der „Ämter“, wie in Hamburg die Zunftvereinigungen der Handwerker hießen. Auf dem Rückweg Richtung Cordesallee passieren wir in der Nähe des 1898 erbauten **Wasserturms** den von Rhododendren umsäumten **Garten der Frauen.** Eine Gedenkstätte, auf der alte Grabsteine bedeutender Frauen aufgestellt werden. Es ist aber auch ein Ort, auf dem sich Frauen bestatten lassen können. Wieder am Haupteingang angekommen, lohnt noch der Besuch des kleinen **Friedhofsmuseums**.

Friedhofsmuseum
Interessante Ausstellung zur Vielfalt der hamburgischen Friedhofs- und Bestattungskultur.
Neben dem Haupteingang
Tel. (040) 50 05 33 87
So/Mo/Do 10–14 Uhr
Eintritt frei

Im Grünen Grunde

★ Wanderung (15 km) durch das obere Alstertal
★ Immer am Wasser entlang, von Schleuse zu Schleuse

Start
Ohlsdorf
S1 S11 alle 5–10 Min.
U1 alle 5–10 Min.

Rückfahrt
Ohlstedt
U1 alle 10–20 Min.

Ein Name wird Programm: Gleich am Bahnhof des Ausgangspunktes dieser Tour weisen uns die Hinweisschilder den Weg. „Im Grünen Grunde" steht über dem Ausgang, den wir wählen. Und daran soll sich die nächsten zwölf Kilometer nichts ändern.

Die Straße Im Grünen Grunde ist noch vergleichsweise wenig grün. Jedenfalls im Vergleich zum **Alsterwanderweg,** dem wir folgen wollen und der am Ufer des sich malerisch durch die Landschaft schlängelnden Flusses verläuft. Oft ist das Tal des oberen Alsterlaufes so urwüchsig, dass man kaum glaubt, sich im Stadtgebiet einer Metropole zu bewegen. Wer allerdings vom Weg abkommt, wird schnell feststellen, wie nah großstädtische Hektik und elegante vorstädtische Villengegenden an den Flusslauf heranragen. Auf jeden Fall orientiert man sich praktischerweise am markierten Verlauf des offiziellen Alsterwanderweges: Die gelben Pfeile auf den Baumstämmen sind leicht zu erkennen. Meistens jedenfalls.

Unser Weg geht flussaufwärts, dorthin, wo die Alster zu einem verwegen mäandernden Flüsschen und schließlich zu einem besseren Bach wird. Vorher jedoch geht es an mehreren Schleusen vorbei. Die erste, gleich zweistufig, passieren wir schon zu Beginn der Tour in Ohlsdorf. Meist verläuft die Wegstrecke auf der rechten Seite des Flusses, doch bieten die zahllosen Brücken immer wieder die Möglichkeit, das Ufer zu wechseln.

Wir kommen am **Teetzpark** vorbei, dem heutigen Rest eines ehemals privaten Parks in einer malerischen Biegung der Alster. Ein Rundweg erschließt den Park und führt um die beiden zentralen, mit der Alster verbundenen Teiche herum. Nach etwa 5 Kilometern erreichen wir **Wellingsbüttel,** wo man das Naturerleben kurz

Bootsverleih Töns
Kanus, Ruderboote, Kajaks und Tretboote in Ohlsdorf direkt an der Alster.
Ratsmühlendamm 2
Tel. (040) 59 94 98
www.bootsvermietung-toens.de
Apr.–Ende Sep. je nach Wetterlage 9–21 Uhr

Alstertalmuseum
Wellingsbütteler Weg 75a
(im Torhaus Wellingsbüttel)
Tel. (040) 5 36 66 79
Sa/So 11–13 und 15–17 Uhr
Eintritt frei
S1 S11 Wellingsbüttel

Bootsverleih Marienhof
Kanus und Kajaks.
An der Poppenbüttler Schleuse
Tel. (040) 6 06 66 77
Apr.–Okt. 10–18 Uhr
(bei Bedarf länger)
S1 S11 Poppenbüttel

unterbrechen sollte, um das **Herrenhaus Wellingsbüttel** und das ihm vorgelagerte alte Torhaus zu besichtigen. Das repräsentative Herrenhaus stammt in seinen Ursprüngen aus dem Jahre 1750, erhielt sein heutiges Gesicht aber 1889 durch Martin Haller, den als Rathausarchitekten berühmt gewordenen Baumeister. Das Torhaus wurde 1757 erbaut. In ihm ist heute das **Alstertalmuseum** untergebracht. Wer eine Pause benötigt, kann sich im Herrenhaus stärken, bevor er sich in Richtung **Poppenbüttler Schleuse** begibt. Hier wird die Alster noch einmal zu einem kleinen See gestaut. Bald darauf liegt auf der linken Seite des Flusses das Gut Hohenbuchen.

Hinter der **Mellingburger Schleuse** wird der Fluss zum Bach. Der Alsterwanderweg verlässt den Flusslauf und führt ein Stück über besiedeltes Gelände, nämlich über die Straße Kortenland.

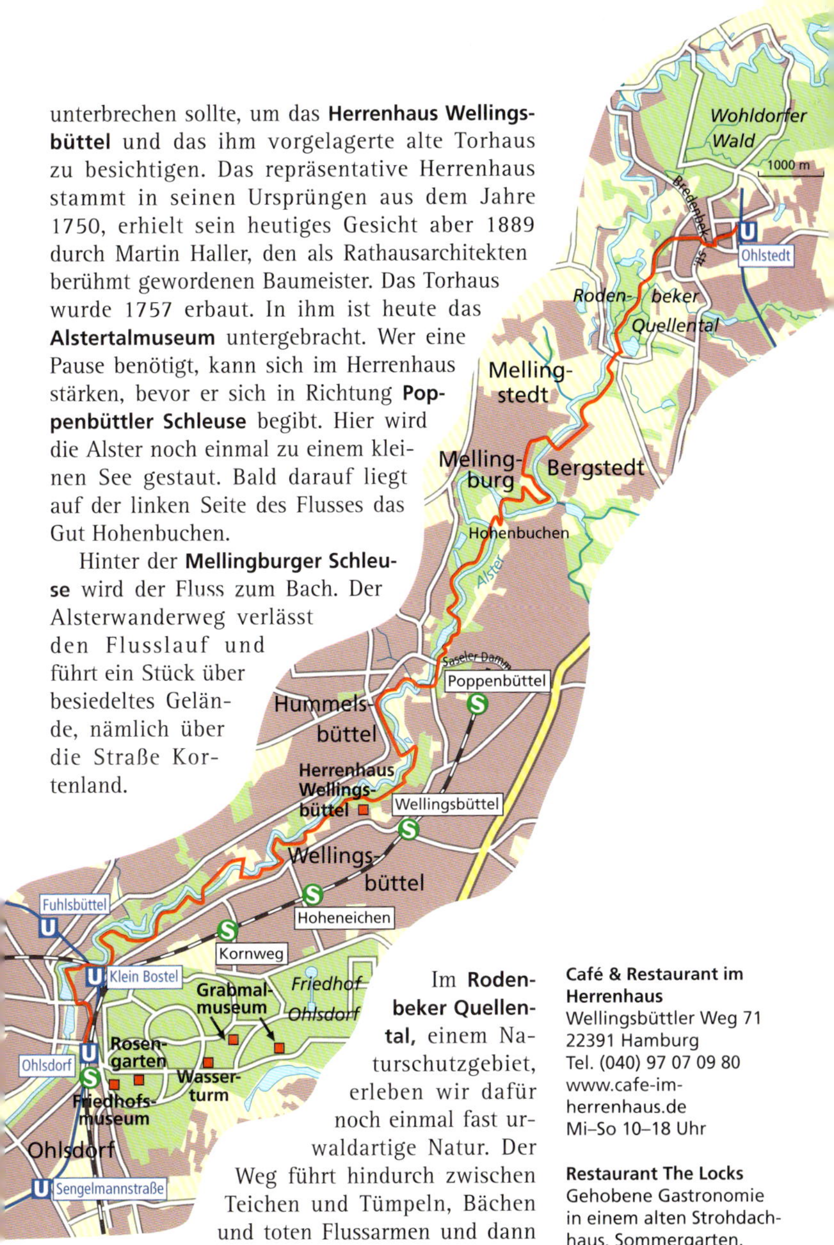

Im **Rodenbeker Quellental,** einem Naturschutzgebiet, erleben wir dafür noch einmal fast urwaldartige Natur. Der Weg führt hindurch zwischen Teichen und Tümpeln, Bächen und toten Flussarmen und dann ganz unvermittelt auf eine Straße mit dem schönen Namen Haselknick, die auf die Bredenbekstraße führt. Diese überquert, stehen wir kurz darauf vor dem Bahnhof Ohlstedt. So schnell hat uns die Zivilisation wieder.

Café & Restaurant im Herrenhaus
Wellingsbüttler Weg 71
22391 Hamburg
Tel. (040) 97 07 09 80
www.cafe-im-herrenhaus.de
Mi–So 10–18 Uhr

Restaurant The Locks
Gehobene Gastronomie in einem alten Strohdachhaus, Sommergarten.
Marienhof 6 (in der Poppenbüttler Schleuse)
Tel. (040) 61 16 60-0
www.the-locks.de
Mo–Mi 12–24, Do–Sa 12–1, So 11–24 Uhr

Was röhrt denn da?

★ (Rad-)Rundwanderung (17 km) Ohlstedt – Wohldorfer Wald – Mühlenteich – Duvenstedter Brook – Ohlstedt

★ Durch Moor und Heide und viel Informatives zu Flora und Fauna

Start
Ohlstedt
U1 alle 10–20 Min.

In Hamburg mit dem Fernglas auf die Pirsch gehen, um Kraniche beim Balztanz, Frösche im blauen Balzkleid oder Hirsche bei der Brunft zu beobachten – das kann man im Duvenstedter Brook.

Im äußersten Nordosten Hamburgs liegt das mit rund 780 Hektar zweitgrößte Naturschutzgebiet der Stadt. Die Bezeichnung Brook oder Bruch ist eine niederdeutsche Landschaftsbezeichnung für sumpfiges, von Wasser durchzogenes Gehölz und Gelände. 1958 wurde der Duvenstedter Brook unter Naturschutz gestellt. Ende der 1970er Jahre begann man mit der Wiederherstellung der abwechslungsreichen Landschaft. Denn durch die landwirtschaftliche Nutzung und Abtorfung der Moore war der ursprüngliche Charakter verlorengegangen.

Im Gegensatz zu vielen anderen Rückzugsgebieten der Natur gehört es im Duvenstedter Brook nicht zum Konzept, den Menschen als störendes Element fernzuhalten. Im Gegenteil: Die Naturschützer haben das Gebiet mit einer Infrastruktur versehen, die es auch dem Laien leicht macht, auf eine heimische Fotosafari zu gehen. Komfortable, überdachte Beobachtungsstationen mit ausführlichen Informationstafeln gehören ebenso dazu wie eigens angelegte Schauteiche.

Unsere Tour beginnt am U-Bahnhof Ohlstedt. Dies ist bereits die erste Station auf einem sieben Kilometer langen historisch-ökologischen Erlebnispfad. Die Geschichte des **Ohlstedter Bahnhofs** begann 1907, als die Kleinbahnstrecke von Alt-Rahlstedt bis nach Ohlstedt verlängert wurde. Doch das Ende der Kleinbahn nahte, als man 1925 das Streckennetz der Walddörferbahn, dem Vorläufer der heutigen U-Bahn, bis Ohlstedt aus-

Nahverkehrsmuseum Kleinbahnhof Wohldorf
Modelle, Originalteile und Dokumente zur Geschichte der Wohldorfer Kleinbahn und des Hamburger Nahverkehrs.
Schleusenredder
Tel. (040) 5 54 21 10
www.vvm-museumsbahn.de
So 13–16 Uhr
2 €, bis 14 Jahre 1 €

baute. Die letzte Teilstrecke von Ohlstedt nach Wohldorf, die mitten durch den Wohldorfer Wald führte, wurde aber noch bis 1961 betrieben. An deren Endpunkt, im ehemaligen Bahnhofsgebäude Wohldorf, ist heute ein **Museum** eingerichtet, das die Geschichte der Kleinbahn sowie des öffentlichen Nahverkehrs in Hamburg und Umgebung mit einer Vielfalt an Originalteilen, Modellen, Unterlagen und Fotografien dokumentiert.

Wir aber wandern erst einmal vom U-Bahnhof Ohlstedt nach links in die Alte Dorfstraße und kurz darauf nach rechts in die Straße Timms Hege. Von ihr zweigt rechts der Kupferredder ab. Gegenüber der Schule Am Walde führt vom Kupferredder nach links der Erlebnispfad in den **Wohldorfer Wald** hinein. In früheren Jahrhunderten wurde dieser Wald hauptsächlich als Waldweide für Schweine und zum Sammeln von Bau- und Brennholz genutzt.

Auf dem Kleinbahnwanderweg, an dessen Rand die ersten Infotafeln zum Erlebnispfad stehen, geht es tiefer in den Wald hinein. Wenn man der fortlaufenden Nummerierung der Tafeln folgt, gelangt man durch den Wald bis zur „Brücke mit

Naturschutz-Informationshaus Duvenstedter Brook
Naturkundliche Ausstellung und Informationsmaterial.
Duvenstedter Triftweg 140
Tel. (040) 6 07 24 66
www.hamburg.nabu.de/naturerleben/duvenstedterbrook
Apr.–Okt. Di–Fr 14–17, Sa 12–18, So/Fei 10–18 Uhr
Feb./März/Nov. Sa 12–16, So/Fei 10–16 Uhr
Im Dezember an den meisten Sonntagen geöffnet.

Ausleihen eines GPS-Naturscouts 4 €.

Das Mitnehmen von Hunden in den Duvenstedter Brook ist verboten, damit die wildlebenden Tiere, besonders die Bodenbrüter, nicht aufgeschreckt werden.

Ausblick". Man überquert die Aue und blickt nach links auf den **Mühlenteich** mit der Wohldorfer Kornmühle. Danach nach links abgebogen, erreicht man über den Weg „Holländer Berg" die Herrenhausallee. Man folgt ihrem Verlauf nach rechts bis in einer Kurve links ein Weg (Weberstieg) zum **Naturschutz-Informationshaus** Duvenstedter Brook abzweigt. Dort informiert eine Ausstellung über die Tiere und Pflanzen, die im Duvenstedter Brook beheimatet sind.

Auf dem Duvenstedter Triftweg geht es nun in den Brook hinein. Bald tauchen am Wegrand die ersten Beobachtungsstände auf. Tafeln informieren über Dam-, Reh-, Rot- und Schwarzwild.

Das Landschaftsbild des Duvenstedter Brooks wird durch Moore geprägt. Durch die in der Vergangenheit erfolgte Trockenlegung der Moore entstand Feuchtheide. Im Frühjahr werden diese im nordwestlichen Teil des Brooks gelegenen Gebiete von weißem Wollgras überzogen, im Sommer entfaltet die Glockenheide ihre lila Pracht.

Die Wiesen des Duvenstedter Brooks werden fast das ganze Jahr über zur Schaubühne. Mitte Februar kehren die Kraniche aus ihren Winterquartieren zurück und vollführen mit lauten Trompetenrufen ihre Balztänze. Von Mai bis Juli sind sie dann mit ihren noch flugunfähigen Jungen auf Nahrungssuche. Erst im Spätherbst ziehen sie sich wieder ins wärmere Spanien zurück.

Die vielen Bäche, Gräben und Teiche im Duvenstedter Brook enthalten zahlreiche Frosch-

Der Duvenstedter Brook ist ein Naturidyll

und Molcharten. Von Ende April bis Mitte Juni suchen die Amphibien ihre Laichgewässer auf. Die Männchen der Moorfrösche tragen dann ein leuchtend blaues Balzkleid.

Von Mitte September bis Anfang Oktober sind die Wiesen die große Bühne für die Rothirschbrunft. Überwiegend in der Dämmerung und nachts sind die beeindruckenden Rangkämpfe von den Beobachtungsständen aus mit etwas Geduld zu sehen. Bis Mitte November folgt die Brunft der Damhirsche. Sie spielt sich allerdings verborgen im Wald ab und ist daher schwieriger zu beobachten.

Man bleibt auf dem Duvenstedter Triftweg bis zur **Revierförsterei,** die sich an einer Wegkreuzung befindet. Dort geht es links in den Bültenkrugweg. An seiner rechten Seite gibt es mehrere Schauteiche, zur linken Wiesen. Später wechselt die Landschaft. Die ersten Heideflächen tauchen auf. Wer mit dem Fahrrad unterwegs ist, muss nun bis zur **Siedlung Bültenkrug** geradeaus weiterfahren und an der Hauptstraße nach links auf dem Wiemerskamper Weg bis zum Infohaus zurückradeln.

Fußgänger biegen vorher nach links durch ein Holzdrehkreuz in den schmalen Pfad Am Professormoor ab. Er führt auf den Alten Grenzwall, auf dem man nach links wandert, bis er schließlich in den Duvenstedter Triftweg mündet. Nach rechts eingebogen, gelangt man wieder zum Informationshaus zurück und über den Weberstieg auf bekannter Strecke in die Herrenhausallee – und somit wieder auf den historisch-ökologischen Erlebnispfad, an dem sich auch Einkehrmöglichkeiten befinden.

Fast am Ende der Allee biegt man hinter dem **Mühlenteich** nach links in den Mühlenredder ein, der geradeaus durch den Wohldorfer Wald nach Ohlstedt zurückführt. Er mündet in die Bredenbekstraße und man befindet sich auf dem letzten Abschnitt des Erlebnispfads. Er führt noch an drei der insgesamt 30 Stationen vorbei: der Alten Post, dem Waldhaus und der 1954 errichteten **Matthias-Claudius-Kirche.** Links geht es in die Straße Timms Hege, und nach wenigen Schritten ist die U-Bahn Ohlstedt wieder erreicht.

Restaurant Zum Bäcker
Deutsche Küche mit regionalen Produkten.
Herrenhausallee 9
(in der historischen Bäckerei)
Tel. (040) 60 76 53 97
www.zum-baecker.de
Di–Do/So 12–22,
Fr/Sa 12–23 Uhr

Restaurant Wohldorfer Mühle
Internationale Küche in einem historischen Gasthaus bei der alten Mühle.
Mühlenredder 38
Tel. (040) 6 07 66 50
www.die-muehle-hamburg.de
Mi–So ab 12 Uhr

Galloways statt Panzer

★ **(Rad-)Wanderung (14 km) durch das Naturschutzgebiet**
★ **Auf den Spuren steinzeitlicher Rentierjäger durch eine halboffene Weidelandschaft mit Galloways und Heidschnucken**

Start
Bhf. Rahlstedt
RB81 alle 30 Min.
StadtBus 462 bis Naturschutzgebiet Höltigbaum alle 30 Min.

Rückfahrt
Ahrensburg Ost
U1 alle 10–20 Min. oder
Bhf. Ahrensburg
RB81 alle 30 Min.

Haus der Wilden Weiden
Stiftung Natur im Norden
Eichberg 63
22143 Hamburg-Rahlstedt
Tel. (040) 18 04 48 60-10
www.hoeltigbaum.de
Apr.–Sep. Do/Fr 14–18,
Sa/So/Fei 11–18 Uhr,
Okt.–März Do/Fr 14–17,
Sa/So/Fei 11–16 Uhr

Einst war der „Höltigbaum" ein streng gesichertes militärisches Sperrgebiet. Heute bietet das Gelände Ausflüglern und Naturfreunden einen faszinierenden Einblick in das Entstehen eines neuen Naturschutzgebietes. Und sogar Hobbyarchäologen hoffen hier wieder auf reiche Funde.

Doch bevor man in die urwüchsige Landschaft des gemeinsamen Naturschutzgebietes der Länder Hamburg und Schleswig-Holstein gelangt, hat man Gelegenheit, sich in der Schweriner Straße die Rahlstedter Bausünden anzusehen. Vom Bahnhof aus erreicht man den zur Fußgängerzone umgewandelten Bereich. In die viel befahrene Rahlstedter Straße links eingebogen, erblickt man schon bald die Martinskirche, einen modernen weißen Bau. Hier gabelt sich der Weg. Wir folgen der linken Biegung, der Sieker Landstraße, ein kurzes Stück, um dann links in den Pahlblöckensredder einzubiegen, der durch einen Grüngürtel führt. Über die Straße Wiesenhof, die vom Pahlblöckensredder nach rechts abzweigt, trifft man auf die Straße Bei den Boltwiesen, die an die Hauptstraße Höltigbaum führt. Man unterquert diese und gelangt nun weiter geradeaus auf eine Straße mit dem Namen Neuer Höltigbaum. Zur Linken passiert man eine Sportanlage und ein Parkplatzgelände.

Direkt hinter den Parkplätzen geht es links in die Straße Eichberg, an deren rechter Seite sich das **Haus der Wilden Weiden** befindet. Der Besuch der Ausstellung hilft beim Verständnis der ökologischen Zusammenhänge des „Naturschutzgebietes Höltigbaum/Stellmoorer Tunneltal" – so der offizielle, vollständige Name.

An das 560 Hektar große Höltigbaum-Areal

schließen sich zwei weitere Naturschutzgebiete an: im Westen, auf Hamburger Seite, das **Stellmoorer Tunneltal** und im Norden das schleswig-holsteinische **Ahrensburger Tunneltal.** Damit ergibt sich eine Einheit, die ein geschlossenes, aber abwechslungsreiches Landschaftsbild bietet. Geprägt wurde dieses Bild von mehreren Eiszeiten.

Die letzte Eiszeit war noch nicht vorüber, als sich die ersten Menschen am Höltigbaum ansiedelten. In der dann folgenden Altsteinzeit hatten

Führungen durch das Naturschutzgebiet Höltigbaum
Verein Jordsand
Haus der Natur
Bornkampsweg 35
22926 Ahrensburg/Wulfsdorf
Tel. (0 41 02) 3 26 56
www.jordsand.eu
Sa–Do 10–17 Uhr

sie in der baumlosen, steppenartigen Landschaft als Rentierjäger ein ideales Revier. Diese Rentierjäger waren die ersten Menschen, die mit Pfeil und Bogen jagten – und damit die „Ahrensburger Kultur" begründeten. Archäologisch Interessierte wissen, dass sich dies etwa 8200 v. Chr. abspielte. Als Entdecker der Ahrensburger Kultur wurde Alfred Rust in Archäologenkreisen weltberühmt. In den 30er Jahren des 20. Jahrhunderts förderte Rust hier die ersten Hinterlassenschaften der steinzeitlichen Rentierjäger zutage. Auf seinen Spuren durchstreifen heute wieder zahlreiche Amateurarchäologen das Gelände. Ob aber jedes von ihnen aus dem Boden geklaubte, halbwegs spitz zulaufende Steinchen tatsächlich eine steinzeitliche Pfeilspitze ist, darf man wohl bezweifeln.

Zurück im Hier und Jetzt: Die halboffene Weidelandschaft, die heute für das Naturschutzgebiet charakteristisch ist, gleicht einer historischen Kulturlandschaft. Ein Gebiet, das sich ohne Pflegemaßnahmen, also Beweiden und Mähen, wahrscheinlich zu einem geschlossenen Wald entwickeln würde. Deshalb haben die Naturschützer ein Pflege- und Entwicklungskonzept erarbeitet, das für den Erhalt des jetzigen Landschaftsbildes sorgt. Dabei übernehmen eine robuste Heidschnuckenherde und Galloway-Rinder die Landschaftspflege. Zurzeit leben circa 50 Heidschnucken, 140 Rinder und zwölf Landschafe auf dem Gelände. So wird verhindert, dass Büsche und Sträucher auf den offenen Grasflächen überhandnehmen. Auf drei Rundwanderwegen namens „Gletscherspur", „Gallo-Way" und „Entdeckerpfad" kann man den Tieren, der Geschichte und der Archäologie des Höltigbaums und des Ahrensburger Tunneltals ganz nah kommen.

Aber auch kleinere Tiere lassen sich im Höltigbaum gut beobachten. Vor allem Vögel, wie der im Naturschutzgebiet anzutreffende Neuntöter, freuen sich über die guten Nahrungsangebote und vielen Verstecke, die sich in der steppenartigen Land-

Ein Neuntöter in Habachtstellung

Auch Heidschnucken leben im Naturschutzgebiet Höltigbaum

schaft finden. Aufrecht auf Büschen sitzend ist er von Mai bis November gut zu erkennen.

Die meisten Wege durch die Landschaft des Höltigbaums sind mit dem Rad gut zu befahren, schließlich handelt es sich teilweise um ehemalige Betonpisten für Panzer. Das militärische Erbe des Höltigbaums kann und will das heutige Naturschutzgebiet nicht verleugnen. Panzerspuren, Gefechtshügel und Schanzflächen zeugen von der jüngsten Vergangenheit des Areals. Die Wehrmacht hatte 1937 auf dem Gelände einen Übungsplatz eingerichtet, in den 50er Jahren diente der Höltigbaum der Bundeswehr als Standortübungsplatz.

Man verlässt das Naturschutzgebiet über den Hagenweg und biegt von dort in den Ahrensfelder Weg ein. Bei den ersten Häusern der Siedlung am Hagen geht dieser über in den Ginsterweg. Nach rechts biegt man in den Weg Brauner Hirsch ein. Von hier zweigt bald darauf links die Hagener Allee ab, die durch den Forst Hagen bis ins Ahrensburger Zentrum führt (▸ Seite 38).

Im **Forst Hagen** sind noch einige Erdwälle der Burg Arnesvelde aus dem 14. Jahrhundert zu sehen. Die Burg selbst, der die Stadt Ahrensburg ihren Namen verdankt, existiert nicht mehr.

In Filzpantoffeln durch Prunksäle

★ Stadtausflug, Schlossbesichtigung & (Rad-)Wanderung (8 km)
★ Prunkvolle Schlosseinblicke und versteckte Teiche

Start
Bhf. Ahrensburg
RB 81 alle 30 Min. oder
Ahrensburg West
U1 alle 10–20 Min.

Rückfahrt
Buchenkamp
U1 alle 10–20 Min.

Karte ▸ Seite 35

Schloss Ahrensburg
Lübecker Straße 1
22926 Ahrensburg
Tel. (0 41 02) 4 25 10
www.schloss-ahrensburg.de
März–Okt. Di–Do und Sa/So 11–17 Uhr
Nov.–Feb. Mi/Sa/So 11–17 Uhr
6 €, bis 12 Jahre 2,50 €, Familienkarte 12 €

Bienen-Lehr- und Schaugarten
An der Bagatelle 2
(angrenzend an den Schlosspark)
22926 Ahrensburg
Tel. (0 41 02) 4 19 18
www.bienengarten-ahrensburg.de
Mitte Apr.–Sep. 1. und 3. So im Monat 14–17 Uhr

Hamburgs schönstes Schloss liegt nicht in der Hansestadt, sondern in Schleswig-Holstein. Das Schloss Ahrensburg verdankt seine Pracht einem dänischen Minister. Oder besser: westindischen Sklaven.

Vom Bahnhof sind es nur wenige Schritte in den kleinen Stadtkern von Ahrensburg. Dort bietet sich bald ein herrlicher Anblick: Inmitten eines Parks erhebt sich auf einer Insel der strahlend weiße Bau eines **Schlosses**. Das Wahrzeichen der Stadt Ahrensburg gehört zu den am besten erhaltenen Renaissancebauten Schleswig-Holsteins. Seit 1938 ist es als Museum zugänglich und legt Zeugnis ab von der adligen Wohnkultur des 18. Jahrhunderts. Und das, obwohl der Mann, der hier sein Repräsentationsbedürfnis auslebte, so gar kein typischer Adeliger war.

Aber der Reihe nach. Schon um das Jahr 1585 hatte Peter Rantzau, ein Spross des weitverzweigten holsteinischen Uradelsgeschlechts, den befestigten Herrensitz als Mittelpunkt seines ausgedehnten Gutsterritoriums errichten lassen. Die Grundzüge, die Hofanlage und der bauliche Kernbestand sind trotz aller Umgestaltungen bis heute erhalten: eine von breiten Wassergräben und dem aufgestauten Mühlenteich umzogene, rechteckige Insel mit Resten von Befestigungswällen, auf der sich das Schloss auf einem hohen Granitsockel erhebt. Die Rantzaus regierten von ihrem Herrensitz mehrere Generationen lang, bis wirtschaftliche Schwierigkeiten im 18. Jahrhundert zum Niedergang des Gutes führten.

Im Jahre 1759 erwarb Heinrich Carl Schimmelmann den vor dem Konkurs stehenden Besitz. Zu dieser Zeit war Schimmelmann schon ein schwerreicher Mann, der es vom kleinen mecklenburgischen Kaufmann als Heeresausrüster

Schloss Ahrensburg hat eine ambivalente Vergangenheit

Friedrichs des Großen, als Steuerpächter, als Spekulant sowie als Schatzmeister des dänischen Königs zu etwas gebracht hatte. Nun war er auf die Idee gekommen, marode Güter zu kaufen, um auf ihnen Gewerbe anzusiedeln und Manufakturen zu betreiben. Das Schloss war sozusagen nur eine Dreingabe. Gleichwohl stattete er seinen Besitz prachtvoll aus. Das war ein Leichtes für ihn, zumal er als Unternehmer bald in einen lukrativen Dreieckshandel einstieg: Von Europa brachte er mit eigenen Schiffen Gewehre und Tand nach Afrika, von Afrika Sklaven nach Amerika, mit Rohrzucker kehrten seine Schiffe aus der Karibik zurück. Schnell war Schimmelmann einer der größten Sklavenhändler der Westindischen Inseln.

Diese Vorabinformation lässt die Besucher des Schlosses die Pracht vielleicht mit etwas kritischeren Augen betrachten, wenn sie mit dicken Filzpantoffeln die Säle durchstreifen. Natürlich dient das unhandliche Schuhwerk der Schonung des Schmuckparketts. Es ist mit Ahorn auf Nussbaum, mit Eiche sowie Kirschbaumholz ausgelegt, stammt aus dem Jahre 1855 und ist somit schon nicht mehr mit Sklavenblut getränkt.

Restaurant Strehl
Gehobene Regionalküche, berühmt für Wildgerichte und Fischspezialitäten.
Reeshoop 50
Tel. (0 41 02) 4 12 61
www.restaurantstrehl.de
Mo/Do–Sa ab 17, So/Fei 10–15 und ab 17 Uhr

badlantic
Hallen- und Freibad mit Sauna.
Reeshoop 60
Tel. (0 41 02) 4 82 80
www.badlantic.de
Hallenbad: Di–Do 6.30–21.45, Fr 6.30–20.15, Sa/So 9–18.30 Uhr
6 €, bis 16 Jahre 3,60 €
Freibad: Mo 12–20, Di–Fr 6.30–20, Sa/So 9–19 Uhr
3 €, erm. 2,50 €,
Kinder 2 €

…ndbad Bredenbeker …eich
Wulfsdorfer Weg
22949 Ammersbek
Tel. (0 41 02) 5 85 63
www.camping-bredenbeker-teich.de
Mitte Mai–Mitte Sep.
tgl. 10–19 Uhr
2,50 €, bis 14 Jahre 1,30 €, Familienkarte 6,50 €

Haus der Natur
Informationszentrum des Vereins Jordsand.
Bornkampsweg 35
22926 Ahrensburg
Tel. (0 41 02) 3 26 56
www.jordsand.eu
Sa–Do 10–17 Uhr
Eintritt frei, Spende erbeten

Von der Gartenanlage, die Graf Schimmelmann (denn zum Grafen hatte der dankbare Dänenkönig den Krämer noch ernannt) geplant, aber nur zu Teilen realisiert hatte, blieb fast nichts erhalten. Die heutige gärtnerische Gestaltung geht auf eine Anlage im englischen Stil von 1870 zurück. Beim Rundgang ergeben sich schöne Ausblicke über den **Mühlteich** auf die aus dem 17. Jahrhundert stammende Schlossmühle und den Marstall aus dem Jahre 1845.

Wer nach dem Besuch des Schlosses noch etwas Natur benötigt, der radelt über die Fritz-Reuter-Straße und den Wulfsdorfer Weg an die westliche Seite der Stadt zum Bredenbeker Teich. Auch von der U-Bahn-Station Ahrensburg West ist der **Bredenbeker Teich** über die Straße Am Neuen Teich gut zu erreichen. Auf dem Weg zum See kommt man in jedem Fall am alten Jüdischen Friedhof vorbei. Der im Jahre 1822 angelegte Begräbnisplatz ist hinter einer Mauer versteckt und leider nicht zur Besichtigung geöffnet. Der Blick durch das Gittertor gibt aber den Blick auf das Gelände frei: Unter mächtigen Bäumen drängen sich die einheitlich hohen Grabsteine, auf denen noch die lateinischen und hebräischen Schriftzeichen zu erkennen sind.

Weiter geht es zum See. Entlang des Südwestufers eröffnen sich immer wieder schöne Blicke über das Wasser. Wer mit dem Fahrrad unterwegs ist und Lust auf eine Abkühlung hat, kann noch einen Abstecher zum schönen **Strandbad** auf der anderen Seite des Bredenbeker Teiches machen. Auch ein Abstecher zum **Gut Wulfsdorf** bietet sich an. Hier befindet sich das **Haus der Natur** des Vereins Jordsand mit wechselnden Ausstellungen zum Thema Natur. Im benachbarten Hofladen werden Produkte aus eigenem Anbau angeboten und alles, was sonst noch zum Sortiment eines Naturkostladens gehört. An der Station Buchenkamp kann man die Einkäufe dann in die U-Bahn laden und sich bequem in die Hansestadt zurückfahren lassen.

Im Frühling stehen die Narzissen Spalier: der Weg zum Haus der Natur

Von beschaulich bis hoch hinaus

★ Museumsbesuch & Kletterparcours
★ Erfahren, wie bäuerliches Leben vor gut 100 Jahren aussah und gut gesichert in schwindelerregenden Höhen balancieren

Gleich zwei Attraktionen voller Gegensätze gibt es im Hamburger Stadtteil Volksdorf: ein kleines beschauliches Museumsdorf, das Einblick in das bäuerliche Leben des 18. und 19. Jahrhunderts gibt, und einen Kletterwald, einen Hochseilgarten mit sechs Parcours der Kick des 21. Jahrhunderts.

Start
Volksdorf
U1 alle 5–10 Min.

Karte ▸ Seite 35

Die erste urkundliche Erwähnung Volksdorfs geht auf das Jahr 1296 zurück. Ursprünglich gehörte es zu Stormarn. 1437 verpfändete der damalige Grundherr Bruneke von Alveslo Volksdorf zusammen mit anderen Dörfern an Hamburg. Das Pfand wurde jedoch niemals ausgelöst. Volksdorf wurde eines der **Hamburger Walddörfer.** Dies sind Stadtteile im Nordosten der Hansestadt, die zum Teil seit dem Mittelalter zu Hamburgs Territorium außerhalb seiner Mauern gehörten.

Am U-Bahnhof Volksdorf ist das Museumsdorf bereits ausgeschildert. Man überquert die Claus-Ferck-Straße und folgt geradeaus einem gepflasterten Weg in eine kleine Grünanlage. Am Ende der Anlage trifft der Pastorenstieg auf die Straße „Im Alten Dorfe", in der sich das **Museumsdorf** befindet. Es entstand in den 1960er Jahren und gewährt einen Einblick in die vergangene bäuerliche Bau- und Wohnkultur des hamburgischen und holsteinischen Geestlandes. Es ist außerdem Teil des alten Dorfes Volksdorf.

Drei der Museums-Häuser stehen an ihren ursprünglichen Standorten. In den 60er und 70er Jahren wurden die einzelnen Gebäude restauriert oder rekonstruiert. Dominiert wird das Museumsdorf vom Harderhof mit Tenne (Scheune), Flett (Herdstelle), Bauern- und Altenteilerdöns (Döns = Wohnzimmer, Altenteiler = die alten Bauern). Allerdings handelt es sich hier um eine Rekonstruk-

Museumsdorf Volksdorf
Im Alten Dorfe 46–48
22359 Hamburg
Tel. (040) 6 03 90 98
www.museumsdorf-volksdorf.de
Geschäftsstelle:
Di 9–12 und Do 10–12 Uhr
Gelände:
Di–So 9–17 Uhr
Eintritt frei
Von innen sind die Gebäude nur im Rahmen einer Führung zu besichtigen:
Apr.–Okt. Fr–So 15 Uhr
Nov.–März So 15 Uhr
3 €, Kinder ab 6 Jahren 1 €

Die Grützmühle im Museumsdorf Volksdorf war eine Rossmühle

tion. Das Originalhaus von 1759 brannte 1967 ab. Links davon befinden sich das älteste Gebäude, das Spiekerhus aus dem 17. Jahrhundert, und eine Grützmühle: Hier wurden Roggen-, Gerste- und Buchweizen gemahlen, denn diese Getreidearten gehörten vor Einführung der Kartoffel zu den wichtigsten Nahrungsmitteln. Angetrieben wurde das hölzerne Mahlwerk nicht durch Wind oder Wasser, sondern durch Pferde – deshalb nannte man eine solche Mühle auch Rossmühle. In Mühle, Schmiede und Backhaus finden heute Veranstaltungen für Schüler statt, bei denen sie das Leben unserer Vorfahren hautnah erfahren. Und natürlich gehören auch Tiere wie Hühner, Enten, Schafe, Ziegen und Schweine dazu. Größtenteils handelt es sich bei den Tieren um vom Aussterben bedrohte Haustierrassen.

Auf dem Gelände des Museumsdorfes befindet sich auch das heutige Restaurant Dorfkrug Volksdorf. Früher diente es als Instenhaus des Harderhofes, also als Wohn- und Wirtschaftsgebäude für Tagelöhner, die auf dem Harderhof arbeiteten.

An mehreren Tagen im Jahr geht es lebhaft und festlich zu im Museumsdorf. Dann gibt es Bauernmärkte, Erntedank oder Tanz um den Mai-

Dorfkrug Volksdorf
Restaurant und Weinwirtschaft.
Im Alten Dorfe 44
22359 Hamburg
Tel. (040) 6 03 92 94
www.dorfkrug-volksdorf.com
Di–Sa ab 18, So ab 12 Uhr

Bier-Restaurant Eulenkrug
Im Sommer mit Biergarten.
Im Alten Dorfe 60
22359 Hamburg
Tel. (040) 6 03 87 81

baum. An den so genannten Gewerketagen werden alte Handwerkstraditionen gezeigt, zum Beispiel wie man Lehm richtig „abmagert“, um damit bauen zu können.

Eine Attraktion des 21. Jahrhunderts befindet sich in der Nähe der U-Bahn-Station Meiendorfer Weg. Nach Überquerung dieser Straße biegt man auf einen kleinen Weg in den Volksdorfer Wald direkt gegenüber der U-Bahn-Station ein. Man hält sich rechts und erreicht nach wenigen Minuten den Hochseilgarten **Kletterwald Hamburg.** Hier am Eingang gibt es gleich einen Spielplatz für diejenigen Besucher, die zum Klettern noch zu jung sind – oder für die, die kurzfristig der Mut verlässt. Das Mindestalter für Kletterer beträgt fünf Jahre, 110 Zentimeter ist die erforderliche Mindestgröße für den zwei Meter hohen Niagara-Trail und den Amazonas-Parcours. Für alle anderen Kletterpfade muss man mindestens 140 Zentimeter groß sein.

Bevor sie sich in die Baumwipfel schwingen können, werden die sportlichen Besucher in die Sicherheitsbestimmungen des Hochseilgartens eingeführt, bekommen Schutzhelme, Gurte und Sicherheitsausrüstung angelegt. Durch ein Sicherungssystem ist man ununterbrochen mit einem Stahlseil verbunden. Man fädelt sich vor Beginn seiner Tour auf dem Boden ein und bleibt so lange an dem Stahlseil gesichert, bis man wieder festen Boden unter den Füßen hat. Ein Aus- und Einsichern oder „Umhängen“ ist nicht notwendig. Insgesamt besteht der Hochseilgarten aus sieben Parcours unterschiedlicher Schwierigkeitsgrade. Die Mount-Everest-Route verläuft in – für Zuschauer schwindelerregenden – acht Metern Höhe. Und mit der Seilbahn „Flying Fox“ schwebt man an seinem Ende wieder dem Volksdorfer Waldboden entgegen.

Kletterwald Hamburg
Meiendorfer Weg 122–128
22359 Hamburg
Tel. (0 41 02) 20 09 19
www.kletterwald-hamburg.com
März–Okt. tgl. 10–19 Uhr
Letzter Einstieg 2,5 Std. vor Schluss.
Voranmeldung erbeten.
Bei starkem Wind und Regen bleibt der Kletterwald geschlossen.
25 €, Kinder 19 €, Familienkarte (2 Erw. + 2 Kinder) 79 €,
Trainer als Begleitung 20 € pro Std.
U1 Meiendorfer Weg alle 5–10 Min.

Als Kletterer im Hochseilgarten ist man durchgehend gut gesichert

Wälder und Villen

★ Spaziergang von Ahrensburg Ost nach Großhansdorf
★ Wege durch den Erholungswald, umgeben von hübschen Villen

Start
Ahrensburg Ost
U1 alle 10–20 Min.

Rückfahrt
Großhansdorf oder Kiekut
U1 alle 10–20 Min.

Von einem Häuschen im Grünen träumen viele, manche gar von einer Villa am Waldrand. Wer sich den Traum in Großhansdorf, der traditionsreichen Villenkolonie nordöstlich von Hamburg, verwirklichen kann, der muss schon zu den Betuchteren gehören.

Seit etwa 100 Jahren gilt der Ort Großhansdorf am Rande des Staatsforstes Trittau als bevorzugte Wohngegend wohlhabender Hamburger. Schon in den 20er Jahren sorgten die einflussreichen Großhansdorfer dafür, dass ihr Ort an das neue Hamburger U-Bahn-Netz angeschlossen wurde.

Ausgangspunkt der Tour ist aber der U-Bahnhof Ahrensburg Ost. Von dort aus folgt man der Straße Am Aalfang, die neben dem Hopfenbach entlangführt. Zur Rechten taucht bald eine Hochstraße auf. Unterquert man das Bauwerk, gelangt man in die Sieker Landstraße und erblickt dort bald ein inmitten eines großzügigen Parks gelegenes, schlossähnliches Anwesen. Anfang des 20. Jahrhunderts wurde es im Auftrag eines reichen Kaufmannes errichtet. Heute ist darin das **Institut für Forstgenetik und Forstpflanzenzüchtung** untergebracht. Der Park muss von außen bewundert werden, er ist der Öffentlichkeit leider nicht zugänglich. Auf der gegenüberliegenden Straßenseite hat mit einem nicht ganz so beeindruckenden Park, aber mit einem noch respekteinflößenderen Namen, das Biochemische Institut für Umweltcarcinogene repräsentatives Quartier bezogen.

Solche Schilder findet man nicht überall – aber im Staatsforst Trittau

Leider wird der Staatsforst Trittau, an dessen Rand wir uns jetzt schon befinden, durch die Hansdorfer Landstraße in zwei Teile zerschnitten. Nahe der Straße, im südlichen Teil, liegt gleich zu Anfang der **Manhagenteich**. Hier am Teich oder auf der nahen Liegewiese kann man schon

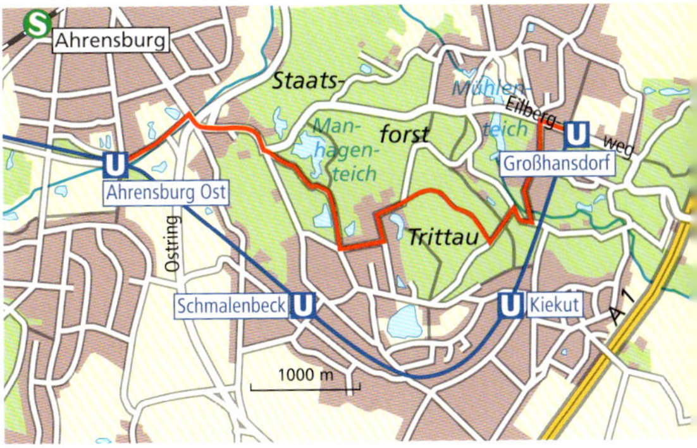

die erste Rast einlegen. Der Staatsforst Trittau wird nicht forstwirtschaftlich genutzt, sondern dient vor allem der Erholung. Mit einer Mischung aus den unterschiedlichsten alten Laub- und Nadelbäumen erwartet uns hier keine der üblichen Holzplantagen. Diverse Wander- und Spazierwege durchziehen den Wald. Ebenso zahlreich wie die möglichen Routen sind die Markierungen und Hinweistäfelchen – mit dem Ergebnis, dass die Orientierung eher erschwert wird. Das ist allerdings nicht allzu schlimm, denn erstens ist der Forst nicht sehr groß und zweitens kann man, wenn man dann tatsächlich an den Waldrand stößt, dort überall die großzügigen Villen bewundern.

Beizeiten gilt es zu überlegen, ob der Weg schließlich in den Ort Großhansdorf führen soll oder durch den südöstlichen Teil des Forstes, den Hamburger Wald, zur U-Bahn-Station Kiekut, die direkt am Waldrand liegt. Ihren Namen soll sie von einer früher dort gelegenen Gaststätte haben, deren Wirt ständig aus dem Fenster nach Gästen Ausschau hielt. Beim Weg nach Großhansdorf lohnt ein Abstecher zum **Mühlenteich.** Der wird zwar vom so genannten Mühlenbach durchflossen und liegt am Hansdorfer Mühlendamm, doch eine Mühle oder einen Hinweis, wo eine solche einmal gestanden haben mag, sucht der Ausflügler vergebens.

Der Ort **Großhansdorf** ist quasi in den Wald hineingebaut worden. Seine erste urkundliche Erwähnung findet sich 1274. Neben den vielen ruhigen Villenstraßen gibt es nur eine kurze Hauptstraße namens Eilbergweg, an der sich alle Geschäfte drängen und die auch direkt auf den U-Bahnhof Großhansdorf führt. Von der U-Bahn aus, die hier noch oberirdisch verkehrt, haben wir noch eine letzte Gelegenheit, einen Blick in die Gärten und auf die Villen zu werfen.

Il Grappolo
Italienisches Restaurant mit Sommerterrasse.
Barkholt 65
22927 Großhansdorf
Tel. (041 02) 69 11 40
www.ilgrappolo.com
Tgl. 12–23 Uhr

Einst ein Bad

★ Stadtausflug & Radtour (30 km) Bad Oldesloe – Henstedt-Ulzburg
★ Mit dem Rad über die ehemalige Bahntrasse

Start
Bhf. Bad Oldesloe
RE 8/RE 80/RB 81
alle 30–60 Min.

Rückfahrt
Henstedt-Ulzburg
A1 nach Eidelstedt alle 20–40 Min. oder
A3 nach Elmshorn alle 60–120 Min.

Karte ▸ Seite 48/49

Viel ist in Bad Oldesloe von der ruhmreichen Vergangenheit als Kurbad nicht mehr zu spüren, dennoch lohnt ein Besuch der Travestadt. Und die schöne Umgebung ist allemal eine Radtour wert.

Die bequemste Radtour von Bad Oldesloe aus ist sicher die Strecke nach Henstedt-Ulzburg. Der Weg – ein Teilstück des Radfernwanderweges Lübeck-Glückstadt – verläuft die meiste Zeit auf einer ehemaligen Bahntrasse.

Vor der eigentlichen Radtour aber sollte man eine Besichtigung der nordwestlich des Bahnhofs gelegenen **Altstadt** einplanen. Hier fließt die Trave in einer großen Schleife mit der Beste zusammen und macht die Altstadt quasi zu einer Insel. Im Mittelalter, als die Trave von Lübeck aus mit den speziellen Travekoggen noch bis Oldesloe schiffbar war, entwickelte sich die Stadt zu einem bedeutenden Umschlag- und Handelsplatz. Davon zeugt das **Lübsche Haus,** auch Blaues Haus genannt. Das einstige Lagerhaus am Traveufer ist heute neben der **Peter-Paul-Kirche** von 1763 das älteste Gebäude der Stadt – und überhaupt eines von wenigen erhaltenen Bauten, denn ein verheerender Stadtbrand zerstörte im Jahre 1798 den größten Teil Bad Oldesloes. Der Wiederaufbau erfolgte durch den berühmten Baumeister und Begründer des „weißen Klassizismus" Christian Frederik Hansen. Von ihm stammen auch das Stadthaus und das Rathaus. Zahlreiche kleine Gassen, Durchgänge und Brücken verleihen der Altstadt bis heute besonderen Reiz.

Über die Geschichte der Stadt kann man sich – jedenfalls freitags und samstags – im **Heimatmuseum** Bad Oldesloe informieren. Die Ausstellung, nur ein paar Schritte südlich von der Altstadt in der Königstraße gelegen, führt zu-

Heimatmuseum Bad Oldesloe
Königstraße 32
23843 Bad Oldesloe
Tel. (0 45 31) 18 24 96
www.heimatmuseum-oldesloe.de
Fr 14–16, Sa 10–12 Uhr
und nach Vereinbarung
Eintritt frei

rück bis in die Jüngere Altsteinzeit 12500 bis 10000 v. Chr. Werkzeuge aus dieser Epoche hat man zahlreich in der Umgebung der Stadt gefunden. Die Geschichte Bad Oldesloes endet im Museum in der Neuzeit und beantwortet endlich die Frage, die wir uns schon die ganze Zeit gestellt haben: Wieso nennt sich **Bad Oldesloe** eigentlich „Bad" Oldesloe? Von Kureinrichtungen haben wir bei unserer bisherigen kurzen Erkundung zwar nichts mitbekommen, aber Bad Oldesloe ist ein ehemaliges Sole-, Moor- und Schwefelbad. Die Entdeckung einer Schwefelquelle 1812 war der Anlass, ein Jahr später mit bereits vorhandener Sole und Moor einen Badebetrieb einzurichten. Oldesloe war das erste Bad seiner Art in Norddeutschland, und wegen des regen Zuspruchs erfolgte ein schneller Ausbau des Badebetriebes. Ein Kurhaus mit dem „größten und schönsten Saal im Lande" wurde 1828 errichtet. Während der Blütezeit als Kurbad zählte Bad Oldesloe bis zu 6000 Badegäste – bei gerade einmal 1800 Einwohnern. Die Konkurrenz der aufkommenden Seebäder und die allgemeine Wirtschaftskrise ließen die Anziehungskraft Bad Oldesloes jedoch schwinden. Ende der 20er Jahre wurde der Kurbetrieb eingestellt. Auf den Titel Bad mag die Stadt Oldesloe aber nicht verzichten.

Das Einzige, was von der Kurbadvergangenheit erhalten ist, ist der **Kurpark.** Die malerische Anlage erstreckt sich südlich der Altstadt am Ufer der Beste. Und genau hier, nämlich durch den Kurpark, direkt am Ufer der Beste entlang, verläuft der Radfernwanderweg Lübeck-Glückstadt, dem wir nun bis Henstedt-Ulzburg folgen. Am Stadtrand von Bad Oldesloe führt der Weg ein Stück auf einem Radweg entlang der belebten B75, die hier Hamburger Straße heißt. Aber schon nach 1,5 Kilometern verlassen wir in **Blumendorf** die Bundesstraße und biegen nach rechts ab, um auf der zum Rad- und Wanderweg umgewandelten Bahntrasse ungestört zu radeln.

Ratskeller
Im Sommer kann man draußen direkt in der Fußgängerzone sitzen.
Hindenburgstraße 1
23843 Bad Oldesloe
Tel. (0 45 31) 34 46
Tgl. ab 11.30 Uhr

Buntes Markttreiben in Bad Oldesloe

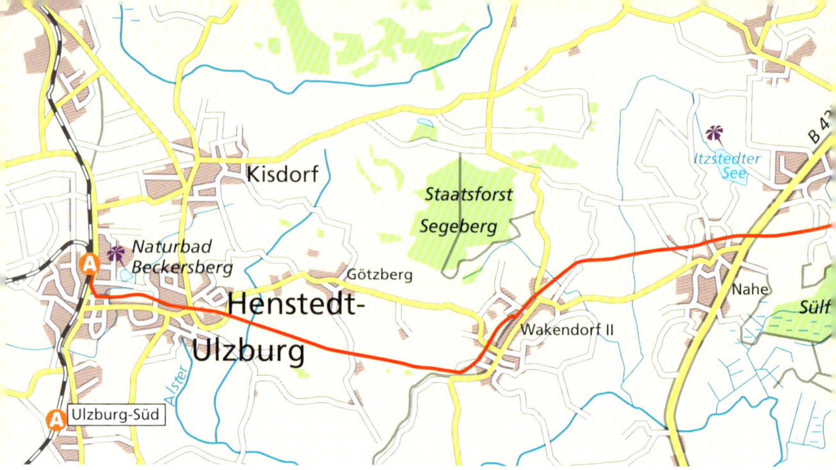

Freibad Itzstedt
Seeweg 29
23485 Itzstedt
Tel. (0 45 35) 4 42
www.freibad-itzstedt.de
Mitte Mai–Mitte Sep.
Mo–So 9–20 bzw. 21 Uhr
3 €, erm. 1 €

Erste Station der Reise ist Grabau, oder besser der **Grabauer See,** etwas nördlich des Radfernweges gelegen. Dieser See ist nicht wie so viele andere schleswig-holsteinische Seen ein Produkt der Eiszeit. Er entstand vielmehr im Mittelalter durch das Aufstauen der Norderbeste, des Flüsschens, das sich bei Blumendorf mit der Süderbeste zur Beste vereint, die wir ja aus Bad Oldesloe schon kennen. An der Siedlung Hoherdamm, nahe unserem Radweg, findet sich noch heute der Rest einer Wassermühle. Es wird vermutet, dass Reinfelder Mönche (► Seite 54) die Urheber waren. Heute ist der See mit einem dichten Schilfgürtel umgeben und bietet hier vielen Wasservögeln ein ideales Rückzugsgebiet.

Das Dorf **Grabau** ist nach seinen historischen Strukturen neu gestaltet. Die künstliche Idylle ist sicher nicht jedermanns Geschmack, doch stellt sie einen fairen Kompromiss dar zwischen den vielen ohne Rücksicht auf Vergangenes verschandelten „modernen" Dörfern und den verkitschten Wiederaufbauten im Stil eines bewohnten Freilichtmuseums. Wer keinen Abstecher nach Grabau unternehmen möchte, hat bald die Möglichkeit, kurz vor Sülfeld, der nächsten Station der Tour, nach rechts zum drei Kilometer entfernten **Klingberg** zu radeln. Von dem 78 Meter hohen Berg bietet sich ein sehr schöner Blick über die weite Landschaft Nordstormarns.

Sülfeld streifen wir am südlichen Ortsrand. Der Straßenname An der Bahn erinnert hier noch

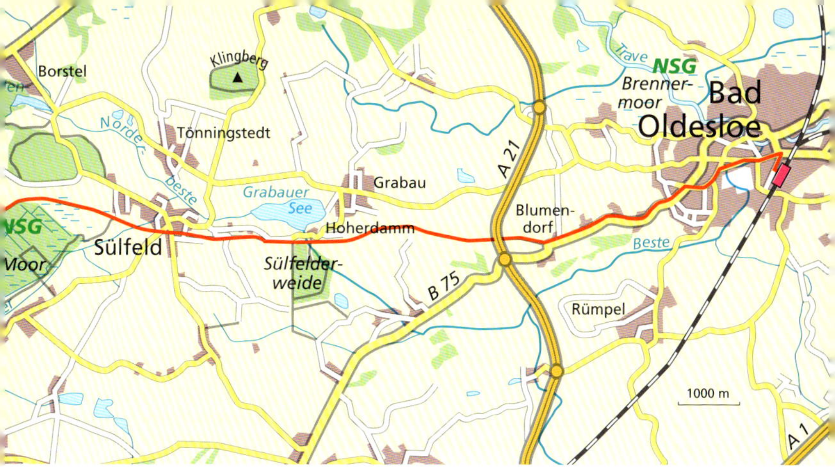

an den Ursprung des Radweges. Hinter Sülfeld verläuft der Radfernweg durch ein urwüchsiges Naturschutzgebiet, das Sülfelder Moor. Nach etwa sieben Kilometern stößt der Weg auf die B 432, die man überquert, um am nördlichen Ortsrand von Nahe problemlos weiterzuradeln. Das Dorf **Nahe** ist schon ein Teil des nördlich unserer Route gelegenen Ortes Itzstedt. Den **Itzstedter See** sollten sich Badefreunde nicht entgehen lassen. Neben Campingplätzen haben die Gemeindeväter an seinem Ufer eine schöne Seebadeanstalt angelegt – das **Freibad Itzstedt.** Der Weg zum See führt in Nahe an der Dorfstraße, über die unsere Trasse verläuft, nach rechts und endet genau an der Badeanstalt.

Nach weiteren zehn Kilometern erreicht man die 26 000 Einwohner zählende Gemeinde **Henstedt-Ulzburg.** Sie ist aus den Dörfern Henstedt, Ulzburg und Götzberg entstanden. Heute ist Henstedt-Ulzburg eine typische Schlafstadt im Speckgürtel Hamburgs. Kurz vor dem Ziel gibt's hier noch eine letzte Chance auf ein Bad: Das **Naturbad Beckersberg** ist ein gut ausgestattetes Freibad an einem naturbelassenen Badesee in zentraler Lage, nur einen Katzensprung von unserer Bahntrasse entfernt – nur leider im Sommer recht überlaufen.

So wie einst die Bahn, auf deren Trasse wir heute unterwegs waren, endet auch der Radweg direkt am Bahnhof Henstedt-Ulzburg.

Naturbad Beckersberg
Beckersbergstraße
Henstedt-Ulzburg
Tel. (0 41 93) 75 95 85
(Saisontelefonnummer)
Mitte Mai–Anfang Sep.
10–19 Uhr,
je nach Witterungsverhältnissen auch länger
2,50 €, erm. 1,50 €

Bad Segeberg ohne Karl May?

★ Stadtausflug & Rundwanderung (12 km)
★ Aufstieg zum Kalkberg, Abstieg in die Höhlen der Fledermäuse und einmal rund um den Großen Segeberger See

Start
Bhf. Bad Segeberg
RB 82 alle 60 Min. ab Bad Oldesloe (Anschluss von Hamburg)

Karte ▸ Seite 52

Dass jeder zuerst an Karl May denkt, wenn der Name Bad Segeberg fällt, damit hat man sich in der ostholsteinischen Stadt mittlerweile abgefunden. Aber auch ohne die berühmten Karl-May-Festspiele ist Bad Segeberg allemal einen Ausflug wert.

Wie sehr Bad Segeberg von den Festspielen geprägt ist, zeigt sich schon beim Verlassen des Bahnhofs: Unübersehbar sind die Wegweiser zur Freilichtbühne. Und auch falls ein Besuch der Karl-May-Festspiele heute nicht auf unserem Programm steht, sollten wir ruhig der Ausschilderung folgen. Der Kalkberg, das 91 Meter hohe Wahrzeichen Bad Segebergs, zu dem uns der Weg führt, dient seit 1952 als eindrucksvolle Kulisse bei den jeden Sommer stattfindenden Karl-May-Festspielen. Selbst nach über 60 Jahren hat das Freilicht-Spektakel nichts von seiner Popularität eingebüßt. Und so sattelt auch dieses Jahr der edle Apachenhäuptling Winnetou wieder sein treues Pferd Iltschi und reitet dem ewigen Kampf für Gerechtigkeit und wahre Freundschaft entgegen.

Wildwestfans besuchen neben der Festspiel-Aufführung auch noch das neben der 7 500 Besucher fassenden **Freilichtbühne** gelegene Indian Village. In dieser Westernstadt mit Blockhäusern, der Wohnung einer Siedlerfamilie, einem Saloon mit Klavier und dem Marshall-Office samt Gefängnis wird neben den Ausstellungen zur Geschichte der Indianer und der Karl-May-Festspiele vor allem allerlei Unterhaltung für Kinder geboten.

Karl-May-Spiele Bad Segeberg
Karl-May-Platz
23795 Bad Segeberg
Tel. (0 45 51) 95 21-0
Vorstellungen Juni–Sep.
Do–Sa 15 und 20 Uhr,
So 15 Uhr
Karten je nach Sitzplatzkategorie 16–27 €,
erm. 12,50–21 €
Infos und Eintrittskarten
Tel. (0 18 05) 95 21 11
www.karl-may-spiele.de

Was man sich aber auf keinen Fall entgehen lassen darf, ist die Besteigung des **Kalkberges.** Durch wild zerklüftete, felsige Landschaft geht der Aufstieg bis kurz unter den Gipfel. Der Blick über die Stadt Bad Segeberg und die malerische Um-

Vom Aussichtspunkt am Noctalis hat man einen tollen Blick

gebung mit ihren Wiesen, Wäldern und Seen ist wahrhaft beeindruckend. Man kann hier von oben in den historischen Brunnenschacht der Siegesburg, die auf dem Gipfel des Kalkberges thronte, hineinschauen. Kaiser Lothar II. war es, der sie im Jahre 1134 erbauen ließ. 1644, während des Dreißigjährigen Krieges, wüteten die Schweden in Segeberg. Zwar blieb die Stadt verschont, dafür wurde die Burg zerstört und später vollständig abgebrochen.

Im Jahre 1876 begann man nach Salz zu bohren und wurde nach zwei Jahren fündig: Am Kalkberg fand sich in einer Tiefe von 148 Metern Salz von besonders guter Qualität. Das Wasser am Grunde eines Salzschachtes erwies sich als voll gesättigte Sole von heilkräftiger Wirkung. Damit war der Grundstock des Kur- und Heilbades gelegt, und 1884 eröffneten die Stadtväter von Bad Segeberg das erste Kurhaus am Segeberger See.

Auf das Jahr 1913 schließlich datiert das letzte spektakuläre Ereignis in Bad Segeberg. Spielende Kinder stiegen damals am Kalkberg, von dem wir ja nach dem Genuss des grandiosen Ausblicks gerade wieder hinab klettern, in ein Loch – und entdeckten darunter eine riesige Höhle, oder besser ein fast 1 000 Meter langes Höhlensystem. Es sind Deutschlands nördlichste Höhlen und seit Jahrzehnten eine Attraktion für Millionen von Besuchern. Über 20 000 Fledermäuse kommen jedes Jahr in die Höhlen. Alles über die Welt der Fledermäuse präsentiert gleich nebenan die Erleb-

Noctalis – Welt der Fledermäuse und Kalkberghöhle
Imposantes Höhlensystem und eine fesselnde Ausstellung über das Leben der Fledermäuse.
Oberbergstraße 27
23795 Bad Segeberg
Tel. (0 45 51) 8 08 20
www.noctalis.de
Apr.–Sep. Mo–Fr 9–18, Sa/So 10–18 Uhr
Okt.–März Mo–Fr 9–17, Sa/So 10–18 Uhr
8 €, 4–14 Jahre 5 €

Die Kalkberghöhle kann von Apr.–Sep. besichtigt werden. Für Menschen mit Atemwegserkrankungen ist die Höhle ganzjährig geöffnet: Fr 14–15 Uhr
6 €, Kinder 4 €,
Kombiticket: 11 €,
4–14 Jahre 7 €

nisausstellung Noctalis. Sie ist ganzjährig geöffnet und hat sich unter anderem zum Ziel gesetzt, Vorurteile vieler Menschen gegenüber Fledermäusen abzubauen. Einen Höhepunkt bietet das **Noctarium** im obersten Stock. Hier leben über 100 Blattnasen-Fledermäuse hinter einer 75 Quadratmeter großen Glasfront und warten auf die gespannten Blicke der Besucher.

Aus der faszinierenden Welt der Fledermäuse steigen wir hinab in die Altstadt, die im Wesentlichen aus der Lübecker Straße besteht. Sie zieht sich in einer weiten, sanften Kurve um den nördlichen Kalkberg. Das älteste Haus ist hier – und damit in ganz Bad Segeberg – das „Alt-Segeberger Bürgerhaus“ von 1541. In zwei Dauerausstellungen dokumentiert das Museum die 875-jährige Stadtgeschichte von der mittelalterlichen Burgsiedlung bis zum modernen Kurort.

Überragt wird die Altstadt vom Turm der **Marienkirche,** einem der bedeutendsten romanischen Bauwerke in Norddeutschland und der erste Bau, bei dem das Gewölbe aus Backstein geschaffen wurde. Der Baubeginn fällt auf das Jahr 1156. Auch der hinter der Kirche gelegene Friedhof ist einen Blick wert.

Es bietet sich an, gleich vom Friedhof ans Ufer des Großen Segeberger Sees zu spazieren. Es sei denn, man will in der Fußgängerzone, die direkt vor der Kirche beginnt, noch etwas Proviant für die Wanderung um den See einkaufen. Was eine gute Idee ist, denn der Weg führt durch gastronomisches Niemandsland. Auf jeden Fall stößt der Friedhof im Norden direkt an den Rundwanderweg um den Großen Segeberger See, genau dort, wo sich die Bootsvermietung befindet.

Der Rundwanderweg um den **Großen Segeberger See** verläuft den größten Teil der Strecke unmittelbar am Ufer. Insgesamt soll er – wenn man denn den Schildern glauben will – 8,5 Kilometer lang und in zweieinhalb Stunden zu umrunden

Bürgerstuben
Im denkmalgeschützten Haus in der Altstadt untergebrachtes Hotel-Restaurant.
Lübecker Straße 12 a
23795 Bad Segeberg
Tel. (0 45 51) 74 75
www.buergerstuben-segeberg.de
Mo/Mi–Sa 11–14 und 18–22 Uhr, So 11–14 und 18–21 Uhr

Museum Alt-Segeberger-Bürgerhaus
Anhand von sechs Bauphasen, die das Haus erlebte, erfahren wir, wie Segeberger Bürger in der jeweiligen Epoche wohnten.
Lübecker Straße 15
23795 Bad Segeberg
Tel. (0 45 51) 96 42 04
Apr.–Okt. Di–So 12–17 Uhr
Nov.–März auf Anfrage
2 €, Kinder und Jugendliche 1 €, Familienkarte 4 €

sein. Es sei hier aber ausdrücklich empfohlen, etwas mehr Zeit einzuplanen und keinen Gewaltmarsch zu absolvieren, sondern an einigen der vielen schönen Stellen eine Pause einzulegen. Auch ein erfrischendes Bad bietet sich an. Das offizielle Strandbad Großer Segeberger See liegt nur ein paar Schritte von unserem Ausgangspunkt entfernt, wenn wir uns nach rechts halten. Aber Wasserfreunde sind nicht auf das bisweilen etwas wuselige Strandbad angewiesen. Auf eine nette Badestelle stößt man etwa in der sich in östlicher Richtung ausdehnenden Bucht kurz vor **Stipsdorf,** der einzigen Ansiedlung, die unser Weg streift. Hier besteht auch die einzige Chance, sich zu verlaufen, da der Weg nicht am Ufer entlangführt. Also verschärft auf die Wegmarkierungen achten!

Am Nordufer gibt es noch einen kleinen Badestrand nahe einem Campingplatz, danach verläuft der Wanderweg am bewaldeten Westufer zurück in Richtung Bad Segeberg. Am Ende der Rundtour findet sich der Wanderer im Kurviertel von Bad Segeberg wieder. Hier am Südwestufer des Sees herrscht tatsächlich klassische Kuratmosphäre.

Am Beginn der Seepromenade, dort wo der Musikpavillon steht, lohnt sich ein Abstecher in die Bismarckallee – nämlich zur Städtischen Kunsthalle und zur Villa Flath. Der Holzbildhauer und Maler Otto Flath (1906-1987) lebte seit 1935 in Bad Segeberg und schuf hier viele seiner Werke. Schon 1948 wurde dem Wohnhaus und dem Atelier ein erster Ausstellungsraum angegliedert. Daraus entstand im Laufe der Zeit die **Kunsthalle Otto Flath.** In der Kunsthalle und auf dem Gelände um die ehemalige Villa des Künstlers werden heute Skulpturen, Gemälde und Zeichnungen Otto Flaths gezeigt. Die Villa Flath bietet Arbeitsmöglichkeiten und Ausstellungsraum für junge Künstler, die von der Flath-Stiftung gefördert werden.

Der Rest des Ausflugs ist schnell beschrieben, denn zurück auf der Seepromenade, die man auch durch den Kurpark erreicht, bietet sich noch einmal für kurze Zeit ein schöner Blick über den See zur Linken. Über die Große Seestraße erreicht man die Fußgängerzone und über Oldesloer und Bahnhofstraße den Bahnhof.

Strandbad Großer Segeberger See
Am Südufer gelegen.
Tel. (0 45 51) 9 08 06 15
Juni–Aug. 10–18 Uhr, bei Bedarf abends länger
1 €, bis 12 Jahre 0,50 €

Städtische Kunsthalle Otto Flaht und Villa Flaht
Bismarckallee 5
23795 Bad Segeberg
Tel. (0 45 51) 87 99 00
www.otto-flaht.de
Apr.–Okt. Fr–So 15–18 Uhr
Nov–März geschlossen
1,50 €, Schüler und Azubis frei, Gruppe: 1 € pro Person

Karpfen füttern, Karpfen futtern

★ Stadtausflug & Wanderung (9 km) um den Herrenteich
★ Idyllische Wanderung rund um den Herrenteich

Start
Bhf. Reinfeld
RE 8/RE 80 alle 30–60 Min.

Karte ▸ Seite 56

Karpfenstadt nennt sich Reinfeld stolz – und verweist auf die jahrhundertelange Tradition seiner Karpfenzucht (▸ Seite 57). Aber das Städtchen ist nicht nur zur Karpfensaison einen Besuch wert.

Der Reinfeld-Besucher erreicht vom Bahnhof aus in wenigen Minuten über die Bahnhofstraße den Mittelpunkt des Ortes mit dem Marktplatz und der Paul-von-Schoenaich-Straße. Hier steht die **evangelisch-lutherische Kirche,** bei der es sich nicht, wie bisweilen behauptet wird, um die ehemalige Klosterkirche handelt, sondern um einen 1636 errichteten Ersatz für die Zisterzienserkirche, die an diesem Ort stand. Das ursprüngliche Gotteshaus war ein Jahr vorher einem Unwetter zum Opfer gefallen, bei dem der Staudamm des Herrenteiches gebrochen war. Südwestlich der Kirche befindet sich das Rathaus. Es wurde 1907 im Stil des historischen Barock errichtet, zeigt aber auch Jugendstil-Elemente.

Nur ein paar Schritte sind es nun zur Matthias-Claudius-Straße und dem Südufer des **Herrenteiches,** dem Reinfeld seinen landschaftlichen Reiz zu verdanken hat. Hier beginnen mehrere ausgeschilderte Wanderwege. Bei unserer Tour schlagen wir den Weg am Westufer des Herrenteiches ein – und kommen dabei an dem sogenannten **Claudius-Pastorat** vorbei. In den Stadtplänen ist es meist als „Geburtsstätte von Matthias Claudius“ verzeichnet. Das ist allerdings nicht ganz korrekt, denn das Backsteinhaus wurde 1782 erbaut – an der Stelle des Hauses, in dem der berühmte Dichter und

Matthias-Claudius-Kirche in Reinfeld

Kleiner Neuhöfer Teich

größte Sohn der Stadt im Jahre 1740 geboren wurde. Die Stadt Reinfeld hat ihm ein Denkmal am Herrenteich gesetzt.

Wer vor der Teichumrundung auf dem Natur-, Lehr- und Erlebnispfad noch dem **Heimatmuseum** einen Besuch abstatten möchte, kann dies gleich um die Ecke in der Straße „Neuer Garten" tun. Das Museum zeigt neben anderen Exponaten zur Stadtgeschichte eine umfangreiche Sammlung von Funden des nicht mehr erhaltenen Klosterbaus: Profilsteine und Fußbodenfliesen, Dachpfannen und Kleinkeramiken. Auch eine gotische Madonna hat die Wirren der Zeit überstanden.

Nach diesem „historischen Einschub" wandert man, einige Zeilen aus einem Claudius-Gedicht vor sich hersagend – auch wenn der Mond natürlich noch nicht aufgegangen ist – am Westufer des Herrenteichs entlang, vorbei an der **Naturbadestelle.** Oder man nimmt ein erfrischendes Bad.

Dem Weg am Ufer folgend, durchquert man einen Fichtenwald und steht bald vor der Wahl, ob man nach links einbiegt und auf dem mit der Nummer 2 gekennzeichneten großen Rundweg in den Staatsforst Reinfeld wandert, oder

Heimatmuseum Reinfeld
Neuer Garten 9
23858 Reinfeld
Tel. (0 45 33) 20 62 62
So 10–12 Uhr und nach Vereinbarung
Der Eintritt ist frei

Naturbadestelle Herrenteich
Am Herrenteich
23858 Reinfeld
Tel. (0 45 33) 2 00 10
15. Mai–15. Sep.
Mo–Fr 9.30–20,
Sa/So 9.30–18.30 Uhr

sich nach rechts orientiert, um weiter am Herrenteich entlangzuwandern. Der **Staatsforst Reinfeld** erstreckt sich westlich und nordwestlich des Herrenteiches. Das Waldgebiet wird nur von einer wenig befahrenen Straße durchquert und bietet Naturfreunden auf gut ausgebauten und beschilderten Wegen ein erholsames Wanderrevier.

Wer nicht so wanderwütig ist, hält sich an den mit der Nummer 1 gekennzeichneten Weg, der rund um den Herrenteich verläuft, und gelangt dabei weiter am Ufer entlang zur großen Brücke des Fischhusener Dammes. Dieser teilt den nördlich gelegenen Oberen Herrenteich vom Herrenteich ab. Von der Brücke hat man einen guten Ausblick auf das **Naturschutzgebiet Oberer Herrenteich.** Im Gegensatz zum unteren Teil des Herrenteiches, der zur Erholung und Freizeit genutzt wird, ist der obere Teil nicht direkt zugänglich.

Hinter der Brücke über den Fischhusener Damm verläuft der Wanderweg nun entlang der Ostseite des Herrenteiches. Nach einiger Zeit führt eine Treppe zur Straße, der man nach Süden folgt, um zum Ausgangspunkt der Wanderung, der Promenade am Südufer, zurückzukehren.

Der Weg führt dabei auch zur Claudius-Mühle. Bereits im 13. Jahrhundert begannen die Zisterziensermönche mit dem Bau von Wassermühlen. Die Mühle in nächster Nähe ihres Klosters am Herrenteich überdauerte fast 700 Jahre. Bei der heutigen Claudius-Mühle, die sich an dem historischen Standort befindet, handelt es sich um einen Klinkerbau aus den 20er Jahren, der

Gasthof Kalkgraben
Traditionsreiches Gasthaus, an der B 75 gelegen. Die Spezialität ist seit alters her – natürlich – Karpfen. Im Sommer Biergarten.
Hamburger Chaussee 50
23858 Reinfeld
Tel. (0 45 33) 29 19
www.kalkgraben.de
Mi–Fr 11.30–14.30 und ab 17.30 Uhr,
Sa/So/Fei ab 11.30 Uhr

inzwischen in eine Anlage für betreutes Wohnen integriert wurde.

Die Karpfenzucht

Der Herrenteich, quasi das Hausgewässer Reinfelds, wurde einst als riesiger Karpfenteich angelegt. Es waren Zisterziensermönche, die seit 1189 zwischen Lübeck und Bad Oldesloe in der Sumpfniederung des Flüsschens Heilsau lebten. Durch das Aufstauen der Heilsau, eines Nebenflusses der Trave, entstand der **Herrenteich**. Außer diesem 54 Hektar großen Teich, der eigentlich schon als See durchgehen könnte, legten die Mönche noch zahlreiche weitere, kleinere Teiche an, von denen immerhin acht bis heute existieren. In den so geschaffenen Teichen begannen die Mönche Spiegelkarpfen zu züchten. Die Tradition der **Karpfenzucht** hat sich in Reinfeld bis heute erhalten, und der Herrenteich gilt sowohl als der älteste als auch der größte Karpfenteich überhaupt. (Möglicherweise gibt's in China noch ältere, aber wir wollen nicht kleinlich sein.) Das alljährliche „Abfischen“ im Oktober findet in Reinfeld seit 50 Jahren statt.

Blick über den Herrenteich Richtung Heidekamp

Osten

Im Garten der Schmetterlinge in Friedrichsruh
▸ Seite 78

Auf totem Gleis

★ Radtour (35 km) Steinfurther Allee – Glinde – Papendorf – Großensee – Lütjensee – Hoisdorf – Großhansdorf

★ Auf der ehemaligen Bahntrasse durch die Stormarnsche Schweiz

Start
Steinfurther Allee
U2 alle 5–10 Min.

Rückfahrt
Großhansdorf
U1 alle 10–20 Min.

Der bestausgebaute Radwanderweg im Hamburger Umland führt von Glinde in das Seengebiet der Stormarnschen Schweiz. Was die meisten Radler nicht ahnen: Sie benutzen eine ehemalige Bahntrasse.

Von 1907 bis 1952 dampfte die Südstormarnsche Kreisbahn durch die ländliche Region. Als die Kleinbahn wie viele andere aufgegeben wurde, hatten helle Köpfe die Idee, die eingleisige Strecke zu asphaltieren. Heute kann man hier fast störungsfrei Radfahren und dabei die schöne Landschaft genießen.

Ausgangspunkt des Radwanderweges ist das Städtchen Glinde, das leider keinen eigenen Bahnanschluss hat. Daher starten wir unsere Radtour am **U-Bahnhof Steinfurther Allee.** Ganz gleich, welche Strecke wir nach Glinde wählen – die längere, aber landschaftlich schönere oder die schnellere entlang der viel befahrenen Möllner Landstraße (L 94) – wir biegen zunächst nach links in die Steinfurther Allee ein. An der nächsten Kreuzung schon müssen wir uns entscheiden. Für den landschaftlich schöneren Weg folgen wir der Steinfurther Allee geradeaus bis zur Autobahn A1. Hier mündet sie in die Straße An der Glinder Au. Wir folgen ihr geradeaus, bis sie durch eine Schrebergartenkolonie führt und in einen schmalen Fußweg übergeht, der schließlich in die Straße Am Eich mündet. Weiter geht es über Ufer-, Brückenstraße und Lägerfeld. Hinter einem Waldstück fahren wir nach links in die Domhorster Allee, die uns zum Radweg entlang der Möllner Landstraße führt. Wer es eiliger hat, der wählt gleich den sicheren Radweg entlang der Möllner Landstraße. Dazu biegen wir von der Steinfurther Allee an der

Restaurant & Café Strandhus Großensee
Seestraße 1
22946 Großensee
Tel. (0 41 54) 61 52
www.das-strandhus-grossensee.de
Tgl. ab 11.30 Uhr
Herbst/Winter Mi–So ab 11.30 Uhr

ersten Kreuzung nach links in den Oststeinbeker Weg ein, überqueren auf ihm die A 1 und folgen ihm, bis er in die Kreuzung Glinder Straße/Möllner Landstraße mündet. Wir überqueren die Möllner Landstraße und radeln auf dem linksseitigen Radweg entlang der Landstraße bis nach **Glinde.**

Dort passieren wir das Glinder Schloss, ein um 1880 von einem Hamburger Anwalt erbautes **Gutshaus,** das heute vielfältigen sozialen und kulturellen Zwecken dient. An der nächsten Kreuzung kündigt an der rechten Straßenseite ein weißes Schild den Radwanderweg an (17 km bis Ahrensburg und 23 km bis Trittau). Wir fahren in nördlicher Richtung über die Mühlenstraße Richtung A 24. Zur Linken glitzert der **Glinder Mühlenteich.** Auf dem zwei Kilometer langen See-Rundweg laden zahlreiche Bänke zu einer Verschnaufpause ein.

Die Mühlenstraße führt auf die Straße Hinter den Tannen, wo wieder ein Schild auf den Radwanderweg hinweist, der direkt hinter der Autobahnbrücke beginnt. Doch bevor wir auf der ehemaligen Bahntrasse losflitzen, lohnt ein kurzer Abstecher zum **Hügelgrab** im Forst „Am Spitzwald". Es ist eines von vier denkmalgeschützten Hügelgräbern in Glinde.

Zurück auf dem Radweg bleiben wir nun immer auf der alten Bahntrasse. Verfahren kann man sich jetzt nicht mehr, zumal die Strecke bestens ausgeschildert ist. Sie führt vorbei an **Stellau, Langelohe** und **Papendorf.** Kurz hinter Papendorf verlassen wir den Radweg, um nach rechts über Wirtschaftswege Richtung **Großensee** zu fahren. Dort angekommen, radeln wir in Richtung Osten und biegen dann von der Trittauer Straße links in die Seestraße ein. Am Strandbad vorbei fahren wir in den Wald hinein. Auf malerischen Wegen unter mächtigen Fichten und Buchen geht es zum Nordufer und von dort Richtung Mönchteich.

Am Südufer des **Mönchteichs** findet man besonders romantisch gelegene Badestellen. Die Hauptbadestelle liegt allerdings am nordöstlichen Seeufer und damit nicht direkt an unserer Strecke. Den Großensee zur Linken und den Mönchteich zur Rechten gelangen wir auf den Strandweg.

Schöne Badestellen

Großensee
Freibad Trittauer Straße/Seestraße, mit Eintritt. Großensee (Nordspitze), großer Sandstrand, teilweise von mächtigen Kiefern beschattet, am Ufer relativ flach, Zugang über Strandweg. Weitere kleine „wilde" Badestellen am Westufer des Großensees, Zugang über die Straße Am Pfefferberg.

Lütjensee
(Nordspitze), schöner Sandstrand, frei zugänglich über die Straße Seeredder.

Mönchteich
Hauptbadestelle an der Trittauer Straße, kleine Badestellen am Südufer.

Natur pur entlang der malerischen Strecke durch die Stormarnsche Schweiz

Dieser führt uns wieder auf die Trittauer Straße und bald darauf zurück zur Bahntrasse.

Jetzt hat uns der Radwanderweg wieder und wir folgen ihm durch **Lütjensee** hindurch in Richtung Glinde. Jedenfalls so lange, bis wir zum ehemaligen Bahnhofsgebäude in Hoisdorf gelangen. Die Beschilderung weist auf das Dorfmuseum hin, der wir folgen. Ein kurzer Abstecher über die Bahnhofstraße ins Zentrum des schmucken Dorfes lohnt für Freunde ländlicher Architektur. Hier hat das **Stormarnsche Dorfmuseum** in einem Bauernhaus von 1756 Quartier bezogen. Ursprünglich als Dorfschmiede errichtet, präsentiert es heute regionale Arbeits- und Wirtschaftsgeräte und entführt den Besucher in die dörfliche Lebens- und Arbeitswelt früherer Zeiten. Besonderer Anziehungspunkt ist die **Hermann-Claudius-Stube.** Der Raum ist mit dem Mobiliar von Claudius' Arbeitszimmer aus seinem Haus in Grönwohld ausgestattet und informiert umfangreich über sein dichterisches Schaffen.

Draußen am Museum weisen schon die ersten Hinweisschilder nach **Großhansdorf.** Auf ruhigen, verkehrsarmen Straßen geht der Weg dorthin und endet direkt am U-Bahnhof.

Hotel-Restaurant Forsthaus Seebergen
Traditionsreiches Ausflugslokal und Luxusrestaurant gleichzeitig. Im Sommer große Terrasse direkt am Wasser, Kinderspielplatz.
Seebergen 9–15
22952 Lütjensee
Tel. (0 41 54) 7 92 90
www.forsthaus-seebergen.de
12–21.30 Uhr

Stormarnsches Dorfmuseum
Ecke Thie/Sprenger Weg 1
22955 Hoisdorf
Tel. (0 41 07) 45 56
www.museum-hoisdorf.de
Di 9–12, Sa 14–17 Uhr

Zwischen Dünen

★ (Rad-)Wanderung (8 km) um die Boberger Niederung & Badesee
★ Über Dünen und zum jüngsten Barockgarten überhaupt

Start
Mittlerer Landweg
S2 S21 alle 5–10 Min.

Vom S-Bahnhof Mittlerer Landweg gelangt man in wenigen Minuten in die Boberger Niederung. Das unter Naturschutz stehende Areal ist eine der reizvollsten Erholungslandschaften im Hamburger Raum. Für Naturschützer ist es noch viel mehr.

Die Boberger Niederung ist keine künstlich angelegte Erholungslandschaft, sondern war ursprünglich ein von mehreren großen Binnendünen geprägtes Gebiet. Es ist dem Geesthang vorgelagert, der von Blankenese bis Bergedorf das alte Urstromtal der Elbe begleitet. Zu Beginn des vorigen Jahrhunderts wurde der Großteil der Dünen als Baumaterial für die Hamburg-Bergedorfer Eisenbahn und zur Aufschüttung von Billbrook und Hamm abgebaut. Das im Nordwesten gelegene Achtermoor ist ein Relikt eines viel größeren Moorgebietes. Es ist ein Feuchtgebiet mit charakteristischer Pflanzen- und Tierwelt, das zahlreichen Vogelarten als Brutplatz dient. Hier finden sich noch viele Tier- und Pflanzenarten, die bereits auf der Roten Liste stehen.

Neben den Schönheiten der Natur bietet die Boberger Niederung zahlreiche Möglichkeiten für aktive Freizeitgestaltung: Reiter, Angler und Segelflieger finden ein Eldorado. Der **Boberger See** lädt im Sommer zum Schwimmen ein. Um den See gibt es einen Rundweg und mehrere Radwege erschließen das Naturschutzgebiet. Im Winter gilt die Boberger Niederung bei den Hamburger Wintersportlern längst nicht mehr als Geheimtipp. Auf zahlreichen Loipen ziehen sie dann über die Dünen, während sich der Nachwuchs an den Rodelbergen austobt.

Aktiven Naturgenießern sei ein Besuch des **Naturschutz-Informationshauses** an der Boberger Furt empfohlen. Durch das Areal wurden vier

Naturschutz-Infohaus
Boberger Furt 50
Tel. (040) 73 93 12 66
Di–Fr 9–13, So/Fei 11–17 Uhr
Eintritt frei, Spende erbeten
StadtBus 221 Mo–Sa alle 60–120 Min., So 7 Fahrten
Fahrradmitnahme möglich (Haltestelle Boberger Furtweg) von S Mittlerer Landweg

Boberger See
Der Badesee in der Nähe des Billwerder Billdeiches ist frei zugänglich.
StadtBus 330 alle 60 Min. ab S Mittlerer Landweg oder ab U Billstedt (Ausstieg Haltestelle Billwerder Kirche), Fahrradmitnahme möglich

Lehrpfade als Rundweg angelegt und mit verschiedenen Symbolen markiert. Damit man sich nicht verläuft und unterwegs richtig schlau wird in Sachen Flora und Fauna, gibt es zu jedem Dünen-, Wiesen-, Terrassen- und Moorweg gegen eine kleine Spende ein bebildertes Infoblatt. Also auf jeden Fall vor der Wanderung hier vorbeischauen!

Wenn man schon einmal einen Ausflug in die Boberger Niederung unternimmt, dann sollte man gleich einen Besuch des **Deutschen Maler- und Lackierermuseums** einplanen. Es liegt am Billwerder Billdeich, also an der Bille, die die Boberger Niederung im Süden begrenzt; allerdings schon auf der anderen Seite der Autobahn A1, die das Gebiet im Nordwesten streift (der Bus 330 hält vor der Tür). Untergebracht ist das Museum im 400 Jahre alten Billwerder Glockenhaus, einem ehemaligen Bauernhaus, so benannt nach dem Dachreiteraufbau mit einer Glocke. In dem aufwendig restaurierten Fachwerkhaus aus dem 18. Jahrhundert dokumentiert die Sammlung die Geschichte der Zünfte, Malerämter und Innungen sowie des kreativen Maler- und Lackiererhandwerks.

Neben dem Museum befindet sich ein kleiner Ziergarten, der in den 80er Jahren des vorigen Jahrhunderts im barocken Stil angelegt wurde. Nein, Sie haben uns nicht bei einer Nachlässigkeit erwischt: Der Garten wurde tatsächlich in den 80er Jahren des 20. Jahrhunderts angelegt! Und ist somit wohl der jüngste Barockgarten überhaupt. Was die Schöpfer zu ihrem Werk bewogen hat, war nicht zu ermitteln. Vielleicht wollten sie einen kleinen Kontrapunkt setzen zu der nahe gelegenen, ganz und gar von der Natur geschaffenen Natur und haben so ein wenig künstliche Natur kreiert.

Deutsches Maler- und Lackierermuseum
Billwerder Billdeich 72
Tel. (040) 34 38 87
www.malermuseum.de
Sa/So 14–17 Uhr,
Dez.–Jan. geschlossen
4 €
StadtBus 330 alle 60 Min. ab Ⓢ Mittlerer Landweg oder ab Ⓤ Billstedt (Ausstieg Haltestelle Maler- und Lakiermuseum), Fahrradmitnahme möglich

Wasserkunst, Wasserwatt, Wasserpark

★ (Rad-)Wanderung (15 km) Elbinsel Kaltehofe – Eichbaumsee
★ Radeln auf dem Deich und baden in der Dove-Elbe

Start
Rothenburgsort
S2 S21 alle 5–10 Min.

Rückfahrt
Mittlerer Landweg
S2 S21 alle 5–10 Min.

Auf der Elbinsel Kaltehofe in Rothenburgsort ist aus einem ehemaligen Wasserwerk ein spannendes Naturdenkmal entstanden. Gleich nebenan am Holzhafen entwickelte sich ein seltenes Süßwasserwatt mit Ebbe und Flut. Und vom Element Wasser gibt es auch im Wasserpark Dove-Elbe reichlich.

Wir starten unsere Tour am S-Bahnhof Rothenburgsort und radeln oder wandern auf dem Billhorner Deich circa zwei Kilometer bis zur Billhorner Bucht. Über die Brücke des Sperrwerks gelangt man zur **Elbinsel Kaltehofe.** Sie entstand von 1875 bis 1879 durch die Begradigung der Norderelbe. 1893 wurde hier die erste **Filtrationsanlage** der Hamburger Wasserwerke in Betrieb genommen. Als im Sommer 1892 in Hamburg die Cholera ausbrach, musste die Bevölkerung so schnell wie möglich mit filtriertem Trinkwasser versorgt werden. In der ein Jahr später errichteten Villa, in der heute ein Museum über die Geschichte der Wasserkunst und ein Café untergebracht sind, befand sich einst die Außenstelle des Hygienischen Staatsinstituts. Das Gebäude ist mit einem Neubau verbunden, das die 200-jährige Geschichte der Hamburger Brunnen und Wasserspiele dokumentiert. Bis 1989 blieb die **Wasserkunst Elbinsel Kaltehofe** in Betrieb, seit 2011 ist sie ein Industriedenkmal.

Einen schönen Überblick über das gesamte Außengelände mit dem ökologischen Naturlehrpfad, den ehemaligen Filterbecken und Brunnenhäusern hat man vom Kaltehofe-Hauptdeich. Auf ihm geht es zu Fuß an der Norderelbe entlang weiter Richtung Holzhafen. Geradelt wird windgeschützt unterhalb des Deiches. Als ökologische Ausgleichsmaßnahme für den sechsspurigen Ausbau der Autobahn A 1 entstand ab 2008 ein Süßwasserwatt neben dem Holzhafen. Das damals üppig bewachsene Gelände der Billwerder Insel wurde gerodet, Deiche rückverlegt und neue Priele hergestellt. Das Gebiet am Holzhafen wird nicht durch das salzige Nordseewasser beeinflusst. Es hat eine wichtige Bedeutung für die Selbstreinigung der Elbe und ist Lebensraum für zahlreiche Kleinstlebewesen.

Über den Moorfleeter Hauptdeich und Moorfleeter Deich führt der Weg weiter entlang der Dove-Elbe Richtung Allermöhe. Mittelpunkt des Wasserparks Dove-Elbe ist der Eichbaumsee. Beides entstand nach der Flutkatastrophe von 1962, als diverse Deiche Hamburgs dem Hochwasser nicht mehr standhielten. Nach der Katastrophe wurde beschlossen, die Deiche rasch zu erhöhen. Dafür waren große Mengen Sand und Kies notwendig, die aus der Region zwischen Tatenberger Schleuse, Dove- und Gose-Elbe abgebaut wurden. Zurück blieb eine Mondlandschaft. Als in den 1980er Jahren wieder viel Sand zum Bau der nahen Autobahn A25 entnommen wurde, entstand der **Wasserpark Dove-Elbe,** ein Naherholungsgebiet im Südosten der Hansestadt, mit einer über zwei Kilometer langen Ruder-Regatta-Strecke und dem ein Kilomter langen **Eichbaumsee.**

Am nördlichen und östlichen Ufer des Sees befinden sich ausgedehnte Badestellen mit Sandstrand und Liegewiese. Leider neigt der See trotz umfangreicher Sanierungsmaßnahmen seit Jahren während der Sommermonate zur Blaualgenbildung. Seit 2007 ist das Baden nicht mehr erlaubt. Leider bleibt das Badeverbot auch 2015 bestehen, sodass der Eichbaumsee derzeit nur zu Fuß oder per Rad umrundet werden kann. Über den Mittleren Landweg erreichen wir nach einem ausgiebigen Kultur- und Naturtag nach zwei Kilometern den S-Bahnhof Mittlerer Landweg.

Wasserkunst Elbinsel Kaltehofe
Erlebnisreiches Industriedenkmal rund um die Trinkwasseraufbereitung im 19. Jahrhundert.
Kaltehofe Hauptdeich 6–7
20539 Hamburg
Tel. (040) 7 88 84 99 90
www.wasserkunst-hamburg.de
März–Okt. tgl. 10–18 Uhr
Nov.–Feb. Di–So 10–17 Uhr
5,50 €, 6–18 Jahre 2,50 €, Familienkarte (2 Erw. u. max. 3 Kinder) 12,50 €
Führungen Sa/So/Fei 13 und 16 Uhr sowie nach Vereinbarung
Das Außengelände mit dem Naturlehrpfad ist frei zugänglich.

Café Kaltehofe im Museumsgebäude (Alte Villa)
Im Sommer Außenterrasse mit Blick ins Freigelände.
Tel. (040) 7 88 84 99 92
März–Okt. tgl. 10–18 Uhr
Nov.–Feb. tgl. 10–17 Uhr

Zum Eichbaum
Uriges Restaurant mit rustikaler Küche und Außenterrasse.
Moorfleeter Deich 477
21037 Hamburg
Tel. (040) 7 37 26 55
www.hotel-restaurant-zum-eichbaum-hamburg.de
Tgl. 12–21 Uhr, durchgehend warme Küche

Aktuelle Informationen über die Hamburger Badegewässer
www.hamburg.de/badegewaesser

Quer durch den Garten

★ Radtour (42 km) Bergedorf – Neuengamme – Zollenspieker Fährhaus – Fünfhausen – Mittlerer Landweg
★ Durch Gemüse- und Blumenbeete zu Hamburgs südlichstem Punkt

Start
Bergedorf
S2 S21 alle 5–10 Min.

Rückfahrt
Mittlerer Landweg
S2 S21 alle 5–10 Min.

Deutschlands größter Gemüse- und Blumengarten liegt auf Hamburger Gebiet. Die Vier- und Marschlande im Südosten der Stadt präsentieren die ländliche Seite der Millionenmetropole.

Ein besonderer Vorteil dieser Idylle ist ihre gute Erreichbarkeit: Vom Bahnhof Bergedorf sind es nur ein paar Radminuten und man ist umgeben von Gemüsefeldern und Blumenbeeten, von schmucken alten Bauern- und modernen Gewächshäusern. Über die kleinen Straßen Weidenbaumsweg und Randersweide geht es unter der A 25 hindurch. Wer sich links hält, gelangt zum Curslacker Deich. Die Dörfer **Curslack, Neuengamme** und **Altengamme** erstrecken sich längs der Deiche und gehen ineinander über. Die gepflegten alten Bauernhäuser – viele von ihnen reetgedeckt – zeugen vom traditionellen Wohlstand der Bewohner.

Vierländer Freilichtmuseum Rieckhaus
Curslacker Deich 284
Tel. (040) 7 23 12 23
www.rieckhaus.org
März–Ende Okt.
Di–So 10–17 Uhr
3 € / 2 €, bis 16 Jahre frei

Die Fruchtbarkeit des Marschbodens und die Nähe zum Markt in Hamburg boten ideale Voraussetzungen für eine profitable Landwirtschaft. Schönstes Beispiel für frühe ländliche Architektur ist das Rieckhaus am Curslacker Deich. Es ist ein niederdeutsches Hallenhaus des Vierländer Typs aus dem 16. Jahrhundert. Heute steht es als **Vierländer Freilichtmuseum** zur Besichtigung offen. Auch die zur Anlage gehörende Entwässerungsmühle ist einen Blick wert, besonders für Freunde ursprünglicher Technik.

Nach kurzer Fahrt ist man in Neuengamme. Von hier lohnt ein

Abstecher nach Altengamme zur dortigen **Nicolai-Kirche**. Sie zählt nicht nur zu den schönsten Bauernbarock-Kirchen Norddeutschlands, sondern auch zu den bedeutendsten. Ihr Bronzetaufbecken stammt aus dem Jahre 1380. Aber ob über Altengamme oder weiter von Neuengamme über den Neuengammer Heerweg – alle Wege führen zur ausgeschilderten Elbfähre, zum geschichtsträchtigen Zollenspieker. Das **Zollenspieker Fährhaus** steht am südlichsten Punkt Hamburgs – Elbkilometer 598,5 – und hat eine fast 800 Jahre alte Tradition. Der historische Gasthof wurde 2012 durch ein 53-Zimmer-Hotel ergänzt. Auf der Sonnenterrasse oder im Biergarten am Elbufer kann sich der geschichtsbewusste Ausflügler auf angemessene Weise für den Rest der Strecke stärken.

KZ-Gedenkstätte Neuengamme
Von 1938 bis 1945 größtes Konzentrationslager Nordwestdeutschlands. Ausstellungen informieren über die Geschichte des Lagers.
Jean-Dolidier-Weg 75
Tel. (040) 4 28 13 15 00
www.kz-gedenkstaette-neuengamme.de/
Mo–Fr 9.30–16 Uhr,
Sa/So/Fei Okt.–März 12–17,
Apr.–Sep. 12–19 Uhr
Eintritt frei
StadtBus 227/327 alle 30–60 Min., Fahrradmitnahme möglich

via Tipp

Zollenspieker Fährhaus
Hier isst man nicht nur gut, sondern hat auch einen fantastischen Blick über die Elbe am südlichsten Punkt Hamburgs.
Zollenspieker Hauptdeich 141
Tel. (040) 79 31 33-0
www.zollenspieker-faehrhaus.de
Tgl. 11.30–21.30 Uhr

Die Fähre über die Elbe verkehrt seit Jahrhunderten – nachweislich seit 1252 – zwischen Zollenspieker und **Hoopte.** Heute ist die Fähre ein modernes Fahrzeug, das im Pendelverkehr alle zehn Minuten Fußgänger, Radler und Autos übersetzt. Wer genügend Zeit eingeplant hat, kann von der guten Fährverbindung Gebrauch machen und ist in kurzer Zeit vom Anleger Hoopte ins nahe Winsen an der Luhe geradelt. Dort lohnt im Zentrum der alten Stadt eine Besichtigung des Schlosses (▸ Seite 99).

Ob nach einem Abstecher nach Hoopte/Winsen oder ohne die Elbe überquert zu haben, geht es vom Zollenspieker, der südlichsten Spitze von Vierlanden, durch das Naturschutzgebiet Kirchwerder Wiesen nach **Fünfhausen.** Vom Marschbahndamm, einem ehemaligen Bahndamm und jetzigen Radweg, bietet sich ein schöner Blick über die Landschaft. Über Durchdeich und Ochsenwerder Norderdeich führt der Weg nach Ochsenwerder. Hier gilt es, den Reitdeich nicht zu verpassen, denn er führt durch das **Naturschutzgebiet Die Reit** an die Dove-Elbe. Bei Allermöhe überquert man diesen Seitenarm des Flusses und findet sich unvermittelt in einer anderen Welt wieder: Angesichts der Autobahnauffahrt kann man sich noch einmal freuen über die verkehrsarmen Straßen in den Vier- und Marschlanden, auf denen man heute so entspannt geradelt ist. Über den Mittleren Landweg ist in wenigen Minuten der S-Bahnhof Mittlerer Landweg erreicht.

Elbfähre
Zollenspieker – Hoopte (bei Winsen an der Luhe)
März–Nov. Mo–Fr 6–20, Sa/So/Fei 8.30–20 Uhr
Tel. (040) 7 68 41 94
www.faehre-zollenspieker.de
StadtBus 120 und StadtBus 124 alle 30 Min. Richtung Hauptbahnhof. Fahrradmitnahme möglich.

Wo die Bille verschwindet

★ Stadtausflug Bergedorfer Schloss & Schlossgarten
★ Auf den Spuren des Komponisten Johann Adolf Hasse und zur mittelalterlichen Burg, dem Bergedorfer Schloss

Natürlich wird niemand leugnen, dass Bergedorf rein verwaltungsmäßig zu Hamburg gehört. Dennoch legen die Bergedorfer bis heute viel Wert auf ihre Eigenständigkeit.

Zwar ist Bergedorf von der Fläche her der zweitgrößte Bezirk Hamburgs, seine Einwohnerzahl ist jedoch die geringste aller Stadtbezirke. Das von Grünflächen durchzogene Wohngebiet liegt im Bereich der Vier- und Marschlande. Am Ende einer wechselvollen Geschichte, während der Bergedorf in der Hand verschiedener Herrscher lag, fiel die Stadt 1867 an Hamburg. Allerdings auf eine ganz und gar unkriegerische Art: Die Hamburger zahlten den Lübeckern, mit denen sie sich lange die Herrschaft über Bergedorf geteilt hatten, 200 000 Taler und sicherten sich so vertraglich die Alleinherrschaft – eine Machtübernahme nach Art der Pfeffersäcke.

Dass dieses Geschäft nicht schlecht war und die Hamburger ein wahres Juwel im Südosten ihrer Metropole erhielten, davon kann sich der Ausflügler noch heute überzeugen.

Schon nach wenigen Minuten Fußweg vom Bahnhof durch die Fußgängerzone geht der Blick zur Rechten über ein malerisches Gewässer. Der Fluss Bille ist hier teichartig aufgestaut und gibt den größten Teil seines Wassers in den schiffbaren Schleusengraben ab, der in die Dove-Elbe mündet. Beim Blick über den Teich lassen sich zwischen den Wipfeln alter Bäume schon die Backsteingiebel des Bergedorfer Schlosses erkennen.

Unser Weg führt uns aber zuvor an die Pfarrkirche **St. Petri und Pauli.** Sie wurde schon 1162 erstmals erwähnt, doch stammt die heutige Bausubstanz im Wesentlichen aus der Zeit um 1500. Im Inneren kann man den Altar, die geschnitzte

Start
Bergedorf
S2 S21 alle 5–10 Min.

Die Fachwerkkirche St. Petri und Pauli in Bergedorf wurde erstmals 1162 erwähnt

Kanzel und Emporenmalereien aus dem 16. und 17. Jahrhundert bewundern. Der Friedhof, der bis 1831 zur Kirche gehörte, wurde auf den Gojeberg versetzt. Einige der Grabsteine kann man jedoch außen an der Kirche betrachten.

Neben der Kirche steht das alte Organistenhaus von 1630, das heute **Hasse-Haus** heißt. Fast hundert Jahre diente es als Wohnung der Organistenfamilie Hasse in drei Generationen. Am 23. März 1699 wurde hier der Komponist Johann Adolf Hasse geboren, dessen Vater Peter in der Kirche St. Petri und Pauli Organist war. 1991 richtete die 1910 gegründete Hasse-Gesellschaft das Hasse-Archiv im Gebäude ein.

Hinter der St. Petri und Pauli Kirche führt der Weg zum **Bergedorfer Schloss** (► Seite 73) und zum Schlossgarten. Einen Spaziergang durch den **Schlossgarten** sollte man nicht versäumen. Nachdem die Wälle aus dem 16. Jahrhundert im Jahre 1805 geschleift worden waren, erhielten sie um 1900 eine neue, diesmal gärtnerische Gestaltung. Bewachsene Grabeneinschnitte bildeten die wesentlichen gestalterischen Elemente, die durch Findlingsmauern und eine stilisierte Hängebrücke unterstrichen wurden. Im Gegensatz dazu steht der sich östlich anschließende geometrische Gartenbereich, in dem Rosen- und Sommerblumenbeete eine rechteckige Rasenfläche umrahmen.

Im alten Stadtkern von Bergedorf stehen heute Häuser der unterschiedlichsten Jahrhunderte und Stilepochen nebeneinander. Bei einem Bummel durch die Straße Sachsentor, die als Fußgängerzone das gesamte Areal der **Altstadt** erschließt, fällt der Stilmix deutlich ins Auge. Besondere Aufmerksamkeit verdient das Fachwerkhaus Sachsentor 2, der einstige Gasthof „Stadt Hamburg". Es gilt als der älteste Profanbau der Hansestadt nach dem Leuchtturm auf Neuwerk. Das ursprünglich um 1550 erbaute Eckhaus zieren reiche Schnitz-

Forsthaus Bergedorf
Gemütliches Restaurant mit Wildspezialitäten und traditioneller ländlicher Küche, im Sommer Kaffeegarten.
Reinbeker Weg 77
Tel. (040) 7 25 88 90
www.forsthaus-bergedorf.de
Tgl. 12–22 Uhr

ornamente. Im Jahre 1958 wurde das Haus, weil es der Verkehrsführung im Wege war, abgetragen und um einige Meter versetzt erneut aufgebaut. In der Straße Sachsentor sind daneben noch drei weitere schöne Fachwerkhäuser erhalten (Nr. 50, 52 und 54). Sie stammen aus dem 17. Jahrhundert.

Wer Natur in ihrer urwüchsigen Form erleben will, durchquert das östlich der Chrysanderstraße gelegene **Villenviertel** mit schönen Landhäusern der Gründerzeit. Dahinter erstreckt sich das Bergedorfer Gehölz, wo man sich auf schönen Spazierwegen erholen kann.

Schloss Bergedorf

Das Bergedorfer Schloss ist die einzige aus dem Mittelalter erhaltene Burg im Hamburger Raum. Die Geschichte des Baues reicht bis ins 13. Jahrhundert zurück. Heute beherbergt der Bau das Museum für Bergedorf und die Vierlande. Die historischen Gerichtsräume und vor allem das reich mit Intarsien geschmückte Landherrenzimmer erinnern noch an die Zeit, als das Schloss Herrschaftssitz war. Im Kellergewölbe wird der Besucher über die Geschichte der Stadt Bergedorf und die Vor- und Frühgeschichte der Region informiert. Der weitere Rundgang durch das Schloss ist im oberen Stockwerk um den Innenhof angelegt. Möbel, Trachten und prächtiger Silberschmuck sind im Vierlandezimmer zu bewundern. In mehreren Räumen des Schlosses finden außerdem wechselnde Sonderausstellungen statt.

Schloss Bergedorf
Museum für Bergedorf und die Vierlande.
Bergedorfer Schlossstr. 4
Tel. (040) 4 28 91 25 09
www.bergedorfmuseum.de
Di–So 11–17 Uhr
5 €, erm. 3,50 €, bis 18 Jahren frei

Café la note
Im Bergedorfer Schloss.
Tel. (040) 72 10 40 30
Mo–Sa 9–18, So 10–18 Uhr
www.cafe-la-note.de

Historische Eisenbahn
An mehreren Sommerwochenenden verkehrt der Dampf-Sonderzug zwischen Bergedorf Süd und Geesthacht.
Fahrplaninfos:
Tourist-Information Geesthacht
Bergedorfer Straße 28
21502 Geesthacht
Tel. (0 41 52) 83 62 58
www.geesthachter-eisenbahn.de

Das Wasserschloss hat einen sehenswerten Schlossgarten

Holland kurz vorm Sachsenwald

★ Stadtausflug Schloss, Schlosspark & Museum Rade
★ Über die wunderschöne Anlage von Schloss und Schlossgarten spazieren und im heilsamen Tonteich baden

Start
Reinbek
S21 alle 10–20 Min.

Karte ▸ Seite 77

In Reinbek kann man eines der bedeutendsten Beispiele der niederländischen Renaissancearchitektur bewundern. Außerdem gibt´s hier die exotischste Kunstsammlung Norddeutschlands. Und wem das nicht genügt, der kann in geheimnisvollem Heilwasser untertauchen.

Zu Recht ist man in Reinbek auf das dortige **Schloss** stolz, hat die Stadt doch die einstige Ruine mit enormem Aufwand restaurieren lassen. Heute erstrahlen der Bau und der Schlosspark im neuen alten Glanz. Zur wechselvollen Geschichte der Anlage – über die sich Interessierte im Schloss ausführlich informieren können – nur so viel: Herzog Adolf I. von Schleswig-Holstein-Gottorf ließ das Bauwerk im 16. Jahrhundert vermutlich als Jagdschloss am Rande des wildreichen Sachsenwaldes errichten. Der Baumeister ist bis heute unbekannt, man schließt aber aus der Art der Ausführung, dass es sich um einen Holländer gehandelt haben muss. Im 18. Jahrhundert war das Schloss Sitz der Amtmänner und später des ersten Landrates des Kreises Stormarn. Leider wurde der Bau so vernachlässigt, dass 1773 der Abriss wegen Baufälligkeit drohte. Dieser konnte glücklicherweise von dem damaligen Bauinspektor Christian Frederik Hansen – Baumeister der berühmten Bauten des weißen Klassizismus in Hamburger Elbvororten – abgewendet werden.

Nach der Renovierung dient das Gebäude heute als Kultur- und Kommunikationszentrum und steht somit erstmals in seiner über 400-jährigen Geschichte allen interessierten Bürgern offen. Architekturhistorisch besonders eindrucksvoll ist die original erhaltene Roofen-Dachkonstruktion niederländischer Art mit einem Kniestock aus

Schloss Reinbek
Schlossstraße 5
Tel. (040) 7 27 34 60
www.schloss-reinbek.org
Mi–So 10–17 Uhr
3 €, erm. 1,50 €, Familienkarte 4 €,
Kombiticket Schloss und Museum Rade: 4 €, Kinder 2 €, Familienkarte 5 €

Restaurant Schloss Reinbek
In stilvollerem Ambiente als in der ehemaligen Schlosskapelle lässt sich kaum speisen. Auch schlichte Gerichte zu vergleichsweise moderaten Preisen. Mit Sommerterrasse am See.
Schlossstraße 5
Tel. (040) 7 27 91 62
www.schloss-reinbek.de
Mi–So 12–21 Uhr

Schloss Reinbek ist heute ein stilvolles Kultur- und Veranstaltungszentrum

krumm gewachsenen Eichenbindern. Neben dem Schloss ist auch der **Schlosspark** sehenswert. Hier wurden die Reste der verschiedenen ehemaligen Parkanlagen harmonisch miteinander verknüpft, so dass sich durch die Einbeziehung des Mühlenteiches eine wunderschöne Gesamtanlage ergibt.

Direkt gegenüber vom Schloss hat ein Museum der ganz besonderen Art in einer Gründerzeitvilla Quartier bezogen: das **Museum Rade** des privaten Sammlers Rolf Italiaander. Auf vier Etagen erwarten den Besucher weit mehr als 1000 Exponate: Bilder, Skulpturen, Batiken und Keramiken aus allen Gegenden der Erde.

Eine gewässerkundliche Einmaligkeit ist das **Sachsenwaldbad Tonteich:** Auf dem Gelände des heutigen Bades lag bis Anfang des 19. Jahrhunderts die Ziegeleigrube des Friedrichsruher Tonwerkes. 1911 brannten die Gebäude bis auf die Grundmauern nieder. Die Tongrube füllte sich langsam mit Regenwasser und es entstand der Tonteich. Aus dem Regenwasser, das über ein Glimmertonfeld rinnt, entwickelte sich ein stark saures und manganhaltiges Wasser, das eine wohltuende Wirkung auf die menschliche Haut hat und deshalb als Heilwasser eingestuft wird. Vom Schloss aus gelangt man am Ufer des Mühlenteichs auf einem malerischen Weg dorthin.

Von Reinbek führen ausgeschilderte Wanderwege, die unter anderem in Friedrichsruh (▸ Seite 78) und Aumühle (▸ Seite 76) enden, in den Sachsenwald.

Museum Rade
Internationale Malerei und Volkskunst, Kunstwerke der Hamburgischen Sezession u. v. a. m.
Schlossstraße 4
Tel. (040) 7 22 91 58
Mi–So/Fei 10–17 Uhr
2 €, Familien 3 €

Sachsenwaldbad Tonteich
Eine Wohltat für die Haut in idyllischer Natur.
Am Tonteich 35
21521 Wohltorf
Tel. (0 41 04) 28 93
www.tonteichbad.de
Mitte Mai–Ende Aug.
Mo–So 9–20 Uhr
3 € / 2 € (6–15 J.)

Am Rande des Sachsenwaldes

★ Spaziergang: Mühlenteich, Bismarckturm & Lokschuppen
★ Durch Villenkolonie und Wald zum Eisenbahnfreunde-Traum

Start
Aumühle
S21 alle 10–20 Min.

Ein Ausflugsziel seit Generationen – so stellt sich die Ortschaft Aumühle am Westrand des Sachsenwaldes dar.

Von Events ist man in Aumühle weit entfernt. Die spektakulärste Freizeitaktivität besteht hier in einer Paddelboottour über den Mühlenteich. Ohnehin ist der idyllische **Mühlenteich,** zu dem die Aue, ein kleiner Zufluss der Bille, aufgestaut ist, der touristische Mittelpunkt des Ortes. Um den Mühlenteich herum findet man mehrere klassische Ausflugslokale; viele existieren schon seit Generationen. Oder man packt einen Picknickkorb und ist mit ein paar Schritten im Sachsenwald.

Der Sachsenwald bietet eine Vielzahl von Wander- und Radwanderwegen, von denen die meisten Aumühle als Ausgangs- oder Zielpunkt haben. Was liegt demnach näher, als sich auf einen Spaziergang in diese grüne Lunge Hamburgs aufzumachen (▸ Seite 80). Aber auch ein Bummel durch den Ort selbst ist erholsam, besonders die historische Villenkolonie Hofriede lohnt einen Besuch. Mittelpunkt der Siedlung ist der wuchtige, 27 Meter hohe **Bismarckturm** am Berliner Platz. Er ist einer der zahlreichen Türme, die Ende des 19. Jahrhunderts in ganz Deutschland zum Gedenken an den Reichskanzler Otto von Bismarck errichtet wurden. 1901 als Wasser- und Aussichtsturm eingeweiht, diente er bis 1927 auch als Bismarckmuseum und bot von der Aussichtsplattform einen Blick über die umliegenden Villen, Aumühle und den Sachsenwald. Heute sind die Gemeindebibliothek und das Gemeindearchiv in dem Turm untergebracht; eine Besteigung ist leider nicht mehr möglich.

Ein Muss für Eisenbahnfreunde ist der Besuch des **Lokschuppens** am östlichen Ortsrand von Aumühle (auf der Nordseite der Bahnstrecke

Fürst Bismarck Mühle
Berühmtes Traditionslokal, das sich im Besitz der Familie Bismarck befindet. Wildgerichte, zwei schöne Sommerterrassen.
Mühlenweg 3
Tel. (0 41 04) 20 28
www.bismarckmuehle.de
Do–Di 11–24 Uhr

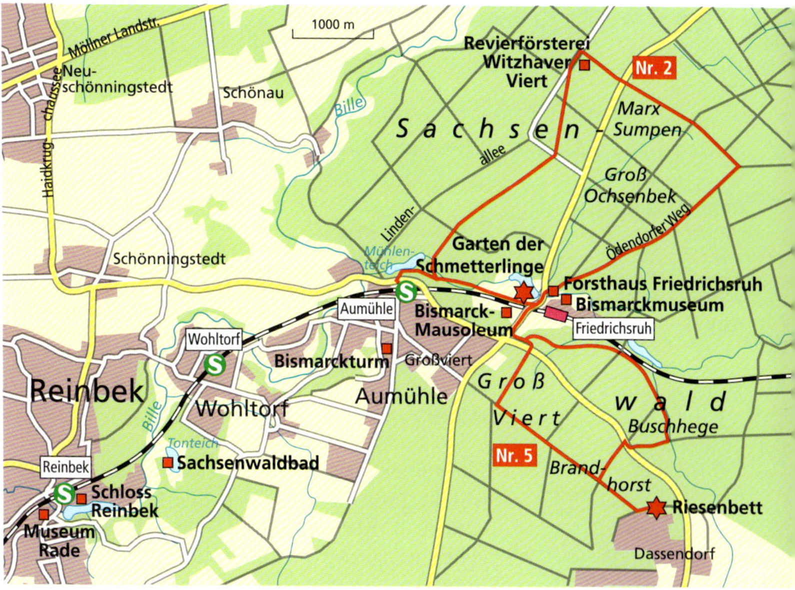

Richtung Friedrichsruh). Schon zu Dampflokzeiten endete ein großer Teil der auf der Berlin-Hamburg-Trasse eingesetzten Nahverkehrszüge in Aumühle. Im Lokomotivschuppen Aumühle mussten Zuggarnituren abgestellt, die Loks entschlackt und mit neuer Kohle versehen sowie Wasser gefasst werden. Heute werden hier von den Mitgliedern des Fördervereins in mühevoller Kleinarbeit die teils vielfach umgebauten, teils in ihrer Substanz stark angegriffenen Fahrzeuge restauriert und ausgestellt. Auf drei Zufahrtsgleisen steht eine umfangreiche Sammlung von Feldbahnen, einer Art Schmalspurbahn mit Einsatz im Ackerbau, in Ziegeleien, Steinbrüchen und Torfwerken, sowie eine Sammlung von Schienenfahrzeugen des Nahverkehrs. Zweimal jährlich – im Frühjahr und im Herbst – gibt es Ausstellungen zum Hamburger Nahverkehr.

Man kann auch mit den restaurierten Zügen fahren, aber leider nicht in Aumühle selbst, sondern in den Sommermonaten an der Ostsee zwischen Schönberg und Schönberger Strand. Draisinen- und Feldbahnfahrten sind an bestimmten Aktionstagen auch in Aumühle möglich.

Lokschuppen Aumühle
Verein Verkehrsamateure
und Museumsbahn e. V.
Am Gleise 6
Tel. (040) 8 99 11 43
www.vvm-museumsbahn.de
So 11–17 Uhr
Eintritt frei, außer bei
Sonderveranstaltungen

Hotel Waldesruh am See
Jagdrestaurant mit
offenem Kamin und
Seeterrasse.
Am Mühlenteich 2
Tel. (0 41 04) 6 95 30
www.waldesruh-am-see.de
Mi–Mo ab 11 Uhr

Bei Bismarck auf dem Sofa

★ Spaziergang: Garten der Schmetterlinge & Bismarck-Museum
★ Exotische Schmetterlinge beobachten und über das Anwesen des Eisernen Kanzlers spazieren

Start
Aumühle
S21 alle 10–20 Min.

Karte ▸ Seite 77

Der kleine Ort Friedrichsruh ist Mittelpunkt des Sachsenwaldes – und Zentrum der Bismarckverehrung. Doch vor knapp 30 Jahren bekam der Besuchermagnet „Eiserner Kanzler" Konkurrenz – und zwar von Schmetterlingen.

Wir starten unsere Tour am Rande des Sachsenwaldes in Aumühle. Von der S-Bahn-Station kommend, queren wir die Alte Schulstraße und gehen geradeaus in die Mühlenstraße. Von dort folgen wir dem Weg rechter Hand durch den Wald, der zu einer Attraktion ganz besonderer Art führt: dem **Garten der Schmetterlinge**.

Die großzügige Anlage auf dem Gelände der Fürstlich von Bismarckschen Gärtnerei besteht aus dem eigentlichen Schmetterlingsgarten – zwei rund 600 Quadratmeter große Glashäuser –, einem Duftgarten mit 80 bekannten und unbekannten stark duftenden Pflanzen, einem Insektenhotel, einem „Singenden Wassergarten", in dem Wasser durch Bambusrohre plätschert und so diverse Töne erzeugt, sowie einer Traumlandschaft mit künstlichen Seen, Gärten und heimischen Tieren.

In den beiden Glashäusern sind Hunderte von einheimischen und exotischen Schmetterlingen zu beobachten. Unter den 30 verschiedenen Arten gibt es zahlreiche Gattungen aus Südasien, wobei dafür gesorgt ist, dass alle Schmetterlinge ihre natürliche Umgebung finden. Die rund 300 Puppen entwickeln sich in eigens dafür geschaffenen Brutkästen. In den Morgenstunden beginnen die Falter zu schlüpfen. In weiteren Vitrinen befinden sich Eier und Raupen. Somit sind alle Stadien der Metamorphose zu beobachten. Anzuraten ist daher ein Besuch am Vormittag, wenn die faszinie-

Garten der Schmetterlinge
Lehrreiche Einblicke in die bunte Welt der Flattermänner.
Am Schlossteich 8
Tel. (0 41 04) 60 37
www.garten-der-schmetterlinge.de
Mitte März–Okt.
tgl. 10–18 Uhr
8 €, erm. 6,50 €,
Kinder (3-15 J.) 4,50 €,
Familienkarte 21 €

Café Vanessa
Im Garten der Schmetterlinge. Besonders idyllisch sitzt man im Singenden Wassergarten.
Tel. (0 41 04) 72 93
Mitte März–Ende Okt.
tgl. 10–18 Uhr und nur mit Eintrittskarte des Schmetterlingsgartens

renden Tiere am aktivsten sind.

Hinter dem Parkplatz des Gartens der Schmetterlinge halten wir uns dann rechts und anschließend geht es auf dem Schlossweg parallel zu den Bahngleisen weiter bis zum Bahnhof Friedrichsruh.

Friedrichsruh ist ein Ort, der eigentlich nur aus wenigen Häusern besteht. In dieser Sachsenwaldidylle lebte der Reichskanzler Fürst Otto von Bismarck (geb. 1815) von 1871 bis zu seinem Tode im Jahre 1898. Mitten im Sachsenwald, den der Kanzler aus Dankbarkeit vom Kaiser geschenkt bekommen hatte, lag einst das Gasthaus Frascati, das Bismarck 1894 erwarb. Er ließ es zu einem Schloss ausbauen und bewohnte es bis zu seinem Tode. Ende des Zweiten Weltkrieges zerstört, wurde es durch einen schlichten Neubau ersetzt, in dem die Nachfahren Bismarcks bis heute leben. Noch original erhalten blieb der alte Marstall.

In einem Fachwerkhaus gegenüber vom alten Marstall, dem „Alten Landhaus", befindet sich heute das **Bismarck-Museum.** In neun Räumen ist hier eine ansprechend gestaltete Erinnerungsstätte geschaffen worden. Die Sammlung umfasst neben Dokumenten, Briefen, Handschriften, Orden und Geschenken aus aller Welt auch zahlreiche Ehrenbürgerbriefe. Höhepunkt für Bismarckverehrer ist allerdings das Originalarbeitszimmer des Reichskanzlers, das hier so aufgestellt ist, wie es vorher im alten Schloss stand.

Bismarck hat in Friedrichsruh seine letzte Ruhe gefunden. Und zwar im **Bismarck-Mausoleum,** das sich vom Museum aus direkt rechts hinter der Bahnlinie befindet. In der Gruftkapelle kann man die Sarkophage des Eisernen Kanzlers und seiner Gemahlin besichtigen.

Auf der anderen Seite der Bahnlinie befindet sich wieder der Garten der Schmetterlinge, von dem aus wir den bekannten Weg zurück zur S-Bahn-Station Aumühle antreten.

Im Bismarck-Museum kann man das Arbeitszimmer des „Eisernen Kanzlers" ansehen

Friedrichsruh
ist Zentrum des Sachsenwaldes. Von hier aus führen diverse Wanderwege in den Forst. Mehr dazu ▸ Seite 80

Bismarck-Museum
Am Museum 2
Tel. (0 41 04) 24 19
www.bismarck-stiftung.de
Apr.–Okt. Di–So 10–18 Uhr
Nov.–März
Di–So 10–16 Uhr
4 €, unter 18 Jahre frei

Unterm Blätterdach

★ Zwei Rundwanderungen (14 & 8,5 km) ab Aumühle
★ Wege durch den verschlungenen Wald östlich von Hamburg

Start
Aumühle
S21 alle 10–20 Min.

Karte ▸ Seite 77

Die Touren
verlaufen auf bequemen Waldwegen, man kann sie auch mit dem Fahrrad zurücklegen.
www.sachsenwald.de

Der Sachsenwald ist für Naturfreunde und Wanderer ein Dorado. Zahllose Wege durchziehen den herrlichen Forst – und manche führen zu verborgenen Hünengräbern.

Fast 70 Quadratkilometer groß ist der Sachsenwald. Damit ist er das größte geschlossene Waldgebiet Schleswig-Holsteins. Der Wald besteht vorwiegend aus Buchen, Fichten und Kiefern. Unter knorrigen Bäumen stehen seit Jahrtausenden mächtige Felssteine – es sind die Grabhügel und Steinsetzungen aus der Jungsteinzeit. In sehr viel späteren Zeiten war der Sachsenwald Grenzwald des Reiches Karls des Großen und durfte nicht besiedelt werden. Deshalb ist er bis heute geschlossen erhalten geblieben. Im Jahre 1871 erhielt ihn schließlich Reichskanzler Otto von Bismarck als Zeichen besonderen Dankes von Kaiser Wilhelm I. als Geschenk. Der Sachsenwald ist bis heute in bismarckschem Familienbesitz.

Der Forst dient als Grüne Lunge der nahen Großstadt Hamburg und bietet mit seinen zahlreichen markierten Wanderwegen beste Gelegenheit zu naturnaher Erholung. Allerdings finden sich mitunter verwirrend viele und unterschiedliche Markierungen. Machen Sie sich also darauf gefasst, sich im Sachsenwald immer wieder einmal zu verlaufen. Allerdings ist das trotz der Größe des Areals nicht dramatisch, denn der Wald ist gut erschlossen. Man gerät schnell auf den nächsten Weg, der dann hoffentlich verständlicher ausgeschildert ist.

Nach dieser Warnung seien hier **zwei schöne Routen** empfohlen, die beide in Friedrichsruh beginnen und dort wieder enden. Sie lassen sich also bestens zu einer längeren Tour kombinieren. Die erste führt durch den südlichen Sachsenwald, die zweite durch den nördlichen.

Um von der S-Bahn Aumühle nach Friedrichsruh zu gelangen, quert man zunächst die Alte Schulstraße und geht in die Mühlenstraße. Von dort folgt man dem Weg rechter Hand, der zum **Garten der Schmetterlinge** (▸ Seite 78) führt. Hinter dem Parkplatz des Gartens der Schmetterlinge hält man sich rechts. Anschließend geht es auf dem Schlossweg parallel an den Bahngleisen weiter bis zum Bahnhof Friedrichsruh. Hier starten unsere beiden Routen durch den Sachsenwald.

Die **südliche Strecke,** der Riesenbettweg, ist etwa 14 Kilometer lang und mit der **Nummer 5** gekennzeichnet. Sie führt vom Bahnhof über die Schranken und gleich dahinter links hoch zum Hirschdenkmal. In südöstlicher Richtung führt der Weg durch den Bramhorst und Buschhege West bis an den Bach Süsterbek und weiter an den Ortsrand von **Dassendorf.** Hier geht links ein Weg ab zum **Riesenbett,** einem Grab aus der jüngeren Steinzeit. Zurück geht es über die L314 und rechts in den Wald hinein. Dann immer geradeaus, zwei Kilometer Richtung Aumühle. Das letzte Stück des Waldwegs vor der L208 hält man sich etwa 800 Meter weit rechts Richtung Nordost und gelangt geradeaus über die L314 (Alte Schulstraße) zurück nach Friedrichsruh. Rechts hinter dem Holzhof-Gelände zweigt der Weg zum Bahnhof Friedrichsruh ab.

Die Anschlusstour in den **nördlichen Sachsenwald** auf dem Max-Schmeling-Weg führt bei der Gaststätte **Forsthaus Friedrichsruh** – in dem Max Schmeling trainierte, bevor er 1936 Boxweltmeister im Schwergewicht wurde – in den Ödendorfer Weg. Die etwa 8,5 Kilometer lange Strecke ist mit der **Nummer 2** markiert. Sie führt nach Norden durch die Waldabschnitte Groß Ochsenbeck und Marx Sumpen. Während wir noch über die eigentümlichen Namen nachgrübeln, biegt der Weg nach links ab und kreuzt die Straße nach Kuddewörde, um zur **Försterei Witzhafer Viert** zu führen. Hier geht es in südlicher Richtung zurück, bis wir an das Flüsschen Schwarze Au kommen. Nach links ihrem Lauf gefolgt, gelangt man rasch wieder nach Friedrichsruh. Oder man überquert die Au und hält sich dann rechts; der Weg führt dann direkt nach Aumühle (▸ Seite 76).

Jagdhaus am Riesenbett
Italienische Küche.
Am Riesenbett 1
21521 Dassendorf
Tel. (0 41 04) 96 15 24
www.jagdhaus-am-riesenbett.de
Di–So 12–21 Uhr (im Winter abweichende Öffnungszeiten)

Forsthaus Friedrichsruh
Ausflugs-Restaurant und -Café, Sommerterrasse, Wildgerichte aus dem Sachsenwald und rustikale Gerichte „rund um die Bratkartoffel".
Ödendorfer Weg 5
21521 Friedrichsruh
Tel. (0 41 04) 699 28 99
www.forsthaus-friedrichsruh.de
Mi–So 12–21.30 Uhr

Die Schwarze Au bei Friedrichsruh

Eulenspiegeleien

★ Stadtbesichtigung
★ Auf den Spuren eines Narren durch die beschauliche Altstadt

Start
Bhf. Mölln
RE 83 ca. alle 60 Min. ab Büchen (Anschluss von Hamburg mit **RE 1**)

Möllner Museum
Tel. (0 45 42) 83 54 62
www.moellner-museum.de
Historisches Rathaus
Apr.–Okt. Mo–Fr 9–19, Sa/So 10–17 Uhr
Nov.–März Mo–Fr 9–18, Sa/So 10–16 Uhr
Eulenspiegel Museum
Apr.–Okt.
Mo–Fr 10–13 und 14–17, Sa/So 11–17 Uhr
Nov.–März
Mo–Fr 14–16, Sa/So 11–13 und 14–16 Uhr
Eintrittskarten gelten für beide Museen
Erw. 2 €, erm. 1,50 €

Naturkundliche Ausstellung im historischen Wasserturm
Auf dem Klüschenberg
Erw. 2,50 €, erm. 2 €, bis 14 Jahre 1 €
Juli–Okt. Di–So 10–16 Uhr

Mölln, das malerische mittelalterliche Städtchen an der Alten Salzstraße, ist ein Kneippkurort. Weithin bekannt geworden ist Mölln durch einen seiner Einwohner, der noch nicht einmal ein gebürtiger Möllner war: Till Eulenspiegel.

Allerdings ist der berühmte Narr hier gestorben, und zwar im Heilig-Geist-Hospital, einem Armen- und Siechenhaus. Das war im Jahre 1350, kurz nachdem Eulenspiegel in die Stadt gekommen war. Gleichwohl hat Mölln den Narren vollkommen vereinnahmt, und der Besucher wird ihm noch öfter begegnen.

Auf den ersten Blick wird die Stadtansicht beherrscht von der romanischen **St. Nicolai-Kirche** aus dem 12. Jahrhundert mit ihrem quadratischen Turm. Man sollte unbedingt den Innenraum besichtigen. Das Gestühl der Stecknitzfahrer, die ihr Geld mit Salztransporten über die Kanäle der alten Salzstraße verdienten, ist vollständig erhalten. Der gewaltige siebenarmige Leuchter von 1436 wurde angeblich 1669 von Stecknitzfahrern aus dem Fluss gefischt, vermutlich aber stammt er aus einem geplünderten Kloster. Ganz vorne rechts in der St. Nicolai-Kirche findet sich ein einzelner Klappstuhl, der die Jahreszahl 1632 trägt. Er war einem besonderen Kirchgänger vorbehalten: dem Henker. Dieser hatte beim Besuch des Gotteshauses zwei Auflagen zu befolgen. Er durfte weder den heiligen Boden der Kirche mit den Füßen berühren, noch durfte er in den Altarraum blicken.

Hinter der St. Nicolai-Kirche findet sich ein Stein, der angeblich Till Eulenspiegels Grabstein ist. Leider wurde der Stein erst Anfang des 16. Jahrhunderts aufgestellt und außerdem der Heiligen Jungfrau geweiht. Das bekannte Denkmal für den um 1300 in Kneitlingen bei Braunschweig geborenen Narren steht vor dem Rathaus an der Mauer des Kirchhügels. Es ist eine bronzene Brunnenfigur, 1950 von dem Möllner Bildhauer Karlheinz Goedtke geschaffen. Auffällig ist der blank gewetzte rechte Daumen der Figur. Dem Aberglauben nach bringt es Glück, den Daumen der Figur zu berühren. Übrigens soll der echte Eulenspiegel seine letzte Ruhestätte hinter der Kirche gefunden haben, dort, wo heute eine große Linde steht – aber sicher ist auch das nicht.

In der Möllner Altstadt

Unterhalb der Kirche liegt der mittelalterliche Stadtkern. Das historische **Rathaus** am Markt schmückt sich mit einem prächtigen Stufengiebel. Es ist mit dem Baujahr 1373 das zweitälteste Rathaus Schleswig-Holsteins. Heute ist in dem Bau die stadtgeschichtliche Sammlung des Möllner Museums untergebracht. Bereits 1889 wurde diese Sammlung von engagierten Bürgern begründet. Die Ausstellung zeigt Ausschnitte aus dem Alltag von 1750 bis 1975.

Gegenüber dem Historischen Rathaus befindet sich das **Eulenspiegel-Museum.** In einem sorgfältig renovierten Fachwerkhaus von 1582 werden Gemälde, Grafiken und Plastiken gezeigt, die Till Eulenspiegels Leben und Wirken illustrieren.

Am Ostrand der historischen Altstadt erhebt sich auf dem Klüschenberg ein Aussichtsturm, ein ehemaliger **Wasserturm.** Von hier aus hat man einen herrlichen Ausblick auf die Stadt und ihre Umgebung. Im Turm selbst ist eine interaktive naturkundliche Ausstellung eingerichtet. An diesem Aussichtsturm kommt man vorbei, wenn man sich auf den Weg zum nahe gelegenen Wildpark begibt. Der Park liegt zwar noch auf dem Stadtgebiet von Mölln, doch besucht man ihn am besten im Rahmen eines Ausflugs in die wunderschöne Natur, von der die Stadt umgeben ist (▸ Seite 84).

Altstadt-Café
Eines von mehreren Cafés im historischen Stadtkern, mit Außenterrasse.
Mühlenplatz 5
Tel. (0 45 42) 14 14
Fr–Di 10–18 Uhr

Seen satt

★ Radtour (30 km) von Mölln nach Gudow & zurück

★ Verschlungene Wege an vielerlei Seen und Badestellen vorbei

Start
Bhf. Mölln
RE 83 ca. alle 60 Min. ab Büchen (Anschluss von Hamburg mit **RE 1**)

Karte ▸ Seite 91

Wie viele Seen sich in der Umgebung der Eulenspiegelstadt Mölln inmitten der waldreichen Landschaft nun genau befinden, vermag niemand verbindlich zu sagen.

Eine Tour entlang der sich von Mölln in südlicher Richtung erstreckenden Seenkette sollte man mit einem Besuch des **Wildparks Mölln** beginnen. Ein Fußweg von etwa 15 Minuten führt den Ausflügler vom historischen Stadtkern (▸ Seite 82) vorbei an einem Aussichtsturm zum Haupteingang des Wildparks. Die weitläufig angelegten Gehege sind harmonisch in die Landschaft eingebunden. Ein beliebter Anlaufpunkt für Eltern mit Kindern ist die Sonnenwiese mit dem großen Spielplatz. Daneben sind in einem Findlingsgarten 40 Steine zu sehen, darunter auch ein echter Gigant mit einem Gewicht von 44 Tonnen.

Der Weg, auf dem man nun in südlicher Richtung radelt, ist wildromantisch. Er windet sich in zahllosen Biegungen durch die Landschaft und führt dabei oft direkt an Seeufern vorbei. Wegen der vielen Windungen ist die Strecke allerdings nicht nur besonders schön, sondern auch deutlich länger: Statt der zehn Kilometer Luftlinie bis Gudow, dem Endpunkt der Seenwanderung, sind es im Gelände fast das Doppelte.

Der erste See auf der Strecke ist der **Schmalsee,** ein kleiner, tatsächlich sehr schmaler See, der sich in Nord-Süd-Richtung erstreckt. Er wird, wie die meisten Seen dieser Tour, vom Hellbach durchflossen, der die Seen miteinander verbindet. Der Wanderweg folgt dem Verlauf des Westufers und führt somit zwangsläufig zum **Lüttauer See,** in den der Schmalsee übergeht. An der Einmündung des Schmalsees in den Littauer See befindet sich schon die erste Badestelle namens Rolandseck. Es folgen weitere Badestellen am Westufer des Sees,

Möllner Wildpark
30 heimische Tierarten.
Birkenweg
Tel. (0 45 42) 80 31 62
durchgehend geöffnet
Eintritt frei, Spende erwünscht

Wildromantisch zeigt sich der Schmalsee bei Mölln

an dem unser Weg nun entlangführt. Alle Badestellen sind frei zugänglich, nicht überlaufen und sehr idyllisch.

Weiter geht es am Hellbach entlang, der hier die Verbindung zum größeren, lang gestreckten **Drüsensee** herstellt. Der Drüsensee weist mit einer Insel, die in seiner Mitte aufragt, eine hübsche Besonderheit auf. Südlich des Drüsensees wandert man nun weiter dem Hellbach folgend Richtung Süden, doch berührt der Bach zunächst keine weiteren Seen. Trotzdem befinden sich östlich des Bachlaufes drei kleine malerische Seen, eingebettet in die Waldlandschaft Lehmrader Tannen: der **Krebssee,** der **Lottsee,** an dem der Weg direkt vorbeiführt, und der **Schwarzsee.**

Nachdem sich der Hellbach etwas verbreitert hat, nimmt er eine scharfe Biegung. Genau das machen wir nicht, sondern folgen dem ausgeschilderten Wanderweg. Der Hellbach mündet bald in den **Sarnekower See** und anschließend in den **Gudower See,** den – hat noch jemand mitgezählt? – richtig: den achten und letzten See der heutigen Tour. Am Gudower See bieten noch einmal diverse Badestellen Gelegenheit zu einer Erfrischung. Danach haben wir die Wahl, ob wir nach Büchen weiter- oder nach Mölln zurückradeln.

Restaurant und Hotel Waldhalle
Regionale und internationale Spezialitäten, Torten aus der hauseigenen Konditorei, Sonnenterrasse mit schöner Sicht auf den Schmalsee.
Waldhallenweg
23879 Mölln
Tel. (0 45 42) 8 58 80
www.waldhalle.info
Tgl. 12–22 Uhr

Ratzeburg nicht nur für Ruderer

★ Zwei (Rad-)Rundwanderungen (7,5 & 26 km) & Stadtbesichtigung, Umrundung des Küchensees & des Ratzeburger Sees
★ Altstadtflair genießen und an Seen Radeln oder Wandern

Start
Bhf. Ratzeburg
RE 83 ca. alle 60 Min. ab Büchen (Anschluss von Hamburg mit **RE 1**)

Karte ▸ Seite 91

Ratzeburg und Ruderer sind untrennbar miteinander verbunden. Zwar ist der legendäre Goldachter mittlerweile Geschichte, doch zehrt die Stadt am gleichnamigen See noch immer von dem Ruf als Rudermetropole. Dabei lohnt ein Besuch auch für Ausflügler, die mit dieser Sportart nichts am Hut haben.

An Karl Adam, dem berühmtesten Rudertrainer aller Zeiten, kommt man allerdings nicht vorbei in Ratzeburg. Das heißt, man kommt an ihm vorbei auf dem Weg vom Bahnhof in den historischen Stadtkern: Sein Denkmal steht am Lüneburger Damm, der Verbindung zwischen dem Festland und der Insel, auf der sich das historische Ratzeburg befindet. Der Damm trennt den Ratzeburger See vom sehr viel kleineren Küchensee, auf dem sich auch die Regattastrecke befindet. Während man auf dem Damm rechts das Karl-Adam-Denkmal und den Küchensee sieht, geht der Blick nach links weit über den Ratzeburger See und die Altstadtinsel, auf der sich der Dom majestätisch erhebt. Außerdem liegt zur Linken die Schlosswiese, eine Grünanlage am Ufer des Ratzeburger Sees. Hier, wo sich einst eine Wehranlage befand, ist eine Badestelle angelegt, und die Ausflugsdampfer stechen von hier aus in See.

Die **Altstadt** lag ursprünglich, also zur Zeit der Stadtgründung im Jahre 1261, auf zwei Inseln zwischen dem Ratzeburger See und dem Küchensee: der Dom mit Nebengebäuden auf der einen, die eigentliche Stadt auf der anderen. Im Laufe der Zeit wuchsen die Inseln zu einer zusammen.

Der **Dom,** an der Nordspitze der Altstadtinsel gelegen, ist der älteste romanische Backsteindom Norddeutschlands. Die Kirche wurde 1154 von

Ratzeburger Dom
Domhof 35
Tel. (0 45 41) 34 06
www.ratzeburgerdom.de
Tgl. außer bei kirchlichen Handlungen
Mai–Sep. 10–18 Uhr
Okt.–Apr. 10–16 Uhr und Mo geschlossen
Eintritt frei, Führung 3 €

Heinrich dem Löwen gestiftet, ihre ältesten Teile wurden noch vor dem Lübecker Dom errichtet. Beendet wurde der Bau um 1220. Das Mittelschiff ist 17 Meter hoch, die Kreuzigungsgruppe stammt aus dem 13. Jahrhundert, das Chorgestühl aus dem 14. Jahrhundert. Aus dem Mittelalter sind Grabplatten erhalten, und an der Südwand befindet sich in schwarz getöntem Holz die Loge der Herzöge von Sachsen-Lauenburg aus dem Jahre 1637, der sogenannte Lauenburger Chor.

Hinter dem Dom liegt das **Domkloster** von 1250, das noch viel von dem mittelalterlichen Charme ausstrahlt, der sicher einmal die ganze Anlage beseelt haben mag. Kreuzgang, Kapitelsaal, Refektorium und Dormitorium sind von der Seeseite her zugänglich. Im Klosterinnenhof findet sich ein Kunstwerk jüngeren Datums: die Plastik „Bettler auf Krücken“ von Ernst Barlach.

Westlich des Domes schließt sich der ehemalige Sitz des Bischofs an, darunter das Steintor, ein Backsteinbau aus dem 12. Jahrhundert, dessen Aufgabe es war – und ist – den Druck abzufangen, der durch den schweren Domturm an der Flanke der Erhebung, auf der der Dom errichtet wurde, entsteht. Ein statischer Taschenspielertrick sozusagen.

In der benachbarten **Propstei,** dem ehemaligen Herrenhaus von Herzog Adolf Friedrich IV. von Mecklenburg aus dem Jahre 1764 mit seiner klassizistischen Fassade, ist heute das **Kreismuseum** untergebracht. Im ersten Obergeschoss ist die

Aqua Siwa
Schwimmhalle im Kurpark am Küchensee an der Freibadestelle.
Fischerstraße
Tel. (0 45 41) 48 22
Die häufig wechselnden Öffnungszeiten und Eintrittspreise bitte erfragen

Erlebnisbahn Ratzeburg
Außergewöhnliche Touren durch den Naturpark Lauenburgische Seen auf muskelkraftbetriebenen Fahrzeugen.
Am Bahnhof im Zug
23909 Schmilau
Tel. (0 45 41) 89 80 74
www.erlebnisbahn-ratzeburg.de

Kreismuseum Herzogtum Lauenburg
Domhof 12
Tel. (0 45 41) 8 60 70
www.kmrz.de
Di–So 10–13 und 14–17 Uhr
2 €, erm. 1 €, bis 13 Jahre 0,50 €, Familienkarte 3 €

Beliebt für vielerlei Wassersportarten: der Ratzeburger See

Der Ratzeburger Dom ist der älteste romanische Backsteindom Norddeutschlands

Rokoko-Ausstattung von 1766 bewahrt geblieben.

Zwei weitere Sehenswürdigkeiten im Schatten des Doms sollen nicht unerwähnt bleiben: Nämlich das ehemalige **Haus Mecklenburg** im Domhof 41, erbaut 1690, ist ein schön restauriertes Fachwerktraufenhaus. Nachdem es im 18. und 19. Jahrhundert als „Official-Haus“ und „Domkaserne“ diente, ist es nun Sitz der Stiftung Mecklenburg und des Zentrums für Niederdeutsch für Holstein. Es ist Ausstellungs- und Veranstaltungsort und beherbergt eine Bibliothek mit plattdeutscher Gegenwartsliteratur.

Im Domhof 5, einem Gebäude aus dem 17. Jahrhundert, hat das **A. Paul Weber-Museum** Quartier bezogen. Der Zeichner A. (= Andreas) Paul Weber (1893–1980) ist mit seinen zeitkritischen Grafiken berühmt geworden. Auch viele, denen der Name nichts sagt, werden seine Werke kennen, denn sie sind oft im Zusammenhang mit aktuellen gesellschaftlichen Problemen veröffentlicht worden.

Nicht mehr im Dom-Areal, sondern im Kern der historischen Stadt erinnert ein weiteres Museum an einen anderen großen Sohn der Stadt: Ernst Barlach. Barlach wurde in Wedel geboren und hat dort auch sein verdientes Museum bekommen (▸ Seite 173). Er starb in Güstrow, wo gleich zwei Ausstellungen an ihn erinnern. Doch in Ratzeburg steht das Haus seines Vaters, in dem er aufwuchs und seine prägenden Eindrücke erhielt. Dieses 1840 erbaute Haus am Barlachplatz 3 beherbergt heute das **Barlach-Museum,** mit Werken des als Bildhauer berühmt gewordenen vielseitigen Künstlers.

Bei der Kirche neben dem Barlach-Museum handelt es sich um die **St. Petri-Kirche,** einen Bau aus dem 18. Jahrhundert, der auf einem schon im 13. Jahrhundert errichteten Vorgängerbau fußt. Auffällig ist das seltene Querschiff dieser Stadtkirche. Im alten Stadtkern sind daneben noch als steinerne Zeugen der Vergangenheit das Kreis-

Badestellen im Stadtbereich:

- Schlosswiese am Ratzeburger See,
- im Kurpark am Küchensee und
- Liegewiese Farchau am Südufer des Küchensees.

Alle Badestellen sind ohne Eintritt frei zugänglich und bei großem Betrieb beaufsichtigt (Ausnahme: Liegewiese Farchau).

Am Westufer des Ratzeburger Sees befinden sich diverse Badestellen, einige – besonders solche in Ortschaften – verfügen über sanitäre Anlagen und Bewachung, auch diese Badestellen sind frei und ohne Eintritt zugänglich.

haus von 1721, das Alte Rathaus von 1843 und die Alte Wache erhalten. Das Neue Rathaus ist in der ehemaligen Gelehrtenschule von 1847 untergebracht. Der Blick auf dieses jetzt wieder in hellem Ocker leuchtende Gebäude wird leider durch den davor liegenden Parkplatz sehr beeinträchtigt.

Neben dem Neuen Rathaus verläuft eine Straße mit dem bemerkenswerten Namen Demolierung. Er geht auf die Dänen zurück, die 1816 die barocke Festungsanlage schleiften, die sich hier befand. Auch an der einzigen wirklichen Katastrophe in der langen Geschichte Ratzeburgs sollen die Dänen schuld sein. Im Jahre 1693 brannte die Stadt fast ganz nieder, angeblich legten die Dänen die Lunte. Auf jeden Fall ist dadurch nichts von dem mittelalterlichen Flair, wie man es noch in Mölln (▶ Seite 82) verspürt, in Ratzeburg erhalten.

An der Südseite der Altstadtinsel verläuft am Ufer des **Küchensees** eine Grünanlage, der man den Titel Kurpark verliehen hat; schließlich ist Ratzeburg anerkannter Luftkurort. Schöner als ein Spaziergang im Kurpark ist eine Umrundung des ganzen Küchensees. Auf schönen Wegen geht es dabei am Ufer entlang, meist durch Grünanlagen und Gehölze. Überall bieten sich interessante Ausblicke über den See. Zwei Stunden sollte man bei gemütlicher Gangart für die etwa 7,5 Kilometer lange Seeumrundung einplanen.

Anders sieht es bei einer Wanderung um den **Ratzeburger See** aus. Hier bietet sich auch eine Radtour zur Bewältigung der circa 25 Kilometer langen Strecke an. Wer sich mit dem halben Weg begnügen möchte, dem gilt die Empfehlung, am Westufer bis zur nördlichen Spitze des Ratzeburger Sees zu wandern oder zu radeln und sich von hier, von dem Ort Rothenhusen aus, mit dem Dampfer, der auch Fahrräder befördert, zurück nach Ratzeburg schippern zu lassen.

Ganz Bequeme nehmen von einem der Orte am Seeufer – etwa von Groß Sarau – den Bus der Linie 8710 (Montag bis Freitag alle 60 Minuten, Samstag und Sonntag alle 120 Minuten) und fahren direkt zum Bahnhof Ratzeburg.

A. Paul Weber-Museum
Domhof 5
Tel. (0 45 41) 86 07 20
www.weber-museum.de
Di–So 10–13 und 14–17 Uhr
2 €, bis 13 Jahre 0,50 €, 14–17 Jahre 1 €, Familienkarte 5 €

Fährhaus Athen
Traditionsreiches Ausflugslokal in griechischer Hand mit traumhaftem Blick übers Wasser. Mit großer Sommerterrasse.
Königsdamm 2
23909 Ratzeburg
Tel. (0 45 41) 87 07 90
www.faehrhaus-athen.de
Sommer tgl. 12–23 Uhr
Winter Di–Fr 17–23, Sa/So/Fei 12–23 Uhr

Ernst-Barlach-Museum
Barlachplatz 3
Tel. (0 45 41) 37 89
Apr.–Nov. Di–So 11–17 Uhr
5 €, erm. 4 €

Schifffahrt Ratzeburger See
Schlosswiese 6
Tel. (0 45 41) 79 00
www.schiffahrt-ratzeburg.de

In der Saison verschiedene Liniendienste und Rundfahrten, Start jeweils Schlosswiese.
Zum Beispiel:
Fahrt nach Rothenhusen
am Nordufer des Ratzeburger Sees mit mehreren Stopps unterwegs (45 Min. 8,50 €, bis 14 Jahre 4,50 €)
Rundfahrt
mit schönem Sightseeing vom Wasser aus
(1,5 oder 2 Std., 11 €, 4–14 Jahre 5,50 €, Fahrradmitnahme 2 €)

Wälder, Wiesen, Wisente

★ (Rad-)Wanderung (12 km) von Ratzeburg nach Mölln
★ Auf der „Alten Salzstraße", vorbei an eindrucksvollen Rindern

Start
Bhf. Ratzeburg
RE 83 ca. alle 60 Min. ab Büchen (Anschluss von Hamburg mit **RE 1**)

Rückfahrt
Bhf. Mölln
RE 83 ca. alle 60 Min. bis Büchen (Anschluss nach Hamburg mit **RE 1**)

Badestelle Pinnsee
Malerisch im Wald gelegen, frei zugänglich, ohne Aufsicht und Infrastruktur.

Die Ausflugsziele Ratzeburg und Mölln sind jedes für sich einen Besuch wert. Naturfreunde schwärmen allerdings eher von der schönen Umgebung der beiden historischen Städte. Eine ideale Kombination zwischen Stadtbesichtigung und Naturerleben stellt eine Tour von Ratzeburg nach Mölln dar.

Vom Bahnhof Ratzeburg sollte man – auch wenn eine Ratzeburgbesichtigung nicht auf dem Programm steht – über die Bahnhofsallee zum Lüneburger Damm und zur dortigen Schlosswiese radeln oder wandern. Schließlich hat man hier nicht nur einen herrlichen Blick über den **Ratzeburger See** und auf die **Altstadtinsel** mit dem Dom – und kann zu Hause zumindest sagen, man habe Ratzeburg gesehen –, es beginnt hier auch ein schöner Weg am Westufer des **Küchensees** – eine Alternativstrecke des Radfernwegs „Alte Salzstraße" zwischen Lübeck und Lüneburg. Zwei Wege namens „Alte Salzstraße" verbinden die beiden Hansestädte. Die Hauptroute verläuft über Mölln und Lauenburg. Eine Nebenroute, die den Naturpark Lauenburgische Seen durchquert, streift Ratzeburg.

Bei Fredeburg gibt es ein Wisentgehege

Die Strecke führt in südlicher Richtung nach **Farchau,** das am Südufer des Küchensees gelegen ist. An der Liegewiese Farchau kann man schon das erste Bad auf unserer heutigen Tour nehmen. Von Farchau geht es nun in westlicher Richtung nach **Fredeburg**. Hier stößt man auf ein Wisentgehege. Die mächtigen Zotteltiere stehen etwas phlegmatisch herum, sind aber gleichwohl sehr eindrucksvoll.

Der Weg führt weiter auf der „Alten Salzstraße“ nach Süden durch den Farchauer Forst. Nach drei Kilometern muss man sich entscheiden, ob man nach rechts abbiegt und auf direktem Weg nach Mölln hineinwandert oder -radelt, oder ob man auf dem Fernradweg bleibt und sich weiter nach Süden hält, wobei die Straße von Schmilau nach Mölln überquert wird. Das sollte tun, wer vor dem Besuch der Stadt Mölln (▶ Seite 82) noch ein Bad nehmen möchte.

Nach drei Kilometern biegt nach links ein Weg zum **Pinnsee** ab. Dieser kleine, ganz von Wald umgebene See ist eine der lauschigsten Badestellen der Gegend – und das will bei der großen Konkurrenz an Seen und Badestellen schon etwas heißen.

Hoffentlich gut erfrischt geht es vom Pinnsee in westlicher Richtung durch den Wald zur Eulenspiegelstadt Mölln. Die erreicht man auf jeden Fall, ob nun auf dem kurzen Weg oder über den Umweg über den Pinnsee am Ufer des Schulsees entlang. Zu verfehlen ist der historische Stadtkern nicht, schließlich weist uns der Turm der St. Nikolai-Kirche den Weg. Nach so viel Naturerleben schadet es nun nicht, einmal ein mittelalterliches Freilichtmuseum zu erkunden.

Immer am Kanal entlang

★ Radtour (34 km) am Elbe-Lübeck-Kanal nach Lauenburg

★ Auf der Alten Salzstraße immer am Wasser entlang

Start
Bhf. Mölln
RE 83 ca. alle 60 Min. ab Büchen (Anschluss von Hamburg mit **RE 1**)

Rückfahrt
Bhf. Lauenburg
RE 83 alle 60 Min. oder Bhf. Büchen
RE 1 alle 60 Min.

Bei Kanälen denkt man oft zuerst an breite zubetonierte Wasserautobahnen. Dass es auch Kanäle ganz anderer Art gibt, nämlich richtig idyllische Wasserläufe, beweist der Elbe-Lübeck-Kanal.

Der 62 Kilometer lange Kanal wurde Ende des 19. Jahrhunderts von der Stadt Lübeck angelegt, um eine Verbindung zur Elbe zu schaffen. Die Konkurrenz war der Nord-Ostsee-Kanal. Der Verlauf des Elbe-Lübeck-Kanals folgt im Großen und Ganzen dem alten Stecknitz-Kanal, einem der ältesten Kanäle Europas, der für den Salztransport im Mittelalter wichtig war. Der Elbe-Lübeck-Kanal ist nur 2 Meter tief und daher eigentlich nur für Freizeitkapitäne interessant. Und für Radwanderer, denn am nördlichen Abschnitt seines meist malerischen Ufers verläuft die Hauptroute des Radfernwanderwegs **„Alte Salzstraße"**.

Der Kanal weist nur ein geringes Gefälle auf, so dass man zwischen Lübeck und Lauenburg mit sieben kleineren Schleusen auskam.

In Mölln allerdings, unserem heutigen Startpunkt, verläuft der Radfernweg noch nicht am Kanalufer. Aber das macht nichts, denn ein Radweg führt direkt am westlichen Kanalufer entlang von Mölln nach **Güster** und zu der hier entstandenen „Freizeitwelt Güster". Der größte See, der **Prüßsee,** an dem der Badestrand liegt, hat eine ausgezeichnete Wasserqualität, denn im See befinden sich Tausende von Grundwasserquellen.

Kurz hinter Güster macht der ansonsten beinah schnurgerade verlaufende Kanal eine Schleife. Am Beginn dieser Krümmung befindet sich die Zienburger Schleuse. Die Kanalbiegung endet in der beschaulichen Ortschaft **Siebeneichen.**

Am Kanalufer geht es zügig an der von Gewerbe geprägten Kleinstadt **Büchen** vorbei. Hinter

Restaurant Café Seepavillon am Prüßsee
Am Prüßsee 35
21514 Güster
Tel. (0 41 58) 88 11 21
Apr.–Sep. tgl. 11–22 Uhr

Freizeitwelt Güster
Großzügige Freizeitanlage mit Campingplatz und Badestrand.
www.freizeitwelt-guester.de

Badestrand Prüßsee
Saisonal bewacht, Nichtschwimmerbereich.

Büchen teilen wir das Kanalufer mit einer Bahnstrecke, jedenfalls bis Dalldorf. Vorher haben wir schon bei **Witzeeze** die Doppelschleuse Witzeezer Schleuse und Niebuhr-Schleuse passiert und haben befriedigt festgestellt, dass die Wasserwanderer durch die Schleuserei doch etwas gehandicapt sind. Jede Schleuse bietet uns die Möglichkeit, bei der Wettfahrt, die sich zwischen Wasser- und Radwanderern oft ganz von selbst entwickelt, Strecke gut zu machen.

Aber wir sind ja schon in **Dalldorf,** wo wir das Kanalufer wechseln und uns von den Bahngleisen verabschieden. Am östlichen, von uns aus gesehen linken Kanalufer entfernt sich der Radweg nach einiger Zeit vom Kanal, doch stößt er bei der Palmschleuse wieder an die Wasserstraße. Die **Palmschleuse,** kurz vor der Mündung des Kanals in die Elbe bei Lauenburg, ist die letzte Schleuse des Kanals. Vor allem aber ist sie die älteste erhaltene Kammerschleuse Nordeuropas und ein wertvolles Denkmal der Technikgeschichte.

In Lauenburg (▸ Seite 94) an der Elbe lohnen die Altstadt am unteren Elbufer und das Schloss, hoch auf dem Steilufer gelegen, unbedingt einen Besuch. Man ist in wenigen Minuten von der Schleuse in der Stadt – zumindest, wenn man mit dem Fahrrad unterwegs ist.

Der andere Blick auf die Elbe

★ Stadtausflug Schloss, Schifferstadt & Alte Mühle

★ Grüne Terrassen im Schlossgarten, verwinkelte Gassen in der Altstadt und ein idyllischer Elbuferweg

Start
Bhf. Lauenburg
SchnellBus 31 ca. alle 60 Min. ab Hamburg
oder
RE 83 ca. alle 60 Min. ab Büchen (Anschluss von Hamburg mit **RE 1**)

Als Hamburger ist man es gewohnt, die Elbe als mächtigen Strom und wichtige Schifffahrtsstraße der Ozeanriesen wahrzunehmen. Seine malerische Seite zeigt der Fluss einige Kilometer landeinwärts: In Lauenburg hat sich mittelalterliche Idylle in grüner Umgebung erhalten.

Was die historische Schifferstadt für einen Ausflug von Hamburg aus zusätzlich attraktiv macht, ist der Bus der Linie 31. Er bringt Besucher direkt von der Hansestadt ins Zentrum Lauenburgs. Allerdings zeigt sich die Stadt vom Busfenster aus zunächst nicht von ihrer schönsten Seite. Doch der erste Eindruck trügt. Am Kiosk des ZOB, der Endhaltestelle des Busses, kann man sich einen kostenlosen Übersichtsplan besorgen und sich damit auf den Weg zu den idyllischen Orten Lauenburgs machen. Und die beginnen schon unmittelbar hinter dem Busbahnhof. Dort nämlich führt die Friedrichsbrücke zum **Lauenburger Schloss** (▶ Seite 96) und zum **Fürstengarten.**

Was aber Besucher mehr noch als die historischen Bauten in den Bann zieht, ist der überwältigende Blick von den terrassenartig angelegten Grünanlagen vor dem Schloss. Von der hohen Warte kann man weit über die Elbe und tief nach unten auf die Dächer der Unterstadt am unteren Elbufer sehen. Zu dieser Unterstadt, dem eigentlichen historischen Lauenburg, gilt es jetzt herabzusteigen. Hohler Weg, Wallweg, Fährtreppe und Graben heißen die Wege zum Abstieg in die Altstadt. Auch ein Abstecher durch den benachbarten Fürstengarten bietet sich an, von dort geht es über den Großen Sandberg steil nach unten.

Der historische Schatz Lauenburgs sind die Fachwerkhäuser des 16. und 17. Jahrhunderts in

Zum alten Schifferhaus
Restaurant im Fachwerkhaus mit großer Terrasse.
Elbstraße 114
Tel. (0 41 53) 5 86 50
www.schifferhaus.de
Tgl. 12–23 Uhr, Jan.–März von 14–17 Uhr geschlossen

Schlossturm
Amtsplatz 1
März–Okt. tgl. 9–18 Uhr
Eintritt frei

Elbschiffahrtsmuseum
Elbstraße 59
Tel. (0 41 53) 59 99 35
www.elbschiffahrts-museum.de
März–Okt.
Mo–Fr 10–18,
Sa/So/Fei 10–17 Uhr,
Nov.–Feb.
Mo–So 10–16 Uhr
5 €, erm. 4 €,
Kinder (6–16 Jahre) 3 €,
Familien 11 €

der **Unterstadt,** die auch Schifferstadt genannt wird. Noch heute zeugen die prachtvollen Giebel von der einstigen wirtschaftlichen Bedeutung der schon 1260 erstmals urkundlich erwähnten Stadt. Schließlich war Lauenburg ein wichtiger Platz an der Alten Salzstraße zwischen Lüneburg und Lübeck. Diese Vergangenheit würdigt auch „Der Rufer“. Die im Jahre 1959 geschaffene, bronzene Symbolfigur Lauenburgs stammt von dem Möllner Bildhauer Karlheinz Goedtke und grüßt von ihrem Platz an der Elbstraße vorbeifahrende Schiffe und Reisende.

Die Elbstraße in Lauenburgs Unterstadt

Während eines Spaziergangs durch die verwinkelten Gassen der Altstadt kann der Besucher die Atmosphäre vergangener Zeiten schnuppern. Das heißt, er könnte sie schnuppern, wären da nicht die vielen Autos, die sich durch die engen Gassen quälen. So schnuppert man leider allzu oft Abgase. Unter sich sind die Fußgänger nur an der Elbuferpromenade. Allerdings muss den Besuchern auch mitgeteilt werden, dass die Promenade im Frühjahr regelmäßig knietief unter Wasser steht.

Zum Thema Elbe kann man bei einem Besuch des **Elbschiffahrtsmuseums** noch mehr erfahren. Die Ausstellung im ehemaligen Rathaus der Stadt, einem Backsteinbau aus dem 15. Jahrhundert, macht die uralte Verbindung von Stadt und Elbe deutlich. Vom Einbaum aus dem Jahre 1000 bis zur modernen Schubeinheit reicht die Darstellung. Der ehemalige Ratskeller wurde zu einem Maschinenkeller umgestaltet, in den eine schmale Eisentreppe wie in einen Schiffsbauch hinabführt. Hier sind alle für die Elbschifffahrt typischen Maschinen – von der Dampfmaschine bis zum Dieselmotor inklusive Schaufelrad und Schiffspropeller – voll funktionsfähig erhalten. Auf Anfrage setzt ein Mitarbeiter die Exponate

Raddampfer
Nostalgische Fahrten mit dem 1900 gebauten Raddampfer „Kaiser Wilhelm“ werden zwischen Ende April und Ende September an jedem 2. Wochenende zwischen Lauenburg und Bleckede angeboten.
www.raddampfer-kaiser-wilhelm.de

„Der Rufer" auf seinem Platz an der Elbstraße

sogar in Bewegung. Im ersten Obergeschoss wird eine stadtgeschichtliche Sammlung gezeigt.

Als steinernes Zeugnis von Frömmigkeit, die den Bürgern der Schifferstadt die bewegten Zeiten von Kriegen und Katastrophen zu überstehen half, erhebt sich neben dem Museum die **Maria-Magdalenen-Kirche.** Sie stammt ursprünglich von 1227, ist aber später in ihrem Äußeren erheblich verändert worden.

Zurück zur Elbe: An die Uferpromenade schließt sich am Ende der Altstadt ein Uferweg an, der bis ins zehn Kilometer entfernte Geesthacht führt.

Als grünes Ziel für eine kleine Wanderung in Lauenburg bietet sich das Erholungsgebiet Hasenberg und Buchhorster Berge am nordöstlichen Stadtrand an. Vom Zentrum führt die Bergstraße direkt hinein. Hier findet sich auch die Alte Mühle. Sie beherbergt heute als letzte von einst acht Windmühlen ein kleines **Mühlenmuseum.** Wenn man nicht im anliegenden Hotel übernachten möchte, sollte man den Abend hier nicht allzu lang werden lassen: Der letzte Direkt-Bus 31 zurück nach Hamburg startet täglich um 19.35 Uhr. Der letzte Bus fährt um 20.25 Uhr (am Sa/So 19.35 Uhr) nur bis Bergedorf, wo man in die S-Bahn umsteigen müsste.

Lauenburger Schloss

Das Schloss erhebt sich an der Kante des Hochufers der Elbe, dort, wo schon vor über 800 Jahren die Askanierherzöge eine fast uneinnehmbare Burg anlegten. Fast uneinnehmbar, denn im Verlauf der Jahrhunderte und der bewegten Geschichte Lauenburgs wurde die Burg mehrmals erobert und zerstört. Nur der wuchtige Schlossturm, der gesondert steht, ist tatsächlich noch ein Überrest des Burgfrieds der Askanier. Der Fachwerkbau des heutigen sogenannten Schlosses ist eigentlich ein Amtshaus und sehr viel jünger, wenngleich natürlich auch ein historischer Bau. Von der Terrasse unterhalb des Schlosses hat man mit dem so genannten „Askanierblick" eine beeindruckende Sicht über die Elbe bis nach Niedersachsen hinein.

Schifffahrten auf der Elbe

Reederei Helle
Elbstraße 117
28481 Lauenburg
Tel. (0 41 53) 59 28 48
www.reederei-helle.de

Personenschifffahrt Jürgen Wilcke
Buchenweg 14
21380 Artlenburg
Tel. (0 41 93) 62 85
www.personenschifffahrt-wilcke.de

Mühlenmuseum
Bergstraße 17
21461 Lauenburg
Tel. (0 41 53) 58 90
Tgl. ab 10–18 Uhr
2 €, erm. 1 €
Das Museum ist Teil des Hotel-Restaurants **Lauenburger Mühle**
www.hotel-lauenburger-muehle.de

Schönes Stück Elberadweg

★ Radtour (34 km) Lauenburg – Artlenburg – Drage – Winsen
★ Viel Elbufer, beschauliche Dörfer, eine legendäre Rennbahn und das Winsener Wasserschloss aus dem 13. Jahrhundert

Diese Tour führt über eine – allerdings recht kurze – Teilstrecke des beliebten Elberadweges. Doch bewegt sich der Radler diesmal weniger in der Abgeschiedenheit der Natur wie bei der Tour von Dahlenburg nach Lauenburg (▸ Seite 118). Dafür warten hier einige interessante Orte am Wegesrand darauf, erkundet zu werden.

Beginn der Tour ist Lauenburg, die malerische Stadt am Hochufer der Elbe, die schon für sich einen Ausflug lohnt (▸ Seite 94). Ob man nun die historische Altstadt einer Besichtigung unterzieht oder nicht, auf jeden Fall überquert man in Lauenburg die Elbe und radelt dann am linken Flussufer elbabwärts. Schon nach wenigen Kilometern zweigt der Elbeseitenkanal von der Elbe ab. Schnurgerade führt die Wasserstraße gen Süden; auf dem ebenso geraden Uferweg werden wir ein andermal unterwegs sein (▸ Seite 100). Stattdessen überqueren wir den Kanal und halten uns weiter ans Ufer der Elbe, um nach **Artlenburg** zu gelangen. Die Holländer-Windmühle des Ortes ist weithin sichtbar.

Der nächste Ort an der Strecke ist **Tespe,** der schon durch die malerische Lage am Elbufer sehenswert ist. Eine Rast kann man im Fährhaus Tespe einlegen. Eine reguläre Fähre jedoch, die Tespe mit dem gegenüberliegenden Ort Tesperhude verbindet, existiert nicht. Aber das macht nichts, denn das andere Ufer ist ohnehin recht reizlos, zumal man dort das Kernkraftwerk Krümmel erkennen kann. Hinter dem Ort **Marschacht** kreuzt man die B 404, die hier über die Elbe führt. Vom kurzen Aussichtsweg entlang der B 404 hat man einen guten Blick auf die Fischtreppe und die Schleuse Geesthacht.

Start
Bhf. Lauenburg
SchnellBus 31 ca. alle 60 Min. ab Hamburg
oder
RE 83 ca. alle 60 Min. ab Büchen (Anschluss von Hamburg mit **RE 1**)

Rückfahrt
Bhf. Winsen
RE 3/RB 31 alle 30–60 Min.

Karte ▸ Seite 99

Fährhaus Tespe
Fischspezialitäten im schönen Gasthaus direkt am Elbufer.
Elbuferstraße 200
21395 Tespe
Tel. (0 41 76) 9 13 50
www.faehrhaus-tespe.de
Tgl. 12–14 Uhr und 17–21.30 Uhr, Di Ruhetag

Tourist-Information Winsener Elbmarsch
Schlossplatz 11
21234 Winsen/Luhe
Tel. (0 41 71) 66 80 75
www.winsen.de
Mo, Di, Do, Fr 10–13 und 14–18, Mi/Sa 10-15 Uhr
Mai–Okt. auch So/Fei 10–13 und 14–18 Uhr

Stove heißt der nächste Ort, durch den der Elberadweg nun führt. Einmal im Jahr riecht es in dem kleinen Dorf so richtig nach Pferd – und das seit fast 140 Jahren. Von Anfang an war das Stover Rennen eine echte Pferdeleistungsschau – und ist es noch heute. Die Pferde kommen aus ganz Norddeutschland. Traber aus Hamburg, deutsche Reitpferde, vor allem aus der Hannoveraner Zucht, aber auch Ponys gehen auf der Stover Rennbahn an den Start (www.stover-rennen.de).

Weiter geht es durch **Drennhausen,** wo die Kirche aus dem 15. Jahrhundert sich mit schönen Fensterbildern schmückt, und durch Drage mit seinen idyllischen Fachwerk- und Fischerhäuschen nach Stöckte. Der kleine Hafen, die Fachwerkhäuser und Storchennester verleihen dem Ort seinen Charme. Bei dem Flüsschen, das in **Stöckte** in die Elbe mündet, handelt es sich nicht, wie viele meinen, um die Luhe, die dem nahe gelegenen Winsen seinen Namenszusatz gegeben hat – Winsen an der Luhe –, sondern um die Ilmenau. Die Luhe selbst mündet in die Ilmenau, knapp bevor diese in die Elbe fließt.

Nun muss sich der Ausflügler entscheiden, ob er weiter an der Elbe entlang bis zum Fähr-

Pause machen: am Elberadweg zwischen Artlenburg und Stove

anleger Hoopte radelt, um von dort aus mit der Fähre zum Zollenspieker Fährhaus überzusetzen. In diesem Falle bietet sich – so noch Zeit und Enthusiasmus vorhanden sind – eine anschließende Erkundung des Gebietes der Vierlande an (▸ Seite 68). Andernfalls geht's am Ufer von Ilmenau und Luhe mitten hinein in die Altstadt von **Winsen.**

Dominiert wird die Altstadt von der **St. Marienkirche,** einem zweischiffigen Backsteinbau von 1406. Das zweite bedeutende Bauwerk des historischen Winsen ist das **Wasserschloss.** Die mächtige Dreiflügelanlage mit Wassergraben und Schlosspark geht auf das 13. Jahrhundert zurück. Seine heutige Gestalt erhielt sie Ende des 16. Jahrhunderts, als das Schloss Witwensitz der Herzogin Dorothea, einer dänischen Prinzessin, wurde.

Beachtung verdient aber unbedingt auch der dem Schloss benachbarte **Marstall.** Der ehemalige Pferdestall von 1599 ist bis heute fast unverändert erhalten. Der Fachwerkbau dient nun dem **Heimatmuseum** als Quartier. In diesem Museum wird neben der Geschichte der Stadt besonders an einen ihrer großen Söhne erinnert (eigentlich der einzige große Sohn): Johann Peter Eckermann wurde 1792 am Ufer der Luhe geboren. Als Gefährte Goethes wurde er bekannt und ging dank seiner „Gespräche mit Goethe" selbst in die Literatur ein. Zu seinem 100. Todestag wurde ihm 1954 neben der Marienkirche ein kleines Denkmal errichtet.

Lüneburger Heide-Express
Museumsbahn: Gemütliche Bahnfahrt in Oldtimerzügen. Sonderfahrten auf verschiedenen Strecken.
Touristik Eisenbahn Lüneburger Heide GmbH
Lüner Damm 26
21337 Lüneburg
Tel. (0 41 31) 85 18 01
www.heide-express.de

Museum im Marstall
Schlossplatz 11
21423 Winsen/Luhe
Tel. (0 41 71) 34 19
www.hum-winsen.de
Di–So 10–18 Uhr
Erw. 2 €, Kinder 1 €

Wirtshaus im Marstall
Tel. (0 41 71) 52 71 16
www.marstall-winsen.de
Mi–Sa 12–22, So 12–18 Uhr

Auf der Spur des Salzes

★ Radtour (23 km) Lauenburg – Schiffshebewerk – Lüneburg
★ Auf dem Weg vom beschaulichen Lauenburg ins historische Lüneburg gibt es riesige Fahrstühle für Schiffe zu sehen

Start
Bhf. Lauenburg
SchnellBus 31 ca. alle 60 Min. ab Hamburg
oder
RE 83 ca. alle 60 Min. ab Büchen (Anschluss von Hamburg mit **RE 1**)

Rückfahrt
Bhf. Lüneburg
RE 83 ca. alle 60 Min.

„Die Alte Salzstraße" nennt sich der Radfernweg von Lüneburg nach Lübeck. Tatsächlich gab es in alter Zeit eine wichtige Handelsstraße zwischen den beiden Wirtschaftszentren, auf der das weiße Gold von der Lüneburger Saline zum Ostseehafen Lübeck transportiert wurde. Allerdings ist vom alten Straßenverlauf heute nichts mehr zu sehen.

Stattdessen führt der heutige Hauptweg meist auf gut ausgebauten Radwegen neben dem Elbe-Lübeck-Kanal und dem Elbe-Seitenkanal entlang. Zudem folgt die hier beschriebene Strecke eigentlich nicht der Spur des Salzes, sondern geht ihr entgegen – und auch das nur auf der letzten Strecke von der Elbe bis Lüneburg. Diese Tour eignet sich daher gut als Anschluss an die Tour Elbe-Lübeck-Kanal (▸ Seite 92).

Wir starten also in Lauenburg (▸ Seite 94), das schon für sich einen Besuch lohnt. Nach Überquerung der Elbe führt der Weg am Elbufer entlang durch Hohnstorf, um schon bald an den **Elbe-Seitenkanal** zu stoßen. Dieser 1976 eröffnete nord-südliche Schifffahrtskanal verläuft zwischen der Elbe und dem Mittellandkanal bei Edesbüttel westlich von Wolfsburg. Der Kanal ist für die sogenannten Europaschiffe mit einer Tragfähigkeit von 1 350 Tonnen ausgelegt und überwindet auf seiner Gesamtstrecke von 115 Kilometern einen Höhenunterschied von 61 Metern. Der größte Höhenunterschied von 38 Metern wird beim **Schiffshebewerk Scharnebeck** bewältigt. Dahin gelangt man zwangsläufig bei der Fahrt entlang des Kanals. Schon von Weitem erkennt man die beiden sich über die flache Landschaft erhebenden Fahrstühle, mit denen die Schiffe hinauf- und hinabgefahren werden.

Restaurant Hohnstorfer Fährhaus
Elbdeich 35
21522 Hohnstorf
Tel. (0 41 39) 69 69-333
www.hohnstorfer-faehrhaus-hohnstorf-elbe.de
Mi–Sa ab 12, So ab 11 Uhr

Wie dieses technische Wunderwerk genau funktioniert, erfährt der interessierte Laie in der benachbarten Ausstellungshalle des Hebewerkes. So wird grundsätzlich erklärt, was ein Schiffshebewerk eigentlich ist, nämlich „eine Vorrichtung in Binnenwasserstraßen und Kanälen zum Heben und Senken von Schiffen bei mehr als acht Metern Höhenunterschied von einer Kanalsohle zur anderen; das Schiff wird in einen großen Trog gefahren, der senkrecht hochgehoben wird. Das Gewicht des Trogs einschließlich Wasser und Schiff ist bei gleichem Wasserstand immer gleich und wird durch Gegengewichte oder durch getauchte Auftriebskörper ausgeglichen. Deshalb werden zum Heben oder Senken nur kleine Kräfte und Leistungen benötigt." Wie das in der Praxis funktioniert, kann man hautnah erleben und sich dabei der Gefahr aussetzen, eine kalte Dusche abzubekommen.

Von **Scharnebeck** selbst bekommt der Besucher des berühmten Schiffshebewerkes übrigens nichts mit. Der beschauliche Ort, dessen Name erst durch das Schiffshebewerk bekannt geworden ist, liegt etwas östlich des Kanals. Unsere „Alte Salzstraße" verläuft aber am Westufer. Wer einen kurzen Abstecher nach Scharnebeck unternimmt, kann dort die von schönen Fachwerkhäusern umgebene Backsteinkirche, 1723 im Barockstil errichtet, besichtigen. In der Nachbarschaft stößt man auf die Reste eines alten Zisterzienserklosters aus dem 13. Jahrhundert.

So stolz die Scharnebecker auf ihre Architekturdenkmäler auch sein mögen, so stellen sie doch keinen Vergleich zu den Lüneburger Bauten dar. Und genau mitten hinein in dieses großartige Architektur-Ensemble führt jetzt der letzte Teilabschnitt des Radfernweges „Alte Salzstraße".

Schiffshebewerk Scharnebeck
Spektakuläres technisches Wunderwerk: ein Fahrstuhl für Schiffe im Elbe-Seitenkanal.
Tel. (0 41 36) 91 26 29 31
www.scharnebeck.de
1. Apr.–31. Okt.
Tgl. 10–18 Uhr
3 € / 1,50 €
Info-Bootsfahrten durchs Schiffshebewerk:
Reederei Helle
Tel. (0 41 53) 59 28 48
www.reederei-helle.de
Mai–Okt.
Di–So 11, 13 und 15 Uhr
8 €, bis 12 Jahre 5,50 €

HOGENDIEKBRÜCK

Süden

Hogendiekbrücke in Steinkirchen ▸ Seite 134

Eine Zeitreise

★ (Rad-)Wanderung (8 km) zum Wildpark Schwarze Berge & dem Freilichtmuseum am Kiekeberg

★ Damwild und Ziegen füttern & traditionelles Landleben erleben

Start
Neuwiedenthal
S3 S31 alle 5–10 Min.

Rückfahrt
Museum Kiekeberg
Bus 340 alle 30–60 Min.

Karte ▸ Seite 107

Wie frühere Generationen gelebt und gearbeitet haben, das lässt sich in keinem anderen Museum so hautnah erleben wie im Freilichtmuseum am Kiekeberg. Und gleich nebenan – im Wildpark Schwarze Berge – kann man europäische Wildtiere und verschiedenste Haustierrassen bewundern.

Ein erlebnisreicher Tag ist garantiert, wenn sich Familien zu einem Ausflug in den Naturpark Schwarze Berge aufmachen. Ob man den Handwerkern im Freilichtmuseum am Kiekeberg über die Schultern schaut oder im Wildpark Hängebauchschweine streichelt oder Ziegen füttert – für alle ist etwas dabei.

Wer nicht direkt mit der Buslinie 340 ab S-Bahnhof Neuwiedenthal vor das Museum oder den Wildpark fahren möchte, der kann vom S-Bahnhof Neuwiedenthal etwa zwei Stunden lang durch den **Naturpark Neugrabener Heide** dorthin wandern. Mit dem Fahrrad geht es schneller, aber zum Teil sind die Waldwege schmal und holprig.

Vom S-Bahnhof Neuwiedenthal überqueren wir die Cuxhavener Straße und wenden uns nach links, um in den Scharpenbargsweg einzubiegen. An seinem Ende beginnt der mit einem blau-weißen Schild gekennzeichnete Wanderweg, dessen Beschilderung ansonsten sehr spärlich ist. Wir folgen dem weißen Pfeil und den drei großen weißen Buchstaben HNF, die an diverse Bäume gepinselt wurden. Als Orientierung dient auch, dass sich der Weg größtenteils an den Häusern vorbeischlängelt, die den Wald linker Hand begrenzen. Nach etwa 30 Minuten Gehzeit biegt der immer noch mit HNF gekennzeichnete Weg nach rechts ab. Gleichzeitig sehen wir an einem Baum

Das Damwild im Freigehege des Wildparks Schwarze Berge darf sogar gefüttert werden

den ersten Wegweiser zum Kiekeberg (ein gelber Pfeil mit der Aufschrift Ki). Dieser Ausschilderung folgen wir nun, bis weitere Schilder den Weg Richtung Kiekeberg bzw. Wildpark weisen.

Im **Wildpark Schwarze Berge** können die Besucher so ziemlich alle heimischen Wildtiere in natürlicher Umgebung und zum Teil sogar hautnah (oder fellnah?) erleben. Braunbären, Wölfe, Elche, Hirsche, Rehe, Wildschweine, Waschbären, Dachse, Füchse, Marder und Frettchen – sie alle und viele andere sind hier zu Hause. Ebenso eine Vielzahl unterschiedlichster Haustierrassen, wie Heidschnucken, Bentheimer Landschafe und schottische Hochlandrinder. Aus der Vogelwelt sind u. a. Eulen, Raben und Störche zu sehen. Nicht nur bei Kindern besonders beliebt sind die freilaufenden Hängebauchschweine – das parkeigene Begrüßungskomitee – und das **Streichelgehege.**

Die gesamte Anlage ist mit übersichtlichen Wegweisern und informativen Erläuterungstafeln ausgestattet. Außerdem bietet der **Elbblickturm** einen guten Überblick über das Gelände des Wildparks. Bei schönem Wetter kann man von hier aus sogar bis zur Elbe und auf die Hamburger Skyline sehen.

Wildpark Schwarze Berge
Am Wildpark 1
21224 Rosengarten-Vahrendorf
Tel. (040) 81 97 74 70
Nov.–März 9–17 Uhr
Apr.–Okt. 8–18 Uhr
www.wildpark-schwarze-berge.de
Bus 340 alle 30–60 Min. ab S Harburg oder S Neuwiedenthal
Preise:
Wildpark Schwarze Berge 9,50 €, bis 14 Jahre 7,50 €
Kombi-Eintrittskarte mit Freilichtmuseum am Kiekeberg 15,50 €, bis 14 Jahre 7,50 €

Freilichtmuseum am Kiekeberg
Lebendige Darstellung des Landlebens von 1600 bis in die 1950er Jahre.
Am Kiekeberg 1
21224 Rosengarten-Ehestorf
Tel. (040) 7 90 17 60
www.kiekeberg-museum.de
Di–So 10–18 Uhr
9 €, unter 18 Jahre frei, an einigen Aktionstagen erhöhter Eintritt
Bus 340 alle 30–60 Min. ab S Harburg oder S Neuwiedenthal

Stoof Mudders Kroog
Ländliche Gerichte nach historischen Rezepten, Sa/So Kuchen aus dem Museumsbackofen.
Auf dem Museumsgelände.
Tel. (040) 79 14 44 98
www.stoof-mudders-kroog.de
Di–Do 12–20, Fr/Sa 12–22, So 11–21 Uhr

Gleich neben dem Elbblickturm steht eine Köhlerhütte, an deren ständig brennendem Feuer die Besucher ihre Würstchen selbst grillen können. Wer keine eigenen Würstchen dabei hat, kann am nahen Kiosk welche kaufen. Ein großer, aufwendig gestalteter Spielplatz sorgt zudem dafür, dass der Wild- fast schon zu einem Vergnügungspark wird.

Nur ein Katzensprung ist es vom Wildpark zum **Freilichtmuseum am Kiekeberg.** Direkt dorthin kommt man auch mit dem Bus 340 vom S-Bahnhof Harburg oder Neuwiedenthal aus, die Haltestelle ist das Museum Kiekeberg.

Der Kiekeberg, an dessen Fuße das Museum liegt, ist 127 Meter hoch und damit für Hamburger Verhältnisse tatsächlich ein Berg. Allerdings liegt er bereits in der niedersächsischen Gemeinde Rosengarten-Ehestorf. Das Freilichtmuseum ist berühmt für seine Besucherfreundlichkeit. Die Lebendigkeit, mit der das frühere Leben der Bauern und Handwerker dargestellt wird, hebt dieses Erlebnismuseum von vielen anderen, die sich nur aufs Konservieren und Präsentieren verlegen, ab. Eine Museumsatmosphäre im klassischen Sinne will gar nicht erst aufkommen.

Das Museum, das die Bau-, Sozial- und Kulturgeschichte des Landkreises Harburg so lebendig zeigt, entstand in den 50er Jahren als Außenstelle des Harburger Helms-Museums. Ursprünglich nur als Heidehofanlage geplant, wuchs es zu einem kompletten Heidedorf mit Gebäuden aus dem 16. bis 19. Jahrhundert an. Als der Landkreis Harburg 1987 das Museum übernahm, wurde ein modernes Ausstellungsgebäude errichtet und der Freilichtteil durch Gebäude aus der Winser Marsch ergänzt.

Kein Museum im klassischen Sinne: Freichlichtmuseum am Kiekeberg

Besucher betreten das Museum durch das 1803 erbaute Wagnersche Haus aus Oldershausen. Von dort führt ein Rundweg zunächst zum Ausstellungsgebäude. „Petticoat und Frontlader“ befasst sich mit den ländlichen Lebens- und Arbeitsverhältnissen

um 1960 im Harburger Raum. Die Ausstellung „ZeitRäume" zeigt die Geschichte der Region Harburg vor dem Hintergrund des Weltgeschehens. Das Agrarium bietet eine spannende Erlebniswelt zu Landwirtschaft und Ernährung gestern und heute. Vorbei am Fischteich geht es in einen Hohlweg, der als ökologischer Lehrpfad gestaltet ist.

Zurück am Eingang schlagen wir jetzt den Weg nach rechts ein. Er führt durch das Freigelände zum **Heidedorf** mit über 20 historischen Gebäuden, an denen sich der Wandel der ländlichen Lebensweise ablesen lässt. Der ursprünglich 1688 erbaute Honigspeicher vom Riepshof aus Otter wurde 1953 als erster Museumsbau errichtet. Die im Laufe der Jahre hinzugekommenen Bauten stellen in ihrer heutigen Anordnung Gehöfte und Dörfer dar, wie sie früher für diese Gegend charakteristisch waren. Um das einst 1797 in Kakensdorf erbaute Meybohmsche Haus, ein typisches Beispiel eines niederdeutschen Fachhallenhauses, eines sprichwörtlichen „Niedersachsenhauses", gruppieren sich Speicher, Scheunen, Schafstall, Backhaus, Ziehbrunnen, der „Immenzaun" mit aus Stroh geflochtenen Bienenkörben und der Wagenschauer – eine Frühform des Carport. Auf den Freiflächen wird Landwirtschaft mit historischen Geräten betrieben, angebaut werden alte Getreidesorten und Nutzpflanzen. An den Wochenenden gibt es auch Handwerksvorführungen.

Durch Wald & Heide

★ (Rad-)Wanderung (30 km) durch die Fischbeker Heide, die Schwarzen Berge & den Stuvenwald nach Buchholz
★ Heidschnuckenherden in der Heide und autofreie Waldidylle

Start
Neugraben
S3 S31 alle 5–10 Min.

Rückfahrt
Bhf. Buchholz
RE 4/RB 41 alle 30–60 Min.

Karte ▸ Seite 107

Bei Neugraben fängt die Wildnis an. Und sie hört bei dieser Tour erst wieder in Buchholz auf. Von der Fischbeker Heide über die Schwarzen Berge durch Rosengarten und den Stuvenwald verläuft die Strecke durch urwüchsige Landschaft.

Die Fischbeker Heide, südlich an Neugraben grenzend, ist tatsächlich ein Heidegebiet auf Hamburger Territorium. Schäfer weiden hier ihre Schnucken, an denen sich Spaziergänger, Wanderer und Radfahrer erfreuen. Vor der Erkundung des mit 770 Hektar drittgrößten Hamburger Naturschutzgebietes lohnt ein Besuch des Naturschutz-Informationshauses „Schafstall" Fischbeker Heide. Die Neugrabener Bahnhofstraße, die wir entlangradeln, wird zum Fischbeker Heideweg. Dort wo sie in einen Sandweg übergeht, befindet sich linker Hand der „Schafstall". Tafeln geben Auskunft über Landschaft, Kultur, Pflanzen- und Tierwelt in der Fischbeker Heide. Die wichtigsten Kleintiere und Vögel sind als Präparate ausgestellt.

Im Süden geht die Fischbeker Heide in die Schwarzen Berge über. Im Mittelalter war der Wald abgeholzt worden und Heide hatte sich ausgebreitet. Im 18. Jahrhundert wurde dann wieder zielstrebig aufgeforstet. Die Fischbeker und die Neugrabener Heide zeigen noch Reste der einstigen Vegetation.

Schon vom Informationshaus führen Hinweisschilder zum **archäologischen Wanderpfad,** der vom Hamburger Landesmuseum für Archäologie und die Geschichte Harburgs (▸ Seite 210) angelegt wurde. Der Pfad führt zu zahlreichen Grabhügeln, an einem Urnenfriedhof und an Mergelkuhlen vorbei.

Naturschutz-Informationshaus „Schafstall"
Fischbeker Heideweg 43a
Tel. (040) 7 02 66 18
www.loki-schmidt-stiftung.de/infohaeuser/fischbeker_heide
Di–Fr 9–13,
So/Fei 11–17 Uhr
Eintritt frei

Kajüte
Nur 1 km führt der Wanderweg an Alvesen vorbei. Einen Abstecher lohnt dieses Lokal mit seefahrtshistorischer Ausstattung. Fisch und Wildspezialitäten.
Am Rosengarten 4
Tel. (040) 7 96 32 71
www.kajuete-alvesen.de
Tgl. außer Mi 18–24,
So/Fei ab 12 Uhr

Infohäuschen „Schafstall" in der Fischbeker Heide

Nach zehn Kilometern gelangt man westlich von **Sieversen** an die Rosengartenstraße. Man überquert diese und fährt nach rechts ein kurzes Stück auf einem Radweg entlang der Straße und passiert dabei das Restaurant Waldschänke und die zurückliegende Revierförsterei Rosengarten in der Straße Boitzhoop. Kurz hinter dieser Privatstraße, die zur Försterei führt, biegt man nach links in den Wald ein. Hier startet die 13 Kilometer lange ausgeschilderte Trasse durch den **Stuvenwald.** Sie ist ein Traum für jeden Radler – schnurgerade, aber in ständigem Auf und Ab geht es Richtung Buchholz. Da es nur zwei Möglichkeiten gibt, den Stuvenwald mit dem Auto zu durchqueren – die Rosengartenstraße und die Autobahn –, bleibt diese Waldlandschaft den Wanderern und Radfahrern vorbehalten. Helle Laubwälder und dunkle Tannen wechseln sich ab.

Zur Orientierung: Die Autobahn A 1 überquert man nach ungefähr der Hälfte der Strecke. Wie schnell man den Wald mit dem Rad durchfahren hat, wird einem erst so recht bewusst, wenn am Ende des Weges Schilder nach links nach Buchholz lotsen. Von Buchholz geht es mit der Regionalbahn zurück.

Restaurant-Café Waldschänke
Nähe Revierförsterei Rosengarten.
Rosengartenstr. 2
21224 Rosengarten
Tel. (0 41 08) 73 16
www.waldschaenke-rosengarten.de
Mi–Fr 12–18,
Sa/So 11.30–20 Uhr

Alaris Schmetterlingspark
Einheimische und exotische Schmetterlinge.
Zum Mühlenteich 2
21244 Buchholz-Seppensen
Tel. (0 41 81) 3 64 81
www.alaris-schmetterlingspark.de
Apr.–Okt. tgl. 9.30–17.30 Uhr (im Okt. 10–17 Uhr)
7 €, Jugendliche 5 €,
Kinder 4 €

Weißes Gold

★ Stadtbesichtigung

★ Historische Altstadt, alles rund ums „Weiße Gold“ und Urlaubsstimmung im Kurpark

Start
Bhf. Lüneburg
RE 3/RB 31 alle 30–60 Min.

Gratis Audiotouren unter hvv.de/audiotouren herunterladen

▸ Hörabschnitt Nr. 1–6 siehe HVV-Netzplan Klappe hinten im Umschlag und
▸ Hörabschnitt Nr. 6–19 siehe Karte Seite 111

Auch Lüneburg ist mit der HVV-Fahrkarte von Hamburg aus bequem zu erreichen. Ein guter Anlass, der traditionsreichen Stadt am Rande der nach ihr benannten Heide einen Besuch abzustatten.

Ob man gleich nach der Ankunft in die schöne Altstadt eintaucht, will gut überlegt sein. Denn womöglich ist es günstiger, den am Bahnhof beginnenden Lüner Weg einzuschlagen, um in nur etwa 15 Minuten das nördlich der Altstadt gelegene Kloster Lüne (▸ Seite 113) zu erreichen und an der Klosterführung teilzunehmen.

Zeugnisse der christlichen Vergangenheit empfangen den Besucher auch, wenn er auf einer der beiden vom Bahnhof in die Altstadt führenden Straßen die Ilmenau überquert. Rechts vom Bahnhof führt die Lünertorstraße zur **St. Nikolai-Kirche,** links die Altenbrückertorstraße zur **St. Johanniskirche,** eine fünfschiffige Hallenkirche, die eine der bedeutendsten Bauten der norddeutschen Backsteingotik ist. Die Kirche bestimmt mit ihrem 108 Meter hohen Turm das Stadtbild und flankiert den Platz Am Sande mit seinen hübschen Giebelhäusern.

Und noch ein weiterer Turm erhebt sich über die Altstadt: Der **Wasserturm,** der 1907 auf den Resten der mittelalterlichen Wallanlagen im damals so populären Heimatschutzstil erbaut wurde. Aus 55 Metern Höhe kann der Besucher heute einen phantastischen Blick über die Stadt genießen.

Nun kann man in das Gewirr der Altstadtgassen eintauchen und das malerische Flair des historischen Lüneburgs auf sich wirken lassen. Die **Schröderstraße** imponiert als begehrte Flaniermeile mit einer Vielzahl an kleinen Geschäften, Restaurants und Bars. In manchen Hinterhöfen verbergen sich zudem hübsche Hausfassaden. Besonders schön gestaltet sich auch eine Rast in einem der Restaurants und Cafés unter freiem Himmel am **Stintmarkt** am Ufer der Ilmenau. Der Blick fällt hinüber zu den alten Fachwerkhäusern und dem **Alten Kran,** mit dem einst das Salz auf die Kähne verladen wurde, um auf dem Wasserweg nach Lübeck und in den Ostseeraum zu gelangen.

Dem Salz verdankte Lüneburg seinen Reichtum, von dem noch heute die Pracht der alten Bauten zeugt. Das **Rathaus** ist sicher das prächtigste unter ihnen. Seine barocke, figurengeschmückte Schaufassade bestimmt den **Marktplatz** – und lässt vergessen, dass andere Teile dieses Baues, mit dem schon um das Jahr 1230 begonnen wurde, sehr viel älter sind. Die Innenräume, so die berühmte Gerichtslaube, die Ratsstube und

Wasserturm Lüneburg
Schöner Rundblick über die Stadt.
Bei der Ratsmühle 19
Tel. (0 41 31) 7 89 59 19
www.wasserturm.net
Tgl. 10–18 Uhr
Preise:
4 €, erm. 3 €, Kinder unter 6 Jahren frei, Familienticket 8 €, Kombikarte Deutsches Salzmuseum 7 €, Familienticket 21 €

Deutsches Salzmuseum
Auf gar nicht museale Weise erfährt man alles rund ums „Weiße Gold".
Sülfmeisterstraße 1
Tel. (0 41 31) 7 20 65 13
www.salzmuseum.de
Mai–Sep. Mo–Fr 9–17, Sa/So/Fei 10–17 Uhr
Okt.–Apr. tgl. 10–17 Uhr
6 €, erm. 5 €, Kinder 4 €

Salztherme „SaLü"
Uelzener Straße 1–5
Tel. (0 41 31) 72 30
www.salue.info
Mo–Sa 10–23, So/Fei 8–21 Uhr
2 Std. ab 7,90 €, Kinder (4–16 J.) ab 4,90 €

der Fürstensaal, sind im Rahmen einer Führung zu bewundern.

Auf der angrenzenden Waagestraße befindet sich das **Schwangere Haus,** das durch den stark Feuchtigkeit aufsaugenden Gips ein sichtbares Bäuchlein bekommen hat. Ebenfalls sehenswert ist die nah gelegene **St. Michaeliskirche** am Fuße des **Kalkbergs,** deren Säulen im Kircheninneren von den Senkungen ganz schief geworden sind.

Das Salz, nicht zu Unrecht auch „Weißes Gold" genannt, wurde in der Saline gewonnen. Über 1000 Jahre war diese Industrieanlage in Betrieb! Da der Salzstock unter Lüneburg Grundwasserhöhe erreichte, bildete sich salziges Grundwasser, die sogenannte Sole. Sie wurde nach oben gepumpt und in riesigen Siedepfannen erhitzt, so dass das Wasser verdampfte und nur das Salz zurückblieb. Um die Siedepfannen am Kochen zu halten, waren enorme Mengen Brennstoff nötig, daher fielen die riesigen Wälder in der näheren und weiteren Umgebung im Laufe der Jahrhunderte komplett der Saline zum Opfer. Auf den gerodeten und nicht wieder aufgeforsteten Flächen siedelte sich Heidekraut an: Die Lüneburger Heide ist also alles andere als eine natürlich entstandene Landschaft. Über alle diese Zusammenhänge informiert die Ausstellung des **Deutschen Salzmuseums** in der alten Saline, einem hervorragend erhaltenen Technikdenkmal von internationaler Bedeutung.

Vom Deutschen Salzmuseum ist es über die Sülztorstraße nicht weit bis zum Zentrum der heutigen Nutzung der Sole, dem Sole-Erlebnisbad und dem Kurzentrum in der Uelzener Straße. Das **Soleerlebnisbad „SaLü"** bietet eine gute Mischung aus Sport, Spiel und Spannung. Im benachbarten Kurmittelzentrum macht man sich den therapeutischen Wert der Sole zu Nutze. Zu den therapeutischen Anwendungen kann man auch das riesige Gradierwerk zählen. Die über den hoch aufgeschichteten Reisigwall herabrieselnde Sole reichert die umgebende Luft mit Salzwasserpartikeln an. Eingeatmet sollen sie allerlei Positives bewirken.

Bei schönem Wetter wird man gern noch im **Kurpark,** einer auch gartenarchitektonisch anspruchsvollen Anlage, verweilen. Die Urlaubsstimmung bei unserem heutigen Ausflug wird kom-

Hier lässt es sich gut pausieren: am Stintmarkt an der Ilmenau

plett, wenn wir hier einem Kurkonzert lauschen. Wer noch nicht müde ist und nun die berühmte Lüneburger Heide erkunden möchte, dem sei eine Fahrradtour durch die wunderschöne Landschaft nach Amelinghausen empfohlen (▸ Seite 114).

Kloster Lüne

Das Kloster Lüne zählt heute zu den schönsten und ältesten Architekturdenkmälern der Stadt. 1172 ursprünglich als Nonnenkloster gegründet, wurde es 100 Jahre später in ein Benediktiner-Konvent umgewandelt. Von den damaligen Bauten ist nichts übrig geblieben, denn sie waren aus Holz errichtet und brannten mehrfach ab. Um 1400 begann man, die Bauten aus Backstein zu errichten. Die Anlage wurde immer mehr erweitert. Vieles davon kann man heute noch bewundern. Auch die Innenausstattung ist hervorragend erhalten und birgt viele Kostbarkeiten. Einer der Gründe für den augenscheinlichen Wohlstand ist die Tatsache, dass das Kloster seit der Reformationszeit ein evangelisches Damenstift beherbergt. Damals fanden hier reiche Adelstöchter Eingang, die im Kloster sehr behaglich lebten.

Ebenfalls im Kloster befindet sich das Textilmuseum, das man im Rahmen einer Führung besuchen sollte. Die verborgenen Feinheiten und Bedeutungen der textilen Kostbarkeiten, die meist Szenen aus dem Leben Christi und Heiligenlegenden darstellen, erschließen sich dem kirchengeschichtlichen Laien kaum von selbst.

Kloster Lüne
Am Domänenhof
21337 Lüneburg
Tel. (0 41 31) 5 23 18
www.kloster-luene.de
Apr.–Okt. Di–So
Eintritt Kloster und Textilmuseum: 8 €, erm. 5 €, bis 16 J. freier Eintritt
Kloster nur mit Führung (Dauer ca. 75 Min.)
Di–So 10.30, (So/Fei um 11.30), 14.30, 15.30 Uhr

Ins Zentrum des Heidetourismus

★ Radtour (55 km) von Lüneburg nach Amelinghausen & zurück
★ Heidelandschaft, alte Wassermühlen und ein malerischer See

Start
Bhf. Lüneburg
RE 3/RB 31 alle 30–60 Min.

In Amelinghausen treffen sich die Heidetouristen. Neben der schönen Umgebung sorgen historische Baudenkmäler dafür, dass sich der Ausflügler dort wohlfühlt.

Weil Amelinghausen nicht mit der Bahn zu erreichen ist – es sei denn, man zählt die Museumseisenbahn Heide-Express dazu (▸ Seite 99) –, starten wir in Lüneburg. Aber nicht ohne eine entsprechende Rad-Wanderkarte, denn sowohl am Bahnhof als auch in der Innenstadt ist die Radwegekennzeichnung sehr dürftig. Zumindest in Richtung **Heiligenthal.**

Wer mag, kann in dem idyllischen Dörfchen schon eine erste Rast einlegen, denn in der alten Wassermühle gibt es ein populäres Ausflugslokal (▸ Seite 117). Andernfalls geht es weiter über Südergellersen und Wetzen nach **Oldendorf.** Auch hier hat sich eine alte Wassermühle erhalten. Sie wird vom Wasser der Luhe angetrieben. Bevor man kurz darauf Amelinghausen erreicht, kommt man an der Oldendorfer Totenstatt vorbei. Hier wurden zum Ende der Steinzeit eiszeitliche Blöcke zu Grabkammern formiert. Der Findlingsbau sollte den Stammesfürsten eine würdige Wohnstatt im Jenseits sein.

Die Heide wird in **Amelinghausen,** das bald erreicht ist, umfassend vermarktet. Höhepunkt ist das alljährliche Heideblütenfest mit Feuerwerk auf dem Lopausee und der Wahl der Heidekönigin. Der Heidedichter Hermann Löns würde sich wundern, aber die Majestäten tragen den Titel mit Würde. Wer mehr für Ruhe und Naturerleben schwärmt, der umfahre Amelinghausen zu dieser Zeit weiträumig.

Einen Abstecher ins fünf Kilometer westlich gelegene **Soderstorf** sollte man nicht versäumen. Hier sind die Wassermühle mit ihrem sechs Meter

Tourist-Information mit Zinnfiguren-Museum
Marktstraße 1
21385 Amelinghausen
Tel. (0 41 32) 92 09 43
www.amelinghausen.de
Okt.–März Mo–Fr 9–12, Juli–Sep. zusätzlich Sa/So 10–14 Uhr

Wassermühle Oldendorf
Mühlenweg 1
21385 Oldendorf (Luhe)
Tel. (0 41 32) 3 42
www.oldendorfer-muehle.de

Wassermühle Soderstorf
Mühlenstraße 4
21388 Sodersdorf
Tel. (041 32) 93 92 05
www.muehlenhof-soderstorf.de

großen Mühlrad und das Backhaus noch vollständig erhalten und funktionstüchtig. Auf dem Weg kommt man an einer weiteren prähistorischen Grabstätte vorbei, dem Sodersdorfer Urnenfriedhof.

Nachdem das touristische Programm in Amelinghausen bewältigt worden ist, geht es auf die Heimreise. Unser Weg führt uns jedoch vorher noch am **Lopausee** vorbei. Der See ist beliebt bei den Amelinghausen-Besuchern, die hier gerne angeln, Tretboot fahren oder schwimmen. Auf einem schönen, drei Kilometer langen Weg lässt sich der Lopausee umwandern oder umradeln. Um die Attraktivität des Sees noch zu steigern, wurde der Lopaupark, eine landschaftlich reizvolle Verbindung zwischen dem Ort Amelinghausen und dem See, geschaffen. Wir radeln weiter in Richtung Osten – über Betzendorf, Barnstedt und Melbeck. Am Ufer der Ilmenau entlang geht es auf malerischer Strecke zurück nach Lüneburg. Dort begegnen wir den Lüneburger Heidetouristen, die sich nicht für Amelinghausen entschieden haben.

Restaurant
Zum Alchimisten
Regionale Spezialitäten, Sommerterrasse.
Auf der Kalten Hude 4
21385 Amelinghausen
Tel. (0 41 32) 93 91 06
www.zum-alchimisten.de
Mo/Di 18–22, Fr/Sa/So 12–22 Uhr, erweiterte Öffnungszeiten in den Sommermonaten

Seestübchen
Café und Restaurant mit Seeblick, Biergarten.
In der Lopau 4
21385 Amelinghausen
Tel. (0 41 32) 3 36
www.seestuebchen.de
Apr.–Okt. tgl. ab 12 Uhr, Di Ruhetag, Nov.–März nach Anmeldung

Zum Dom der Bauern

★ Radtour (20 km) Lüneburg – Kirchgellersen – Bardowick
★ Ein malerisches Dorf mit einem berühmten Dom

Start
Bhf. Lüneburg
RE 3/RB 31 alle 30–60 Min.

Rückfahrt
Bhf. Bardowick
RB 31 alle 30–60 Min., So alle 120 Min.

Heute ist Bardowick ein besseres Dorf mit etwas über 6000 Einwohnern. Einst jedoch, im frühen Mittelalter, war Bardowick eine bedeutende Handelsstadt. Von der alten Pracht und Macht legt der berühmte Dom bis heute Zeugnis ab. Und so ist der wuchtige Backsteinbau auch das Ziel dieser Tour.

Lüneburg-Urlauber und Tagesbesucher der Stadt können die Tour gut auch als Halbtagesausflug beziehungsweise als Ergänzung des Lüneburg-Besuches organisieren. Denn die Strecke ist nur 20 Kilometer lang, wenn man den Bahnhof Bardowick, eine Station auf der Linie Hamburg-Lüneburg, als Ziel wählt.

Für die landschaftlich schöne Radtour verlässt man Lüneburg zunächst in Richtung Westen, indem man von der Bögelstraße – an dieser erstreckt sich das weitläufige Klinikgelände, daher dank Ausschilderung leicht zu finden – in den Weg Auf der Höhe einbiegt. Auf schönen Nebenwegen verlässt man das Stadtgebiet und gelangt am Gut Schnellenberg vorbei über Böhmsholz nach **Kirchgellersen.** Hier biegt man nach Norden, also nach rechts ab in die Dachtmisser Straße, um eben dorthin zu gelangen. Von Dachtmissen geht es weiter nach **Vögelsen,** wo von der Dorfstraße aus die Bardowicker Straße, später der Vögelser Weg, direkt nach **Bardowick** führt.

Erstmals im Jahre 785 erwähnt, ist Bardowick einer der ältesten Orte in Norddeutschland. Als Grenzort zwischen Sachsen und Slawen und als Hauptumschlagplatz des Fernhandels stieg er im 12. Jahrhundert zur Stadt auf. Im Jahre 1189 wurde er von Heinrich dem Löwen zerstört. Die Bardowicker ließen sich jedoch nicht unterkriegen und verlegten sich vom Fernhandel auf den Anbau von Gemüse. Sie wurden wichtigster Lie-

Windmühle in Bardowick

ferant der Hansestadt Hamburg, berühmt für Spargel, Möhren, Grünkohl und Saatgut.

Bestimmt wird der Ortskern vom Wahrzeichen Bardowicks, dem romanischen, im 15. Jahrhundert neu gebauten gotischen **Dom St. Peter und Paul.** Für den beschaulichen ländlichen Ort, der heute – und die letzten Generationen – von Gemüsebau und Samenzucht bestimmt wird, wirkt der Bau etwas deplaziert, weil völlig überdimensioniert. Mit seinen zwei hohen Türmen und dem heute größten, reichsten und besterhaltenen Chorgestühl Norddeutschlands zeugt der Dom jedoch vom Repräsentationsbedürfnis der einstigen wohlhabenden Kaufherren Bardowicks. Dabei ist der Dom nicht der einzige Sakralbau, der die Architekturhistoriker entzückt. Auch der in seiner ursprünglichen Art erhaltene **St. Nikolaihof** lohnt einen Besuch, zumal die dazugehörende St. Nikolaikirche mit der ältesten Orgel Norddeutschlands aufwarten kann.

Ebenfalls Beachtung verdient das Gildehaus. Ursprünglich diente dieses typisch niedersächsische Zweiständerhaus als Rathaus der Gemeinde, heute ist darin das Heimatmuseum und eine Dokumentationsstätte zur Geschichte Bardowicks untergebracht.

Stolz ist man in Bardowick auch auf die **Holländer-Windmühle** aus dem Jahre 1813, die noch gewerblich betrieben wird. Am Pfingstmontag findet rund um die Mühle der alljährliche Deutsche Mühlentag statt und lockt zahlreiche Gäste, die sich die Mühlentechnik vorführen und erklären lassen.

Wie malerisch Bardowick wirklich ist, erfährt der Besucher am Ufer der Ilmenau, an der der Ort liegt. Die alten Treidelpfade und der mittelalterliche St. Nikolaihof mit dem angrenzenden Eichenpark bei der Hafen- und Schleusenanlage sind eine wahre Idylle.

Heimatmuseum Gildehaus
St. Johannisstraße 3
21357 Bardowick
Tel. (0 41 31) 12 92 42
Tgl. 13–17 Uhr

Galerie-Holländer-Windmühle Bardowick
Tel. (0 41 31) 1 22 06
www.meyers-windmuehle.de
Mo–Sa
Eintritt frei, Führungen nach Vereinbarung

Meyer's Café
Direkt neben der Mühle mit Außenbereich, große Auswahl an selbstgebackenen Torten und Kuchen.
Tel. (041 31) 224 35 77
Di–So 14–18 Uhr

Restaurant und Hotel Wassermühle Heiligenthal
Hausgemachte Klassiker, Heidespezialitäten, Steaks und Fisch.
Hauptstraße 10
21394 Südergellersen-Heiligenthal
Tel. (0 41 35) 8 22 50
www.wassermuehle-heiligenthal.de
Mo–Fr 6.30–12, Sa/So 6.30–11 (Frühstück), Mo–Fr 17–22, Sa/So/Fei 12–14 und 17–22 Uhr

Stadtgeschichte(n) und Natur erleben

★ Radtour (55 km) Dahlenburg – Bleckede – Lauenburg

★ Durch den Naturpark Elbufer Drahwehn und auf dem Elbradweg zum alten Hafen in Bleckede und nach Lauenburg

Start
Bhf. Dahlenburg
RB 32 alle 3 Std. ab Lüneburg

Rückfahrt
Bhf. Lauenburg
RE 83 alle 60 Min. nach Lüneburg

In den östlichsten Randbereich des Tarifgebietes des HVV führt diese Radtour. Die längste Strecke verläuft dabei auf dem Elberadweg – und zwar auf einem der schönsten Abschnitte.

Ausgangspunkt der Tour ist Dahlenburg. Oder besser: der Bahnhof Dahlenburg, der außerhalb der Stadt, gut drei Kilometer südlich davon liegt. Auf dem Weg zum historischen Ortskern sollte der Blumenliebhaber einen Blick in den Dahlenburger **Orchideengarten** werfen. Auf 4 500 Quadratmetern Fläche werden in 14 Schau- und Gewächshäusern das ganze Jahr über circa 950 Arten kultiviert.

Überragt wird die Altstadt von der Johanniskirche, die erst 1903 errichtet wurde, also vergleichsweise jung ist. Das **Heimatmuseum Dahlenburg,** untergebracht in der aus dem Jahre 1248 stammenden Feldsteinkapelle St. Laurentius, informiert über die Geschichte der traditionsreichen Stadt. Attraktion ist ein Diorama mit 1 500 Zinnfiguren, das die Schlacht an der Görde von 1813 darstellt. Damals wurde dort der erste Sieg gegen die Franzosenherrschaft errungen.

Dahlenburg verlassen wir in nördlicher Richtung auf der kleinen Straße zum Weiler Marienau, den wir durchqueren und entlang eines Flüsschens weiterradeln. Über wenig befahrene Straßen führt unser Weg durch den **Naturpark Elbufer Drawehn** über Köstorf und Barskamp nach **Alt Garge,** das nach 15 Kilometern erreicht ist. Nördlich von Alt Garge treffen wir auf den **Elberadweg,** auf dem es nun durch die reizvolle Landschaft des Elbufers bis nach Lauenburg geht. Über 1 000 Kilometer führt der Elberadweg an einem der interessantesten Flüsse

Heimatmuseum Dahlenburg
Lüneburger Landstraße
21368 Dahlenburg
Tel. (0 58 51) 8 60
www.dahlenburg-online.de/museum.htm
Mai–Okt. So 10–12 Uhr, Gruppen ab 10 Personen jederzeit nach Anmeldung

Orchideengarten
Bahnhofstraße 24
21368 Dahlenburg
Tel. (0 58 51) 2 66
www.orchideengarten.de
Mo–Fr 8–18, Sa 8–13 Uhr, So 10–13 Uhr
Gruppenführung 1 € p. P.

Europas entlang, und die überall gut ausgeschilderte Strecke hat sich mittlerweile zu einem der Favoriten der Fahrradtouristen entwickelt.

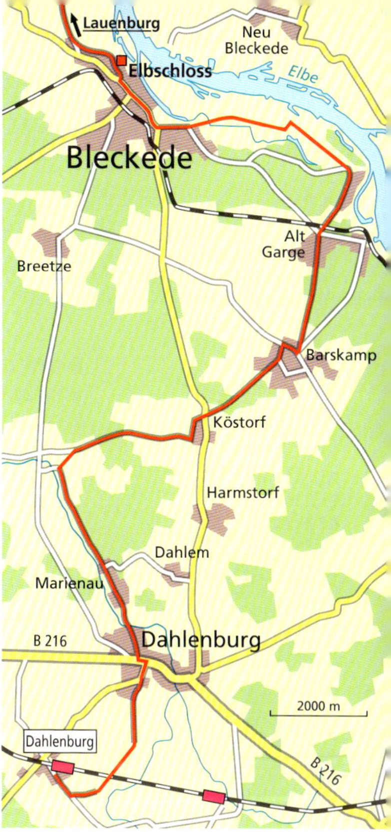

Unser Streckenabschnitt führt zunächst direkt am urwüchsigen Ufer entlang und lässt den Radler eins werden mit der Natur. Nach einiger Zeit aber taucht die alte Stadt **Bleckede** auf. Die Stadt, durch die der Elberadweg mitten hindurch führt, lohnt auf jeden Fall einen längeren Stopp. Herzog Wilhelm von Lüneburg gründete sie als Grenzbefestigung im Jahre 1209 und errichtete eine Wasserburg, die 400 Jahre später zu einem Schloss umgestaltet wurde. Von dieser ehemaligen Wasserburg lässt sich heute nur noch die drei Meter dicke Turmruine besichtigen. Von hier genießt man einen herrlichen Blick über die Elbtalaue. Der üppig verzierte Nordflügel des Schlosses stammt aus dem Jahre 1600. Deutlich jünger ist der alte Ortskern: Die Fachwerk- und Backsteinarchitektur rund um den Marktplatz stammt aus dem 17. und 18. Jahrhundert. Überragt wird die Idylle von der St. Jacobi Kirche. Das 1766 eingeweihte Gotteshaus präsentiert im Innenraum zahlreiche kostbare Ausstattungsstücke.

Touristischer Anziehungspunkt in **Bleckede** ist der malerische **alte Elbhafen;** auf der Promenade treffen sich heute die Ausflügler. Vom alten Hafen verkehrt auch ganzjährig die Fähre über die Elbe zum gegenüberliegenden Neu-Bleckede, einer allerdings völlig reizlosen Siedlung. Interessanter – besonders für Naturfreunde – ist ein Besuch des **Biosphaeriums Elbtalaue Schloss Bleckede.** Hier werden auf über 1000 Quadratmetern die einzigartige Natur der Flusslandschaft und die schönsten Ziele an der Elbe präsentiert.

Die zweite Hälfte unserer Flussufer-Radwanderung, also die Strecke von Bleckede nach Lauenburg, können wir deshalb naturkundlich besonders gut informiert zurücklegen.

Biosphaerium Elbtalaue Schloss Bleckede
Schlossstraße 10
21354 Bleckede
Tel. (0 58 52) 95 14 14
www.biosphaerium.de
Apr.–Okt. Mo–So 10–18 Uhr, Nov.–März Mi–So 10–17 Uhr
Erw. 7 €, Kinder ab 6 Jahre 3,50 €, Familienkarte 15 €

Restaurant Fährhaus
Dachterrasse mit Elbblick.
Elbstraße 15
21354 Bleckede
Tel. (0 58 52) 3 90 39 46
www.faehrhaus-bleckede.de
Mi–So/Fei 10–22 Uhr

Über Berg und Tal

★ Wanderung (15 km) Buchholz – Brunsberg – Wörme
★ Tief hinein in den Wald, hinab in die Höllenschlucht, hinauf auf den Brunsberg und quer durchs Büsenbachtal voller Heide

Start
Bhf. Buchholz
RE 4/RB 41 alle 30–60 Min.

Rückfahrt
Bhf. Büsenbachtal
RB 38 Mo–Fr alle 60 Min., Sa/So alle 120 Min. bis Buchholz und
RB 41 alle 30 Min.

Historischer Wegweiser

Diese abwechslungsreiche Wanderung führt uns auf wunderschönen Wald- und Heidewegen von Buchholz über den Brunsberg ins Büsenbachtal.

Fast großstädtisch präsentiert sich der Bahnhof der knapp 40 000-Einwohner-Stadt **Buchholz in der Nordheide.** Aber schließlich liegt er auch an der Fernbahnstrecke Hamburg-Bremen. Wir verlassen ihn über die Wohlau-Brücke Richtung Rütgerstraße und folgen ihr nach rechts. Hier verweist bereits ein Schild auf den Rundwanderweg 1 Richtung Brunsberg.

Am Ende der Rütgerstraße gelangen wir nach links in die Wiesenstraße, die auf den Heidekamp trifft. Wir halten uns rechts. Hinter einer Kurve glitzert bereits der Stadtsee, auf dem sich Enten tummeln. An der nächsten Ampel überqueren wir den Seppenser Mühlenweg und folgen nun dem Drosselweg bis zum **Bahnhof Suerhop.** Hätten wir uns 100 Jahre früher auf den Weg gemacht, wären wir durch baumlose Heidelandschaft statt durch erschlossene Wohngebiete gewandert.

Aber jetzt geht es endlich hinein in die Natur. Wir überqueren die Gleise der Heidebahn Buchholz-Soltau und betreten den Buchenwald. Ab hier ist unser Wanderweg mit einer weißen 1 auf einem grünen Buchenblatt bestens ausgeschildert. Auf Schotterwegen und schmalen Pfaden geht es immer tiefer in den Wald hinein. Bald stoßen wir auf einen unbefestigten Fahrweg, den **Weg in den Interessentenforst.** Der merkwürdige Name des Waldstücks stammt aus der Zeit der bürgerlichen Revolution von 1848. Damals wurden die Wälder, die bis dahin allein dem Adel gehört hatten, teils an bürgerliche „Interessenten" vergeben.

Unser Wanderweg mündet auf einen Querweg.

Nach rechts geht es weiter zum Brunsberg, nach links lohnt ein Abstecher in die **Höllenschlucht** mit ihren knorrigen alten Bäumen. Vor über 100 Jahren gab es hier einen „Kiosk", eine Bretterbude, an der Sonntagsausflügler ihren Durst löschen konnten.

Wir kehren um und wandern die letzten zwei Kilometer bis zum heidebewachsenen **Brunsberg.** Mit knapp 130 Metern ist er der kleine Bruder des Wilseder Bergs (▸ Seite 127), der mit 169 Metern die höchste Erhebung der Lüneburger Heide darstellt. Aber auch der Brunsberg bietet eine weite Sicht ins Umland. Die Harburger Berge erheben sich am Horizont, und bei guter Sicht ist der Wilseder Berg deutlich zu erkennen.

Wir verlassen den Gipfel über den Wanderweg 1 und gelangen wieder tiefer in den Wald. Das Jugendferienheim Sprötze lassen wir links liegen. Zum Teil geht es durch Dickicht und leicht sumpfiges Gebiet. Über einen breiten Schotterweg erreichen wir nach etwa drei Stunden das **Büsenbachtal.** Heidefläche breitet sich vor uns aus. Von August bis September schimmert sie lila, im Frühjahr und Spätherbst ist sie grün oder braun. Picknickplätze laden auf dem höchsten Punkt des Tals zur Rast ein. Unser Wanderweg 1 schlängelt sich durchs Heidekraut hindurch in Richtung Wörme. Am Ende der Fläche führt er links einen Hügel hinauf nach Buchholz zurück. Wir bleiben jedoch rechts und wandern am Büsenbach entlang, einem kleinen Flüsschen, das jahrhundertelang Lebensquell der gesamten Region war. Der Weg führt geradeaus aus dem Wald hinaus und die ersten Häuser von **Wörme** sind zu sehen.

Das **Café im Schafstall** kommt gerade recht, um sich zu stärken. Der Bahnhof Büsenbachtal ist gleich schräg gegenüber.

Café im Schafstall
Himmlischer Genuss: die Himmelstorte! Außerdem Angebot von Kutschfahrten durch die Heide.
Am Büsenbach 35
21256 Wörme
Tel. (0 41 89) 10 72
www.cafeschafstall.de
März–Okt. Di–Fr ab 12, Sa/So/Fei ab 10 Uhr, abweichende Öffnungszeiten in den übrigen Monaten, um Reservierung wird gebeten

Zum Gesamtkunstwerk

★ (Rad-)Wanderung (22 km) Buchholz – Handeloh

★ Durch die Fluss- und Wiesenlandschaft Nordheide, entlang des Märchenwanderwegs und zur Kunststätte Bossard

Start
Bhf. Buchholz
RE4/RB41 alle 30–60 Min.

Rückfahrt
Bhf. Handeloh
RB38 Mo–Fr alle 60 Min., Sa/So alle 60–120 Min. bis Buchholz und
RB41 alle 30 Min.

Fernab jeder Kulturmetropole, nämlich inmitten eines malerischen Landschaftsschutzgebietes, ist das wohl bedeutendste Gesamtkunstwerk Norddeutschlands zu besichtigen. Unter Kunstkennern zwar kein Geheimtipp mehr, so ist die Kunststätte Bossard doch eine besondere Entdeckung für den Normal-Ausflügler.

Die Tour zur Kunststätte Bossard ist zugleich ein erholsamer Ausflug, denn sie liegt direkt am **Radrundkurs Nordheide** – und zwar an dem Abschnitt zwischen Buchholz und Handeloh, der sich auch von Fußwanderern bewältigen lässt, denn er ist nur etwa 15 Kilometer lang. Ob nun zu Fuß oder mit dem Rad – man verlässt Buchholz auf dem nahe dem Bahnhof entlangführenden Radrundkurs Nordheide über die Reindorfer Straße in östlicher Richtung und ist schon nach wenigen Minuten in der freien Natur.

Die Strecke führt über Reindorf und Itzenbüttel nach **Jesteburg.** Der in einer abwechslungsreichen Fluss- und Wiesenlandschaft gelegene Ort wurde vermutlich schon im 9. Jahrhundert gegründet. In der Ortsmitte sorgen malerische Reetdachhäuser unter alten Eichen für eine anheimelnde Atmosphäre.

Wer nicht gleich zum Kunstgenuss in den Süden des Ortes wandern oder radeln möchte, der sollte dem idyllischen **Kleckerwald** an der L 213 (Harburger Straße) Richtung Bendestorf einen Besuch abstatten. Hier befindet sich der **Märchenwanderweg** „Der Trickser". 3,2 Kilometer führt er an 15 interaktiven Stationen vorbei bergauf und bergab durch den Wald, in dem es uralte, verwunschene Fischteiche gibt.

Der Radrundkurs Nordheide führt direkt an der **Kunststätte Bossard** vorbei. Sie ist in ihrer Art ein einmaliges Gesamtkunstwerk, das Architektur, Bildhauerei, Malerei, Kunsthandwerk und Gartengestaltung zu einer Einheit zusammenführt. 2012 erhielt das Werk – und das Lebenswerk – des Professors für Bildhauerei Johann Michael Bossard (1874–1950) und seiner Frau Jutta (1903–1996) den europäischen Kulturerbe-Preis „Europa-Nostra". Über viele Jahrzehnte arbeitete das Ehepaar an der Anlage.

Bedeutendster Bestandteil des Gesamtkunstwerks ist sicher der 1926 errichtete **Kunsttempel.** Für diesen im expressionistischen Backsteinstil gehaltenen Bau wurden drei große Bilderzyklen geschaffen, jeweils einer ist ständig ausgestellt. Das Wohn- und Atelierhaus zeigt sich im Heimatschutzstil. Die von 4 500 Fichten eingefasste Gartenanlage präsentiert neben idyllischen Obst-, Gemüse- und Steingärten einen Baumtempel und einen Baumkreis, der in der Form eines Omegas ausläuft. Abschließend sollte man der Monolithenallee einen Besuch abstatten – schon um sich an der dortigen Grabstätte zu verneigen, denn die Bossards haben hier ihre letzte Ruhestätte gefunden und sind somit Teil ihres selbst geschaffenen Kunstwerkes geworden.

Nach dem Besuch der Kunststätte führt der Weg ins Dörfchen Lüllau. Im bald darauf erreichten **Thelstorf** kann man kurz nach rechts abbiegen, um einen Blick auf die Seppenser Mühle zu werfen, eine alte Wassermühle, die vom Seppenser Mühlenbach angetrieben wird. An der nächsten Wassermühle, nämlich der Holmer Mühle, führt die Route direkt vorbei. Und dann ist auch schon unser Ziel **Handeloh** (▸ Seite 124) erreicht. Von hier können wir mit dem HVV-Fahrschein die Rückreise in die große Stadt antreten.

Gesamtkunstwerk der besonderen Art: Kunststätte Bossard

Märchenwanderweg „Der Trickser"
Lohof 1
21266 Jesteburg
Ganzjährig begehbar,
Eintritt frei

Kunststätte Bossard
Für jeden Kunstliebhaber ist etwas dabei: Architektur, Bildhauerei, Malerei, Gartengestaltung und Kunsthandwerk bilden ein Gesamkunstwerk.
Bossardweg 95
21266 Jesteburg
Tel. (0 41 83) 51 12
www.bossard.de
März–Okt. Di–So 10–18 Uhr
Nov.–Febr. Sa/So 10–16 Uhr
7 €, bis 18 Jahre frei
In der Sommersaison Café im Hof (Sa/So 12–18 Uhr)

Heide-Romantik pur

★ (Rad-)Wanderung (35 km) Handeloh – Undeloh – Wintermoor
★ Vom Planetenpfad zu den sagenhaften Orten in der Lüneburger Heide

Start
Bhf. Handeloh
RB 41 alle 30 Min. bis Buchholz und
RB 38 Mo–Fr alle 60 Min., Sa/So alle 60–120 Min.

Rückfahrt
Bhf. Wintermoor (nicht im HVV)
RB 38 alle 60–120 Min. bis Buchholz und
RB 41 alle 30 Min.

Naturkundliches Museum Handeloh
Hauptstraße 42
Tel. (0 41 88) 74 13
Sa 14–17 Uhr,
So 10–12 und 14–17 Uhr,
Gruppen nach Vereinbarung

Planetenlehrpfad Handeloh
www.astronomie-handeloh.de

St. Magdalenen-Kirche Undeloh
Tel. (0 41 89) 2 82
www.kirche-undeloh.de
Apr.–Sep. 10–19 Uhr,
Okt.–März 10–16 Uhr
Kirchenführung auf Anfrage

Die Heide als Postkartenidylle – so präsentiert sich das Ziel dieses Ausflugs. Undeloh, Wilsede und der Wilseder Berg sind Herman-Löns-Romantik in Reinkultur. Naturfreunde und Tourismus-Experten tun dann auch alles, damit das so bleibt.

Zu den Maßnahmen, um die ursprüngliche Schönheit der Landschaft zu erhalten, gehört besonders auch die Einschränkung des motorisierten Verkehrs. Uns als Radfahrer und Wanderer kann das nur recht sein, zumal man dank des nach Süden ausgedehnten Tarifgebietes des HVV bequem mit dem Fahrschein des Großraumtarifs nach Handeloh gelangt. Von hier führt ein Streckenabschnitt des Wümme-Radweges auf gerader Strecke durch schöne Landschaft direkt nach Undeloh, ins Herz des Naturschutzparks Lüneburger Heide.

Schon in **Handeloh** kann sich der Ausflügler in der „Alten Schmiede", einem **Naturkundlichen Museum**, mit der Tier- und Pflanzenwelt Norddeutschlands vertraut machen – allerdings nur zu eingeschränkten Öffnungszeiten. Jederzeit zugänglich ist der **Planetenlehrpfad**. Er stellt das Sonnensystem in einem Maßstab von 1:5 Milliarden dar; daraus ergibt sich eine Länge von 1,2 Kilometern. An jeder Planetenstation informiert eine Tafel über den jeweiligen Himmelskörper.

Auch in **Undeloh** bietet man dem interessierten Naturfreund Informationen. Im **Heide-Erlebniszentrum,** dem Informationshaus des Vereins Naturschutzpark, werden die Zusammenhänge zwischen Natur und Geschichte des Heidegebietes interaktiv und multimedial erlebbar gemacht. Wer sich für Architekturgeschichte interessiert, sollte die **St. Magdalenen-Kirche** in der Ortsmitte besichtigen. Diese alte Heidekirche gründet sich auf

Findlingsmauern aus romanischer Zeit. Der Bau von 1198 besaß einst ein steinernes Chorgewölbe, das aber im Dreißigjährigen Krieg zerstört wurde. 1639 wurde der heutige Chorraum in Fachwerk-Bauweise ergänzt. Der freistehende Glockenturm stammt aus dem 15. Jahrhundert. Im Innenraum befindet sich ein Triumphkreuz aus dem 13. Jahrhundert, auch die Renaissancekanzel von 1490 und zwei alte Glocken sind sehenswert. Von Juli bis September findet in der St. Magdalenen-Kirche an bestimmten Sonntagen um 17 Uhr ein Konzert der beliebten Reihe „Musik in alten Heidekirchen" statt.

Wir folgen dem Wümme-Radweg über die Wilseder Straße in südlicher Richtung aus Undeloh heraus. Der Weg führt uns durch eine reizvolle Heidelandschaft bis nach Wilsede. Radfahrer sollten jedoch darauf gefasst sein, ihren Drahtesel im Naturschutzgebiet auch einmal schieben zu müssen, da die Wege teils sandig sind. Wer will, kann auch von einem der vielen Angebote der Kutscher Gebrauch machen, die hier zahlreich das Personenbeförderungsgewerbe repräsentieren.

Hinter Undeloh beginnen sich Radfahrer und Wanderer die Wege zu teilen – Autos sind hier tabu. Das Fahrverbot gilt auch für den Ort **Wilsede,** der sein altes Ortsbild mit Reetdachhäusern, Feldsteinmauern, Treppenspeichern und den mächtigen alten Bäumen weitgehend erhalten konnte. Zum Gefühl, eine romantische Zeitreise angetreten zu haben, trägt auch ein Besuch des **Heimatmuseums Dat ole Huus** bei. Hier wird mit der typischen Einrichtung eines Heide-Bauernhofes gezeigt, wie man noch bis zum Anfang des vergangenen Jahrhunderts in den stillen, abgelegenen Heidedörfern lebte und arbeitete.

Heide-Erlebniszentrum
Wilseder Straße 23
21274 Undeloh
Tel. (0 41 89) 81 86 48
www.heide-erlebniszentrum.de
Apr.–Okt. tgl. 10.30–17.30,
Nov.–März
Do–Mo 11–17 Uhr

Hotel Heiderose
Spezialitäten: Heidschnucken- und Forellengerichte.
Wilseder Straße 13
21274 Undeloh
Tel. (0 41 89) 3 11
www.hotel-heiderose.de
Warme Küche tgl.
11.30–21 Uhr

Heidemuseum
Dat ole Huus
Wilsede 9b
29646 Bispingen-Wilsede
Tel. (0 41 75) 80 29 33
Mai–Okt. tgl. 10–16 Uhr
3 €, bis 16 Jahre frei

Tourist-Information
Zur Dorfeiche 27
21274 Undeloh
Tel. (0 41 89) 3 33
www.undeloh.de
Hier auch Infos zur Musik in den alten Heidekirchen

via Tipp

Kutschfahrten
Ganz gemütlich geht es durch die Kulturlandschaft von Undeloh nach Wilsede.
Hotel Heiderose
Wilseder Straße 13
21274 Undeloh
Tel. (0 41 89) 3 11
www.hotel-heiderose.de
Tgl. 15. Mai–15. Okt.
ab Undeloh 10 Uhr,
ab Wilsede 16.30 Uhr,
7,50 € p. P. pro Strecke
Weitere Kutschfahrten ab diversen Bauernhöfen und Hotels oder vom Parkplatz an der Wilseder Straße.

Die Heide ist eine Vegetationsform, die vorwiegend aus Zwergsträuchern besteht. Sie ist nicht durch nährstoffarme Böden entstanden, sondern infolge von Rodung, starker Beweidung durch Schafherden sowie durch Abtragung der oberen Humusschicht zum Düngen der Ackerflächen. Von der Bronzezeit bis zum 19. Jahrhundert herrschte die Heide vor, danach kam es zur Aufforstung mit Kiefern und Fichten sowie zur Ausdehnung der landwirtschaftlichen Gebiete. Die Heide setzt sich vornehmlich aus Beständen der Besenheide, der Glockenheide und der Krähenbeere zusammen. Hinzu kommen einige Ginsterarten, Gräser, Flechten und Moose. Häufig gesellen sich den Zwergsträuchern noch Wacholder und Besenginster hinzu, wodurch die Heide allerdings den Charakter der reinen Zwergstrauchheide verliert. Ihre Blütezeit – in der sie besonders schön anzusehen ist – ist von Mitte August bis Ende September.

Bevor man die Radwanderung fortsetzt, lohnt noch ein Abstecher in den südlich von Wilsede gelegenen **Totengrund,** einer Landschaft von unwirklicher Schönheit. Empfehlenswert ist auch der von Wilsede ausgehende **Pastor-Bode-Weg,** benannt nach Pastor Wilhelm Bode, dem es zu verdanken ist, dass die Lüneburger Heide unter Schutz gestellt wurde. So war er es, der verhinderte, dass der wildromantische Totengrund mit Ferienhäusern zugebaut wurde. An den populären Heidepastor und Naturschützer erinnern manche Namen und Gedenktafeln, ein Grab wird man jedoch vergebens suchen. Der Sohn Bodes erfüllte den letzten Wunsch seines Vaters: In einer stürmischen Nacht stieg er mit der Urne auf den Wilseder Berg und ließ die Asche vom Wind verwehen. Auch der 2012 neu eröffnete Heidschnuckenweg verläuft ein Stück auf dem Pastor-Bode-Weg. 223 Kilometer schlängelt sich dieser Qualitätswanderweg von der Fischbeker Heide (► Seite 108) bis Celle durch die Lüneburger Heidelandschaft.

Heidschnucken gelten als sehr genügsam

Schafstall im Naturschutzgebiet Lüneburger Heide

Unsere Tour führt uns jedoch von Wilsede weiter zum **Wilseder Berg.** Mit 169 Metern ist der Wilseder Berg tatsächlich ein Berg, jedenfalls für Norddeutschland. Die Tourismusprospekte preisen ihn als die höchste Erhebung der Norddeutschen Tiefebene. Haben wir erst einmal unseren Drahtesel bis nach oben geschoben, bietet sich uns ein wirklich phantastischer Rundblick über die sanft gewellte **Heidelandschaft.** Der Blick soll bei guten Sichtverhältnissen und Adleraugen sogar bis nach Lüneburg und Hamburg reichen, aber die Aussicht über die Heide genügt uns auch. Rund um den Wilseder Berg liegen die größten zusammenhängenden Heideflächen Europas. Um ein völliges Verschwinden der Heide zu verhindern, wurde sie schon 1921 unter Schutz gestellt und ist somit das älteste Naturschutzgebiet Deutschlands. Zudem ist es hier auffallend leise, denn im 23 000 Hektar großen Naturschutzgebiet ist jeder Kraftfahrzeug-Verkehr verboten.

Nach dem Abstieg folgen wir wieder dem Wümme-Radweg und erreichen bald die wenig befahrene Landstraße nach **Wintermoor,** von wo uns die Bahn wieder zurück ins geräuschvollere Hamburg bringt.

Heide-Shuttle (Radbus)
Tgl. 15. Juli–15. Okt.
Busangebot mit Radbeförderung auf drei Ringlinien durch die Lüneburger Heide: Fahrpläne unter www.naturpark-lueneburger-heide.de

Restaurant Wilseder Hof
Die edlere Variante eines rustikalen Gasthofes, Spezialität – was sonst – Heidschnuckengerichte, Sommerterrasse.
Wilsede 2c
29646 Bispingen-Wilsede
Tel. (0 41 75) 3 11
www.wilseder-hof.de
Aug./Sep. tgl. geöffnet, Nov.–Ostern Sa/So geöffnet, in der übrigen Zeit von Mi–So geöffnet

Eine Schifffahrt ...

★ Spaziergang oder Radtour (6 km) durch Finkenwerder
★ Vorbei an Hafen, Docks und großen Pötten zum ehemaligen Fischerdorf gleich neben den fliegenden Giganten

Start
Finkenwerder
Fähre 62 ab Landungsbrücken alle 15–30 Min.,
Fähre 64 ab Teufelsbrück alle 15–30 Min.

Karten ▸ Seite 131
▸ Seite 155

Die stilvollste Art, das einstige Fischerdorf Finkenwerder zu besuchen, stellt sicher eine Schiffspassage dar. Schnell, billig und bequem geht das mit der Fähre 62. Und das Fahrrad fährt gratis mit.

Exakt 28 Minuten dauert die Fahrt von der Brücke 3 der Landungsbrücken nach Finkenwerder. Dabei macht unser Schiff vorher noch an den Anlegern Altona, Neumühlen und Bubendey Ufer fest. Längst hat sich die Attraktivität der Fährverbindung Linie 62 mit ihrer über 100-jährigen Tradition als Ausflugslinie herumgesprochen.

Der Blick übers Wasser wandert nach rechts – pardon: nach steuerbord – zum Elbufer bei **Övelgönne**. Jetzt können wir den schönen Ort (▸ Seite 156) einmal vom Fluss aus genießen. Auf der anderen Seite, also an der Backbordseite, erblickt man bald am Bubendey Ufer das **Seemannshöft.** Hier in der Lotsenstation befindet sich die Nautische Zentrale, die den Schiffsverkehr im Hafen überwacht.

In **Finkenwerder** geht es von Bord. Das einstige Fischerdorf, schon 1236 erstmals urkundlich erwähnt, ist heute ein Wohnviertel am Hafenrand. Bis zur Abdeichung der Süderelbe nach der Flutkatastrophe von 1962 war Finkenwerder eine Elbinsel. Vom 17. bis zum 19. Jahrhundert unterhielten die Finkenwerder Fischer eine große Flotte, und bis heute sind viele Finkenwerder Kutter auf der Nord- und Ostsee unterwegs.

Vom alten Finkenwerder hat sich noch manches erhalten, das sich bequem vom Anleger aus erreichen lässt. Am Finkenwerder Landscheideweg, der sich einen Kilometer südlich des Anlegers in Ost-West-Richtung durch Finkenwerder zieht, steht etwas abseits des Ortes die Kirche von

1881, die noch einige alte Ausstattungsstücke besitzt. Eine verwunschene Idylle ist der nahe gelegene Friedhof, schon 1844 angelegt und gerade einmal einen Hektar groß. Auffallend sind die überdachten Prunkpforten nach dem Vorbild der hölzernen Hofeinfahrten wohlhabender Bauern im Alten Land an seinen Eingängen.

Ein ganz anderes, sein jüngstes, aber gleichwohl grünes Gesicht zeigt Finkenwerder mit dem **Rüschpark.** Vom Anleger überquert man die Benittstraße, hält sich links und gelangt über Wriedestraße, Mewesweg und Hein-Saß-Weg durch ein Gewerbegebiet in die Grünanlage. Der Park, ein in den 70er Jahren des 20. Jahrhunderts aufgegebenes Werftgelände, ist 21 Hektar groß. In der Elbuferböschung wurden Reste der Werftanlagen zu Aussichtsplattformen umgestaltet.

Wer den Rüschpark über den Rüschweg verlässt, stößt auf den Neßdeich. Im Haus Nr. 6 wurde Hans (eigentlich Johann) Kinau (1880–1916) geboren. Berühmt wurde er vor allem mit seinem 1913 unter dem Pseudonym Gorch Fock erschienenen realistischen Roman „Seefahrt ist not!".

Gegenüber dem **Gorch-Fock-Haus** dehnt sich das Gelände der Airbus-Werke aus. Und es dehnt sich immer weiter aus. Ins angrenzende – jetzt ehemalige – Naturschutzgebiet Mühlenberger Loch nämlich, einer flachen Bucht der Elbe. Das Gebiet des Mühlenberger Loches wurde zu einem Fünftel zugeschüttet, um dort die Werksanlagen des Flugzeugkonzerns zu erweitern.

Finkenwerder Elbblick
Nahe dem Fähranleger, grandioser Ausblick über die Elbe von St. Pauli bis Teufelsbrück, verfeinerte Fisch- und Regionalküche.
Focksweg 42
Tel. (040) 7 42 51 91
www.finkenwerder-elbblick.de
Tgl. 11–22 Uhr

Landungsbrücke Finkenwerder
Am Anleger, Sommerterrasse mit Elbblick, gutbürgerliche Regionalküche mit Schwerpunkt – wen wundert's: Fisch.
Benittstraße 9
Tel. (040) 7 42 51 51
www.finkenwerder-landungsbruecke.de
Tgl. 11–22 Uhr

Bester Elbblick: St.-Pauli-Landungsbrücken

Wo der Boskop blüht

★ (Rad-)Wanderung (20 km) Finkenwerder – Neugraben

★ Je nach Jahreszeit ist dies eine Tour voller weißer und rosafarbener Blütenpracht oder erlesenem Obstgenuss

Start
Finkenwerder
Fähre 62 ab Landungsbrücken alle 15–30 Min.,
Fähre 64 ab Teufelsbrück alle 15–30 Min.

Rückfahrt
Neugraben
S3 S31 alle 5–10 Min.
Fischbek
S3 alle 10–30 Min.

Tourismusverein Altes Land
Osterjork 10
21635 Jork
Tel. (0 41 62) 91 47 55
www.tourismus-altesland.de
www.tourismus-jork.de
Apr.–Okt.
Mo–Fr 9–13 und 14–17,
Sa/So/Fei 10–15 Uhr
Nov.–März
Mo–Do 9–13 und 14–17,
Fr 9–13 Uhr

Für müde (Rad-)Wanderer:
Radwanderbus
Apr.–Anfang Okt. Sa/So/Fei zwischen Horneburg und Balje
Tel. (0 41 61) 6 44 60
4 €, Familienkarte 9 €
www.elbe-radwanderbus.de

Obstbäume so weit das Auge reicht. Das Alte Land ist Nordeuropas größtes zusammenhängendes Obstanbaugebiet. Ganz nebenbei ist es auch zu einem beliebten Ausflugsziel der Hamburger geworden – nicht nur, aber ganz besonders zur Obstblüte.

Zwischen der ehemaligen Elbinsel Finkenwerder und dem schon zum Alten Land gehörenden Ort Neuenfelde mündete früher die Süderelbe in den Hauptstrom der Elbe. Heute ist sie abgedämmt und endet als toter Arm vor dem Elbdeich. Über diesen Elbdeich führt unsere Strecke von Finkenwerder ins Alte Land.

Rein geografisch ist das Alte Land ein rund 30 Kilometer langer und bis zu sieben Kilometer breiter Marschgürtel. Er erstreckt sich vom Hamburger Stadtgebiet aus am Südufer der Unterelbe entlang bis nach Stade. Durch die Elbnebenflüsse Schwinge, Lühe und Este wird das Land in drei Gebiete, die sogenannten Meilen, aufgeteilt. Die hier beschriebene Tour bewegt sich auf der **Dritten Meile,** die von der Este zur Süderelbe reicht.

Das Alte Land wurde schon im 12. Jahrhundert von holländischen Einwanderern besiedelt. Aus ihrer Heimat brachten sie die Kunst der Entwässerung und des Deichbaus mit. Mönche der Stader Klöster waren die ersten, die Obstbäume pflanzten und somit das Fundament für das wirtschaftliche Aufblühen legten.

In **Neuenfelde,** einem lang gestreckten Straßendorf am Beginn unserer Tour, steht die barock ausgestattete Kirche **St. Pankratius.** Sie besitzt eine bemalte hölzerne Tonnendecke, einen Kanzelaltar von 1688, vor allem aber eine herrliche, aus dem Jahre 1688 stammende Orgel des berühmten Orgelbauers Arp Schnitger. Arp Schnit-

ger hatte hier einen Bauernhof, und er ist in der Kirche begraben. Im landeinwärts gelegenen **Nincop,** einem Ortsteil von Neuenfelde, sind einige besonders gut erhaltene Bauernhäuser zu bewundern. Der Neuenfelder Hauptdeich führt nach **Cranz.** Kurz vor dem Ort mündet die Este in die Elbe. Das Flüsschen überqueren wir nicht unbedingt, sondern radeln an seinem Ost-Ufer landeinwärts Richtung Buxtehude. Vor dem Este-Sperrweg geht es über den Neuen Fährweg und weiter auf dem Estedeich Groß Hove. Von hier bietet sich ein weiter Blick in die Obstgärten. Im April/Mai – zur Obstblüte – ist es besonders schön: Die märchenhafte Landschaft präsentiert sich wie schneebedeckt. Aber auch im Herbst lohnt der Weg dorthin. Allerorts sind dann Pflücker am Werk.

In **Estebrügge** biegen wir nach links in den Esteburgring, der uns zum Moorender Weg leitet, der in den Ort Rübke führt. Über die Buxtehuder Straße gelangen wir geradeaus in den Neuenfelder Hinterdeich, auf dem wir radeln, bis rechts der Fischbeker Heuweg abzweigt. Hier fahren wir rechts und gleich wieder links in den Weg „Dritte Meile", der uns nach Neugraben-Fischbek führt.

Feste im Alten Land

Erstes Mai-Wochenende:
Blütenfest in Jork mit Wahl der Blütenkönigin und Festumzug: www.altlaender-bluetenfest.de

Anfang Juli:
Altländer Kirschenwoche, die am 2. Juli-Sonntag mit Kirschmarkt in Jork endet

Zweites September-Wochenende:
Altländer Apfeltage mit Tag des offenen Hofes. Veranstaltungen rund um den Apfel allerorts.

Zweites Oktober-Wochenende:
Apfel- und Kürbisfest in Jork

Hase und Igel

★ **(Rad-)Wanderung (22 km) von Finkenwerder nach Buxtehude**

★ **Deiche, Fleete, Flüsschen und eine märchenhafte Altstadt**

Start
Finkenwerder
Fähre 62 ab Landungsbrücken alle 15–30 Min.,
Fähre 64 ab Teufelsbrück alle 15–30 Min. oder
Neugraben
S3 S31 alle 5–10 Min.

Rückfahrt
Buxtehude
S3 alle 20–60 Min. oder
RE 5 alle 60 Min.

Karten ▸ Seite 131
▸ Seite 137

Stadtinformation Buxtehude
Viverstraße 1
21614 Buxtehude
Tel. (0 41 61) 5 01 23 45
www.buxtehude.de
Mo–Mi und Fr 10–17,
Do 10–18, Sa 10–15 Uhr

Landläufig ist von Buxtehude nur bekannt, dass sich dort Hase und Igel einen Wettlauf geliefert haben und dass die Hunde dort mit dem Schwanz bellen.

Natürlich stimmt beides nicht. Die Geschichte vom schlauen Igel, der beim Wettlauf den Hasen aussticht, entstammt der Märchenerzählung von Wilhelm Schröder aus dem Jahre 1840. Der Ursprung des Scherzwortes, wonach in Buxtehude die Hunde mit dem Schwanz bellen, geht auf holländische Siedler zurück. Diese versahen die alte Stadtglocke, im Holländischen „bell", mit einem besonders langen Seil, das sich „hound" nannte. Das einzige, was im Buxtehude von heute märchenhaft ist, das ist die Altstadt dieses beschaulichen Landstädtchens an der Este – abgesehen von der herrlichen Umgebung des Alten Landes natürlich.

Ein Besuch Buxtehudes lässt sich gut mit der Tour durchs Alte Land (▸ Seite 130) kombinieren. Wer mit der Fähre in **Finkenwerder** anlegt, vermeidet die Gefahr, sich zu verfahren, indem er sich immer am oder auf dem Deich hält: Finkenwerder Norderdeich, Neßdeich und Neuenfelder Hauptdeich lauten die Namen der Deichabschnitte bis **Cranz.** Dort, an der Mündung der Este in die Elbe, radelt man immer am Ostufer des Flüsschens entlang in südlicher Richtung (Wegbeschreibung bis Estebrügge ▸ Seite 131). In Estebrügge biegt man nicht nach links in den Esteburgring, sondern fährt geradeaus weiter auf der Moorender Straße – und kommt so im historischen Stadtkern von Buxtehude an.

Ausflügler, die am S-Bahnhof **Neugraben** starten, ignorieren die dortigen Straßenwegweiser nach Buxtehude und fahren zunächst ins nördlich von Neugraben – und schon mitten im Alten

Land – gelegene **Francop.** Von dort geht es in Ost-West-Richtung quer durch die schöne Landschaft des Alten Landes auf gut ausgeschilderten Wegen Richtung Buxtehude und nach **Neuland an der Este.** Von hier aus gelangt man dem Ufer der Este folgend über die Moorender Straße direkt in die Buxtehuder Altstadt.

Am Estefleet in Buxtehude

Mittelpunkt der übersichtlichen **Buxtehuder Altstadt** ist die **St.-Petri-Kirche,** ein schon 1298 begonnener Backsteinbau mit einem hohen, schlanken Mittelschiff. Der achteckige 72 Meter hohe Turm entstand nach einem Brand 1853 neu. Im großen Kircheninneren ist der um 1500 gestiftete Halepaghen-Altar bemerkenswert.

In den engen Gassen um die Kirche herum gibt es prachtvolle alte Giebel, Dielen und Hinterhöfe zu sehen. Das grachtenartige **Estefleet,** an dem sich eine lange Giebelreihe entlangzieht, lässt Besucher an Holland denken. Nicht zu Unrecht, erinnert es doch an die niederländische Herkunft vieler Kolonisten dieser Gegend. Besondere Aufmerksamkeit verdienen in der Altstadt das Bürgerhaus in der Langen Straße 25 von 1548 und das Fachwerkhaus Fischerstraße 3.

Ein weiteres steinernes Zeugnis aus der rund 1 000-jährigen Geschichte der Stadt, die in ihren besten Jahren sogar der Hanse angehörte, findet sich am nördlichen Rand des Stadtkerns, unweit des Estehafens: der **Zwinger,** ein Teil des alten Marschtores von 1539, also ein Rest der ehemaligen Stadtbefestigung. Vergleichsweise jung dagegen ist der Bau des Buxtehude-Museums für Regionalgeschichte und Kunst. Im Altbau von 1913 wird neben der modern gestalteten heimatkundlichen Ausstellung auch die Geschichte des Heimatmuseums selbst dokumentiert. Im angrenzenden Neubau sind zwei unterschiedliche Abteilungen untergebracht: „Sakrale Kunst – Geschichte und Restaurierung“ und „Buxtehude in der Moderne“.

Buxtehude-Museum
Museum für Regionalgeschichte und Kunst.
Stavenort 2
Tel. (0 41 61) 5 01 23 33
Di–Fr 14–17,
Sa/So 11–17 Uhr
4 €, erm. 2 €,
bis 18 Jahre frei

Restaurant Abthaus
Spitzgiebelfachwerkhaus von 1399. Gehobene Regionalküche, im Sommer Biergarten im Innenhof.
Abtstraße 6
Tel. (0 41 61) 55 40 77
www.abthaus-buxtehude.de
Di–Fr 17–22, Sa/So 12–22 Uhr, Mo Ruhetag

Holland lässt grüßen

★ Radtour (30 km) Cranz – Jork – Steinkirchen – Grünendeich – Hollern-Twielenfleth – Stade

★ Holländische Tradition in Fachwerk, Mühlen, Brücken und Kirchen

Start
Fähranleger Cranz
(Fähre Blankenese – Neuenfelde – Cranz)
alle 60–120 Min.
(HVV-Tickets gelten nur zum Teil)

Rückfahrt
Stade
S3 alle 20–60 Min. oder
RE5 alle 60 Min.

Karte ▸ Seite 136/137

Museum Altes Land
Westerjork 49
21635 Jork
Tel. (0 41 62) 57 15
www.jork.de
Nov.–März
Mi, Sa/So 13–16 Uhr
Apr.–Okt. Di–So 11–17 Uhr
Eintritt frei

Holländermühle Aurora
Die Mühle „Jork"
Restaurant-Café.
Am Elbdeich 1
21635 Jork
Tel. (0 41 62) 63 95
www.diemuehlejork.de
Feb.–Dez. Mi–Mo 12–17 und 18–22 Uhr (Feb./März Mo/Mi erst ab 18 Uhr geöffnet), Januar geschlossen

Mit dem Rad auf dem Deich, die Elbe zur Rechten, das Alte Land zur Linken – vorbei an prächtigen Bauernhäusern, Leuchttürmen und Windmühlen. Im Frühjahr säumen blühende Apfelbäume unseren Weg, im Herbst zeigen sie uns ihre rotbackigen Früchte.

Für diese Tour durchs Alte Land starten wir in **Cranz.** Dorthin sind wir direkt mit der Fähre gelangt, oder wir haben schon von Finkenwerder aus den östlichen Teil der Region erkundet (▸ Seite 130). In Cranz überqueren wir die Este und fahren auf dem Deich entlang der Elbe. Zur Rechten geht der Blick dabei über den Fluss, zur Linken Obstbäume so weit das Auge reicht. Nicht umsonst gilt das Alte Land als größtes zusammenhängendes Obstanbaugebiet Nordeuropas.

Schon nach einer kurzen Strecke bietet sich ein Abstecher nach **Jork** an, dem Hauptort des Alten Landes. Hier ist in einem der vielen alten Fachwerkhäuser das **Museum Altes Land** untergebracht. Es dokumentiert die Technikgeschichte der Region. Darüber hinaus werden die Bedeutung des Wassers und die Geschichte der Landwirtschaft dargestellt, und der Besucher kann historische Möbel und Trachten bewundern. In der kleinen Barockkirche von 1709 heiratete übrigens Gotthold Ephraim Lessing. Bevor wir auf den Deich zurückkehren, bietet sich die Möglichkeit, in der **Galerie-Holländermühle Aurora** in Jork-Borstel einzukehren. Sie stammt aus dem Jahre 1860. Der Mahlbetrieb wurde allerdings 1961 eingestellt.

Zurück auf dem Deich radeln wir weiter Richtung Stade. 56 Leuchttürme säumen die Elbe von Hamburg bis zur Nordsee. Von Obstbäumen umgeben, grüßt uns zwischen Wisch und Lühe einer von ihnen: der rot-weiße, sechseckige Stahlgitter-

Das Alte Land ist im Frühjahr besonders schön

Leuchtturm **Oberfeuer Sommerfletherwisch.** Mit seinen 35 Höhenmetern gehört der 1907 erbaute Leuchtturm zu den mittelgroßen.

Kurz vor der Mündung des Flüsschens Lühe biegen wir links nach **Steinkirchen** ab und überqueren hier die Lühe über die im holländischen Stil erbaute **Hogendiekbrücke.** Anfang des 12. Jahrhunderts schloss der Erzbischof von Bremen mit dem holländischen Priester Henricus einen Vertrag über die Besiedelung der Marschen. In mehreren Generationen machten die holländischen Siedler und Experten in Sachen Deichbau das Land bewohnbar. Von Stade aus wurde es eingedeicht, entwässert und kultiviert. Abschnitt für Abschnitt entstand so aus dem „Alten Land" „Neues Land". Irgendwann konnte die gesamte Region bewirtschaftet werden, der Name Altes Land blieb jedoch erhalten.

Von Steinkirchen radeln wir in den Ort **Grünendeich.** Die **St. Marien-Kirche** aus dem 17. Jahrhundert ist die älteste der zehn Fachwerk-Kirchen der Region. Aufgrund des schweren Marschbodens steht der aus Holz errichtete Turm abgetrennt neben dem Kirchenschiff. Die Lühe entwässert einen großen Teil des Alten Landes, das seit

Touristikzentrale Altes Land
Osterjork 10
21635 Jork
Tel. (0 41 62) 91 47 55
www.tourismus-altesland.de
Apr.–Okt. Mo–Fr 9-13 und 14–17, Sa/So/Fei 10–15 Uhr
Nov.–März Mo–Do 9–13 und 14–17, Fr 9–13 Uhr

Altländer Gästeführungen
Tel. (0 41 62) 13 33
www.altlaender-gaestefuehrungen.de
Apr.–Okt. So 11 Uhr Führungen an wechselnden Orten, Dauer 1,5 Std.

Jahrhunderten von zahllosen Entwässerungsgräben durchzogen ist. Diese Gräben führen zu kleinen Kanälen, den sogenannten Wettern, die dann in Este, Lühe, Schwinge oder direkt in die Elbe führen. Ein ausgefeiltes System von Schleusen und Sperrwerken ist nötig, um die Entwässerung aufrechtzuerhalten. Überall zeugen schmucke Bauernhäuser vom gewachsenen Wohlstand der Altländer Obstbauern. Heute besteht der weitaus größte Teil der Obstbäume aus

Apfelbäumen. Jeder vierte Apfel, der in Deutschland verzehrt wird, stammt aus dem Alten Land.

Wir kehren auf den Deich zurück und fahren nach **Hollern-Twielenfleth.** Auch in diesem beschaulichen Ort gibt es eine Windmühle. Ihr Name: Venti Amica – Freundin des Windes. Über Bassenfleth erreichen wir Stade (▸ Seite 138).

Windmühle Venti Amica
Mühlenstraße 16
21723 Hollern-Twielenfleth
http://muehlenverein-venti-amica.de

Stade, die alte Hansestadt

★ Stadtbesichtigung – kombinierbar mit einer Radtour durchs Alte Land (▸ Seite 134)

★ Hafenstadtidyll und eine Vielzahl sehenswerter Museen

Start
Stade
S3 alle 20–60 Min. oder
RE 5 alle 60 Min.

Die alte Hafenstadt trägt ihren wiedererstandenen Hanse-Titel zu Recht. Frühbarocke Fachwerkhäuser säumen die Gassen der Altstadt, die sogar von einem Burggraben umgeben ist. Und für Museumsliebhaber ist die Stadt am Rand des Alten Landes ein wahres Paradies.

1601 von der Hanse ausgeschlossen, darf sich die Kleinstadt an der Elbe seit 2009 offiziell wieder Hansestadt nennen. Eine Wasserstadt mit zentraler Bedeutung war Stade immer, erst für den Handel, später als strategisches Kriegszentrum der Schweden. Nach dem Dreißigjährigen Krieg wurde Stade unter schwedischer Herrschaft zur Festung ausgebaut, deren Reste die Altstadt bis heute umringen. Ihre Silhouette wird von fern durch die Türme der Kirchen **St. Wilhardi** und **St. Cosmae** geprägt. Die meisten Gebäude der Altstadt entstanden nach 1659, als ein großer Brand zwei Drittel aller Häuser zerstörte. Der Besucher kann hier alte Gassen und idyllische Winkel bestaunen und sich in einem der Museen über die Geschichte der historischen Stadt informieren.

Das **Schwedenspeichermuseum** zeigt Funde der Vor- und Frühgeschichte sowie Zeugnisse der Stadtgeschichte vom Mittelalter bis in die 1870er Jahre, darunter viele Erinnerungen an die Schwedenzeit. Stade kam 1648 in den Besitz der Schweden, 1719 fiel es an Hannover. In einem Fachwerkhaus am Wasser befindet sich das private **Baumhaus-Museum,** in dem ein leidenschaftlicher Sammler seine eigene – und etwas eigenartige – ortsgeschichtliche Sammlung vom 18. bis ins 20. Jahrhundert präsentiert. Der Name Baumhaus weist auf die historische Nutzung des Gebäudes hin. Es diente dem Hafenaufseher als Amtsstube.

Schwedenspeicher
Wasser West 39
Tel. (0 41 41) 79 77 30
www.museen-stade.de
Di–Fr 10–17,
Sa/So 10–18 Uhr
6 €, erm. 3 € (Verbundticket: gilt auch für das Freilichtmuseum und Kunsthaus Stade), bis 18 Jahre frei

Baumhaus-Museum
Wasser Ost 28
Tel. (0 41 41) 4 54 34
Apr.–Okt. Sa 15–17,
So 14–17 Uhr
Nov.–März So 15–17 Uhr
Eintritt frei

Am Alten Hafen in Stade

Mit einem großen Baum verschloss oder öffnete er in früheren Zeiten die Zufahrt in den Hansehafen am Fischmarkt. Beim großen Stadtbrand 1659 wurde das ursprüngliche Gebäude zerstört. Das heutige stammt aus dem Jahre 1774.

Und obwohl die Stader Altstadt ohnehin ein einziges Freilichtmuseum ist, gibt es noch das **Freilichtmuseum** auf der Insel im Burggraben. Das Museum mit Gebäuden des 18. Jahrhunderts präsentiert ländliches Kulturgut aus dem Alten Land und der Stader Geest: Altländer Haus, Prunkpforte, Göpelwerk und Bockwindmühle.

Ein weiteres Museum der Stadt ist das **Kunsthaus Stade.** Das 1667 errichtete Gebäude ist das höchste Haus in einer Reihe alter Fachwerkbauten. Zunächst diente es als Kaufmanns- und Speicherhaus. Früher wurde dort eine Gemäldesammlung der Worpsweder Gründergeneration gezeigt, heute laufen wechselnde Ausstellungen mit Werken namhafter Künstler.

Stade ist allseits von Wasser umgeben, vom Burggraben und den alten Hafenanlagen. Im historischen Hafen legen heute vor allem Sportschiffer an. Für die größeren Schiffe wurde draußen an der Elbe ein neuer Hafen – Stadersand – gebaut.

Freilichtmuseum
Auf der Insel 2
Tel. (0 41 41) 7 97 73 30
Mai–Sep. Di–So
10–17 Uhr, 2 €, erm. 1 €

Kunsthaus
Wasser West 7
Tel. (0 41 41) 7 97 73 20
Di, Do, Fr 10–17 Uhr,
Mi 10–19, Sa/So 10–18 Uhr
6 €, erm. 2,50 € (Verbundticket: gilt auch für das Freilichtmuseum und Kunsthaus Stade), bis 18 Jahre frei

Es klappern die Mühlen

★ Radtour (50 km) Stade – Heinbockel – Fredenbeck – Agathenburg
★ Prachtvolle Mühlen, ein Traum für Eisenbahnfans und ein Schloss

Start
Stade
S3 alle 20–60 Min. oder
RE 5 alle 60 Min.

Rückfahrt
Agathenburg
S3 alle 20–60 Min.

Südlich von Stade erstreckt sich eine Landschaft, die einst aus Mooren bestand. Heute sind daraus meist landwirtschaftliche Nutzflächen geworden, doch hat die Gegend viel von ihrer Urtümlichkeit bewahren können.

Heute fahren wir von Stade nach Agathenburg, denn so besteht die Möglichkeit, noch eine Stadtbesichtigung in Stade (▸ Seite 138) vorzunehmen und in Agathenburg den Ausflug mit einem Spaziergang im Schlosspark ausklingen zu lassen. Wir verlassen Stade auf dem **Nordseeküsten-Radweg,** der direkt am Bahnhof vorbeiführt. Bei der Siedlung Mittelsdorf zweigt links der Mühlenweg ab. Dieser Weg führt uns nach **Grefenmoor an der B 73,** vorbei an einer prachtvollen Windmühle. Es ist ein einstöckiger Galerie-Holländer aus dem Jahre 1896. Er wurde errichtet, nachdem die Mühle, die dort vorher stand, durch einen Blitz vernichtet worden war.

Wir überqueren die B 73, wo der Mühlenweg in die Straße Weißenmoor übergeht. Wir bleiben auf dieser landschaftlich reizvollen Strecke, bis der Weg nach rechts Richtung **Heinbockel** führt, wo wir am Ortseingang Reste eines Großsteingrabes finden können. Von Heinbockel ist es nur noch ein Katzensprung ins drei Kilometer südlich gelegene Hagenah. In **Hagenah** biegen wir rechts ab in den Kirchweg, um nach 200 Metern wieder halb links abzubiegen. Nach dem Ortsende fahren wir wieder links auf einen Fahrweg, der die B 74 kreuzt und in einigen Kurven Richtung Mulsum führt. Am Fredenbecker Mühlenbach kann man die erste Wassermühle dieser Tour entdecken.

Fredenbeck geht fast nahtlos in Deinste über, genauer in den Vorort **Deinster Mühle.** Auch hier gibt es einen Mühlenbach, doch von einer Mühle selbst ist nichts zu erkennen. Dafür kann **Deinste**

Windmühle Grefenmoor
Mühlenweg / B 73
21709 Düdenbüttel-Grefenmoor
Innenbesichtigung nach Absprache
Tel. (0 41 44) 81 65
www.windmuehle-amanda-grefenmoor.de

Gasthof Hellwege
Beliebtes Ausflugslokal mit regionalen Spezialitäten der Saison.
Alte Dorfstraße 25
21726 Heinbockel-Hagenah
Tel. (0 41 49) 4 05
www.gasthof-hellwege.de
Mo–Fr ab 16, Sa/So ab 10 Uhr, Mi Ruhetag

mit einer anderen Attraktion aufwarten: dem **Deutschen Feld- und Kleinbahnmuseum.** Das von Hobby-Eisenbahnern getragene Museum sammelt und betreibt Feldbahn-Fahrzeuge auf 600mm-Spur. Um die Fahrzeuge vorführen zu können, wurde eigens eine 1,2 Kilometer lange Strecke von Deinste über Hagel bis Lütjenkamp gebaut. In Deinste befindet sich der Kleinbahnhof als Hauptstandort. In Lütjenkamp liegt das Museum.

Von Deinster Mühle verläuft unser Weg jetzt in nördlicher Richtung zum **Gut Hagener Mühle,** und hier ist tatsächlich noch eine Wassermühle an dem Flüsschen Steinbeck erhalten. Den Mühlteich zur Rechten, geht es nun über die Straße Zur Mühle nach Hagen hinein und über die Straße Odamm in östlicher Richtung nach Agathenburg. Hier hat ein schönes Schloss die Stürme der Zeit überdauert. Das **Schloss Agathenburg** wurde unmittelbar nach dem Dreißigjährigen Krieg am Geesthang mit Blick auf das Elbtal errichtet. Heute dient es als Kulturzentrum und bietet eine Dauerausstellung zur Geschichte des Hauses. Vom einst umfangreichen Schlosspark sind leider nur Teile erhalten, aber auch diese bieten lauschige Plätze und weite Blicke über das Elbtal.

Der Schlosspark grenzt an die Bahnstrecke Hamburg-Cuxhaven, und der S-Bahnhof Agathenburg liegt auch ganz in der Nähe.

Deutsches Feld- und Kleinbahnmuseum
Bahnhofstraße
21717 Deinste
Tel. (0 41 41) 8 79 21
Tel. Kleinbahnhof (0 41 49) 12 44 (nur an Fahrtagen)
www.kleinbahn-deinste.de
Fahrten an einigen Feiertagen sowie in der Vorweihnachtszeit
4 € / erm. 2 €

via Tipp

Schloss Agathenburg
Kulturzentrum und am Wochenende mit Schlosscafé. Toller Blick auf das Elbtal.
Hauptstraße
21684 Agathenburg
Tel. (0 41 41) 6 40 11
www.schlossagathenburg.de
1. März–3. Advent. Di–Fr 14–18, Sa/So/Fei 11–18 Uhr
4 € / 2 € / 0,50 €

Wo einst die Ritter lebten

★ Rundwanderung (15 km) Horneburg – Isendorf – Horneburg
★ Auf den Spuren der Adelsfamilien und Gutsbesitzer

Start
Horneburg
S3 alle 20–60 Min. oder
RE 5 alle 60 Min.

Gutshäuser, Obstplantagen, Großsteingräber, ein Wald und ein Bachtal – das lässt sich bei einer Wanderung rund um Horneburg entdecken. Da die Beschilderungen etwas dürftig sind, ist es empfehlenswert, eine Wanderkarte mitzunehmen.

Die Geschichte Horneburgs begann mit einer Ritterburg. Um das Jahr 1255 ließen sich mehrere Adelsfamilien eine Wasserburg bauen. Im Schutze dieser Horneburg entstand die gleichnamige Ortschaft. Um 1500 löste sich die Wohngemeinschaft der Burg auf und die adeligen Familien bauten sich Gutshäuser außerhalb des Burggeländes, so entlang der heutigen Langen Straße, dem mittelalterlichen West-Ost-Fernhandelsweg. Der Burgmannshof in der Langen Straße 38a war das erste Gutshaus, das die Familie Schulte von der Lühe um 1510 nach dem Auszug aus der Vorburg errichtete. Das Gebäude dient heute als Begegnungsstätte. Die Horneburg wurde 1645 abgerissen.

Romantischer Spazierweg beim Gut Daudiek

Wer nach weiteren Spuren des alten Horneburgs sucht, findet sie vor allem entlang der Langen Straße. Dort steht auch das **Rathaus,** ein Fachwerkhaus mit verputzter Straßenfassade. Am Ende der Straße rechts um die Ecke geschaut, erblickt man als roten Backsteinbau die **Liebfrauenkirche.** Weiter nach rechts in der Straße Vordamm blühte in früheren Jahrhunderten das Landhandwerk. Unweit des Flüsschens Aue gab es Schmieden, Stellmachereien, Gerbereien, Sattler und Schuhmacher. Aneinangedrängte Fachwerkhäuser, schmale Fußsteige und Kopfsteinpflaster verleihen der Straße ihren Charme.

Für unsere Wanderung verlassen wir die Stadtmitte in Richtung Westen, überqueren den Bahndamm und gehen rechts auf dem Grünen Weg über die Bürgermeister-Löhden-Straße zur Unter-

führung der B 73. Nach der Unterquerung befinden wir uns auf dem Bürgermeister-zum-Felde-Weg und folgen ihm bis zur Straße Blumenthal, in die wir nach rechts einbiegen. Nun wird es langsam ländlicher. Rechts hinter der Reitanlage biegt eine weitere Teerstraße Richtung B 73 ab, der wir ein kurzes Stück folgen. Hinter einer Kirschplantage führt links ein Grasweg in den Wald hinein. Wir halten uns rechts auf diesem Hauptweg bis zum Waldrand, wo wir direkt auf eine Apfelplantage zusteuern, die uns im Frühjahr mit rosa Blüten, im Herbst mit rotbackigen Äpfeln empfängt. Ab hier wandern wir links zwischen Waldrand, Feldern und Plantagen, um schließlich nach links in den Wald Richtung Rastplatz abzubiegen. Jetzt geht es immer geradeaus durch den **Rüstjer Forst** nach **Issendorf,** das nach drei Kilometern erreicht ist. Dort biegen wir links in die Dorfstraße ein, überqueren die Horneburger Straße und gelangen in die Straße Büntfeld, die in den Daudiecker Weg mündet. Dieser führt nach links aus dem Ort heraus. Bevor es auf einem Sandweg weitergeht, befindet sich links am Straßenrand eine Informationstafel zu mehreren Großsteingräbern, die auf die Zeit um 3500 v. Chr. zurückgehen.

Wir folgen dem Feldweg geradeaus bis zum Waldrand und biegen an der Weggabelung nach links ab (nach rechts geht es weiter zu den Hünengräbern) – Richtung **Gut Daudieck** im unteren Auetal. Durch schattigen Buchen- und Tannenwald kommen wir dem Gut näher. Über einen Kopfsteinpflasterweg durchqueren wir die Anlage. Links begrüßt uns der romantische Mühlenteich, rechts ein Reetdachwohnhaus, das einmal eine um 1600 erbaute Wassermühle war. Am Ende der Hofanlage folgen wir nicht links der Kopfsteinpflaster-Allee entlang des Mühlenteichs, sondern halten uns geradeaus auf dem Stucks Weg, einer zwischen Feldern verlaufenden Asphaltstraße, die nach Horneburg zurückführt.

Belmondo
Pizza aus dem Holzbackofen, Außenterrasse.
Im Kleinen Sande 1
21640 Horneburg
Tel. (0 41 63) 81 29 56
www.restaurant-belmondo.de
Mo/Di/Do 11.30–24,
Fr/Sa 11.30–0.30,
So 12–22 Uhr

Zur klappernden Mühle

★ Radtour (30 km) Buxtehude – Moisburg – Apensen – Buxtehude
★ Beschauliche Radwege durch die Geest und Mühlentradition

Start
Buxtehude
S3 alle 20–60 Min. oder
RE 5 alle 60 Min.

Für die Ausflügler, die die Chance nutzen, dank der S-Bahn-Streckenerweiterung Buxtehude bequem zu besuchen, sich aber nicht auf eine Stadtbesichtigung beschränken wollen, bietet sich eine Radtour südlich der Stadt an. Durch idyllische Landschaft geht es dabei zur Museumsmühle in Moisburg.

Gleich südlich der Stadt beginnt der Geestrücken, während Buxtehude selbst noch in der Marschniederung liegt. Mit anderen Worten: Heute geht es ein wenig bergauf. Vom Bahnhof aus fahren wir über die Stader Straße Richtung Este. Wir überqueren diese, um über den Brillenburgsweg und den Alten Postweg nach Övelgönne zu gelangen. Von diesem unspektakulären Ort aus geht es über Ketzendorf in Richtung Ardestorf und Grauen. Vorbei an einigen Hünengräbern endet der Weg in **Moisburg.**

Der Ort ist eine wichtige Station auf der Niedersächsischen Mühlen(auto)straße, und auch der Radrundkurs Nordheide führt durch Moisburg. Zwar ist der Ort heute ein besseres Dorf, Moisburg war in der Vergangenheit jedoch als alter Amtssitz ein bedeutendes Zentrum der Region. Davon künden noch verschiedene Amtsbauten, zu denen auch die **Moisburger Wassermühle** (▸ Seite 145) gehört.

Mühlenmuseum Moisburg
Auf dem Damm 10
21647 Moisburg
Tel. (0 41 65) 65 75
www.muehlenmuseum-moisburg.de
Mitte Apr.– Ende Okt.
Sa/So/Fei 11–17 Uhr
3 €, bis 16 Jahre frei
Mahltage jeden So
13–16 Uhr, 3 €, unter 18 Jahre frei
Weitere Infos übers Museum am Kiekeberg
Tel. (040) 7 90 17 60

Heute ist in der Mühle das **Mühlenmuseum Moisburg,** eine Außenstelle des Museums am Kiekeberg (▸ Seite 106), untergebracht. In diesem kann sich der Besucher mit den technischen Abläufen des Mahlens in einer historischen Wassermühle vertraut machen und an Mahltagen dem Müller über die Schulter schauen. Im Café in der historischen Mahlstube kann man sich bei Kaffee und Kuchen erholen. Besonders empfehlenswert: Für die Weiterfahrt kann sich der Radwande-

rer ein Original Moisburger Amtsmühlenbrot mit auf den Weg nehmen.

Dieser Weg führt nun von Moisburg, wo man auch noch das **Amtshaus,** einen aufwendigen Fachwerkbau von 1711, und die evangelische Kirche, erbaut im Stil der Spätrenaissance und mit prachtvoller Innenausstattung versehen, besichtigen sollte, auf einem kleinen Stück des Radrundkurses Nordheide nach Apensen.

Zwischen Rahmstorf und Goldbeck liegt links der Strecke das **Hügelgräberfeld Goldbeck.** Etwa 70 vorzeitliche Gräber finden sich hier auf engstem Raum.

In **Apensen** biegen wir nach links in die Neukloster Straße, die in den Neukloster Forstweg übergeht. Dieser reizvolle Weg führt in den Neukloster Forst, einem großen und besonders schönen Buchenwald, mit bis zu 200 Jahre alten Buchen- und Eichenbeständen.

Der Weg endet kurz vor dem Bahnhof Neukloster. Wir radeln auf dem Radweg „Am Mühlenbach", hinterm Bahnhof in Neukloster, weiter nach Buxtehude. Hier hat man die letzte Gelegenheit zu erkunden, warum in Buxtehude die Hunde mit dem Schwanz bellen (▸ Seite 132).

Wassermühle Moisburg

Die Moisburger Amtswassermühle an der Este wird schon um das Jahr 1379 erstmals urkundlich erwähnt. Doch gehen die Museumsleute davon aus, dass es sogar schon vorher hier eine Mühle gegeben hat. Das heutige Gebäude wurde allerdings erst 1723 errichtet. Die Mühle war schon früh eine Amtsmühle, auch Zwangsmühle genannt. Das bedeutete, dass alle Bauern des Amtes Moisburg – und das war zeitweise ein großes Gebiet – hier ihr Korn mahlen lassen mussten. Erst im Jahre 1869, mit der Einführung der Gewerbefreiheit, fiel dieses Staatsmonopol.

Landgasthof Seeburg
Cuxhavener Straße 145
21614 Buxtehude-Neukloster
Tel. (0 41 61) 7 41 00
www.seeburg.de
Terrasse mit Seeblick
Di–Sa 9–23, So 9–22 Uhr

Auf Klinkern durchs Land

★ Radtour (30 bzw. 60 km) Stade – Wischhafen (– Stade)

★ Parallel zur Elbe, über Deiche und Fleete, Sperrwerks- und Klappbrücken bis ins gemütliche Wischhafen

Start
Stade
S3 alle 20–60 Min. oder
RE 5 alle 60 Min.

Rückfahrt
Von Wischhafen mit der Fähre nach Glückstadt (nicht im HVV) und **RB 61** alle 60 Min. nach Hamburg-Altona

Karte ▸ Seite 149

Durchs Kehdinger Land, eine alte bäuerliche Kulturlandschaft, führt diese Rundtour. Sie bietet zudem die Möglichkeit, auf die gegenüberliegende Seite der Elbe mit der Fähre von Wischhafen nach Glückstadt zu gelangen.

Wir beginnen unsere Tour in Stade, was schon insofern praktisch ist, als uns der Elberadweg direkt am S-Bahnhof abholt. Dieser Abschnitt des populären Radfernwanderweges ist sicher ein besonders schöner, führt er doch die meiste Zeit direkt am Strom entlang. Zunächst jedoch radelt man um die Altstadt Stade herum, die schon für sich einen Besuch lohnt (▸ Seite 138).

An Bützfleth vorbei geht es auf dem Elberadweg nach **Abbenfleth** mit seiner alten Elbfestung Grauerort. Diese wurde in den Jahren 1869 bis 1879 von den Preußen erbaut. Im Falle eines Krieges mit Frankreich sollten feindliche Schiffe davon abgehalten werden, bis in den Hamburger Hafen einzudringen. 1870/71 kam es zwar zum Krieg mit den Franzosen, Grauerort wurde aber nie in Kampfhandlungen verwickelt. Seit 1997 kümmert sich ein Förderverein um die Restaurierung der Festung. Heute wird sie als Museum und für Veranstaltungen genutzt.

Nachdem wir einen Blick auf die Elbfestung geworfen haben, lassen wir die Anlage hinter uns und begeben uns in das **Naturschutzgebiet Asseler Sand.** Wer bequem ist oder es eilig hat, der hält sich immer an den Elberadweg und genießt den Lauf des Stromes zur Rechten. Unternehmungslustigere haben aber auch die Möglichkeit, nach links ins Land abzubiegen. In der **Heimatstube Assel** gibt es vollständig eingerichtete Räume aus der guten alten Zeit – Utensilien

Museum Heimatstube Assel
Asseler Straße 42
21706 Drochtersen
Tel. (0 47 75) 89 82 65
www.museum-heimatstube-assel.de
Apr.–Okt. Fr 11–15 und jeden 1. und 3. So 14–17 Uhr sowie nach Vereinbarung
2 €

Wie geht eigentlich ein Seemannsknoten? In Wischhafen

aus Haushalten und Handwerksbetrieben, eine Schuster-, Tischler-, Radio- und Fernsehtechnikwerkstatt. In **Drochtersen** steht noch einer der Ringöfen, die so typisch für das Kehdinger Land waren. In ihnen wurden die berühmten bläulich schimmernden Klinker gebrannt, die halb Hamburg früher sein nobles architektonisches Gesicht verliehen. Noch heute finden sich im Kehdinger Land viele Straßen, bei denen diese Klinker als Pflasterung dienen.

Vom Ort **Krautsand** kann man an Wochenenden geradeaus Richtung Wischhafen fahren. Eine Sperrwerksbrücke (Öffnungszeiten beachten!) führt über die Wischhafener Süderelbe. Diese Süderelbe, die natürlich nichts zu tun hat mit der Hamburger Süderelbe, verläuft parallel zum Elbestrom zwischen Wischhafen und Drochtersen und ist eigentlich nur ein breiterer Graben. Dennoch sorgt sie dafür, dass das Gebiet Krautsand genau genommen immer noch eine Insel ist, aufgespült vom mitgeschwemmten Schlick der Elbe. Der kilometerlange, breite Sandstrand der Elbinsel lädt zum Beobachten der rund 13 000 Seeschiffe ein, die aus aller Welt jährlich in den Hamburger Hafen einlaufen. An Wochentagen und wenn die Klappbrücke geschlossen ist, biegt man von

Kehdinger Küstenschiffahrts-Museum
Unterm Deich 7
21737 Wischhafen
Tel. (0 47 70) 71 79
www.kuestenschiffahrts-museum.de
Sa/So/Fei 10–12 und 13–18 Uhr,
Juli–Okt. tgl. außer Mo
3 €, erm.1 €

Elbfähre Wischhafen – Glückstadt
Abfahrt alle 30 Min., bei Bedarf alle 20 Min.
2 €, erm. 1 €,
Fahrrad 1,50 €
Tel. (0 41 24) 24 30
www.elbfaehre.de

Restaurant Fährhaus Wischhafen
Fährstraße 16
21737 Wischhafen
Tel. (0 47 70) 71 72
www.faehrhaus-wischhafen.de
Mo/Di/Fr/Sa 12–13.30 und 18–21, So 12–14 und 17.30–21 Uhr

Krautsand Richtung Dornbusch ab und befindet sich ab hier bereits auf dem anderen Ufer der Süderelbe, um nach **Wischhafen,** dem Scheitelpunkt der Rundtour zu radeln.

Wischhafen ist ein Ort, der vor allem aus dem Fähranleger für die Fähre nach Glückstadt besteht. Daneben kann der Ort mit dem **Küstenschiffahrts-Museum** punkten. Das ehrenamtlich geführte Museum ist in einem denkmalgeschützten Getreidespeicher am Hafen untergebracht und zeigt Originalgegenstände aus der großen Zeit der Kehdinger Küstenschifffahrt.

In Wischhafen fällt die Entscheidung, ob man mit der dortigen Fähre nach **Glückstadt** (▸ Seite 180) übersetzt und von dort mit der Regionalbahn (nicht im HVV) zurückfährt oder die Rundroute fortsetzt und durchs Binnenland nach Stade zurückradelt. Der Rückweg verläuft dann zunächst auf einer Variante des Elberadweges über Neulandermoor, Wolfsbruchermoor und Dornbuschermoor nach Süden. Wir folgen aber nicht der Ausschilderung nach Dornbusch, sondern folgen dem Weg immer weiter geradeaus über **Buschhörne** nach **Aschhorn.** Die Orte bestehen jeweils nur aus wenigen Gehöften, und wenn man sich hinter Aschhorn weiter geradeaus hält, verläuft der Weg nur noch über freies Feld – bis er schließlich in Stade endet. Hier kann man noch in eines der gemütlichen Altstadtlokale einkehren – oder gleich bis zum Bahnhof weiterrollen.

Schmucke Häuserzeile am Hafen in Glückstadt

Fähre
Glück-
stadt
Glückstadt
Herzhorn
B 495
Sperr-
werk
Rhin-
plate
Wisch-
hafen
Küstenschiffahrts-
museum
Kraut-
Kraut-
sand
Wischhafener Süderelbe
Neu-
land
B 431
Wolfs-
brucher-
moor
Dorn-
busch
sand
Kollmar
Dorn-
buscher-
moor
E
l
b
e
Busch-
hörne
Schwarz-
tonnen-
sand
Droch-
tersen
Aschhorn
NSG
Museum Heimatstube
Königs-
moor
Assel
Elbfestung
Grauerort
Abbenfleth
Bütz-
fleth
Kehdinger
Moor
Götz-
dorf
Himmelpforten
Hammah
Stade
Schwinge
2000 m
B 13
S
Stade

Der Wind, das Wasser und man selbst

★ **Radtour (50 km) Wischhafen – Freiburg – Hörne – Wischhafen**

★ **Radeln am Deich, durch unbewohntes Terrain, immer entlang der Elbmündung, mit frischer Nordseeluft in der Nase**

Start
Wischhafen
RB 61 alle 60 Min. ab Altona bis Glückstadt (nicht im HVV) und
Elbfähre Glückstadt/Wischhafen alle 60 Min. (www.elbfaehre.de)

Auf dieser etwa 50 Kilometer langen Rundtour trägt die eine oder andere Nordseebrise Radfahrer durch die weite Marschlandschaft mit alten Häfen, schmucken Reetdachhäusern und ausgedehnten Vogelrastgebieten. Naturfreunde und Erholungssuchende kommen hier voll auf ihre Kosten.

Ausgangspunkt der Tour ist Wischhafen (▸ Seite 149), und sie verläuft auch heute wieder auf einem Abschnitt des Elberadweges – zunächst jedenfalls. Nach acht Kilometern Fahrt direkt am Wasser ist der Flecken Freiburg/Elbe erreicht. Bei einem Bummel durch den Ortskern Freiburgs sind das Hafenensemble mit historischem Kornspeicher und Spülschleuse sowie die auf einer Wurt liegende St. Wulphardi-Kirche mit einer in kräftigen Farben bemalten Decke lohnenswerte Ziele.

Die nächsten 22 Kilometer des **Elberadwegs** – und unseres Weges – verlaufen nun ab Freiburg durch ganz und gar unbesiedeltes Terrain. Schöneworth-Außendeich, Wechtern Außendeich und Baljer Außendeich nennen sich die von Entwässerungsgräben durchzogenen Landschaftsabschnitte. Erst in der Siedlung Hörne Außendeich hat die Zivilisation uns wieder. Von hier aus könnte man auf dem – dem inneren Elbdeich folgenden – Radweg, der parallel zum Elberadweg verläuft, zurück in Richtung Freiburg radeln. Aber erst besuchen wir das Natureum Niederelbe, das wir erreichen, indem wir dem Elberadweg bis zum Ufer der Oste folgen (Oste-Sperrwerkszeiten beachten!). Hier liegt das Natureum zwischen Watt- und Wiesenflächen auf einer 20 Hektar großen Halbinsel zwischen Ostemündung und Elbe.

Natureum Niederelbe
Neuenhof 8
21730 Balje
Tel. (0 47 53) 84 21 10
Apr.–Okt. Di–So 10–18 Uhr
Juli–Aug. auch Mo
www.natureum-niederelbe.de.
März–Sep. 6 €, erm. 4 €
Okt.–Feb. 4 €, erm. 3 €
Im Natureum befindet sich ein Café-Bistro.

Der einmalige Lebensraum mit seiner Natur, seiner Umwelt und mehr als 1000 Jahren Siedlungsgeschichte durch den Menschen ist Thema des Natureums. Das Museumsgebäude umfasst 800 Quadratmeter Ausstellungsfläche und wird im Sommer noch durch eine Sonderausstellungshalle ergänzt. Noch interessanter sind die diversen unterschiedlichen Biotope, die hier angelegt wurden. Acht verschiedene Lehrpfade machen die Natur zum Erlebnis. Eine Freilichtausstellung behandelt das Thema „Urzeit zwischen Elbe und Weser“, und vom Aussichtsturm können ornithologisch Interessierte mit Fernrohren den Mündungstrichter der Elbe überblicken. Mehr als 100 Vogelarten zeigen sich im Verlauf des Jahres vor den Beobachtungsstationen.

Nach dem Besuch des Natureums geht es auf den Rückweg von Hörne über Balje am Elbdeich entlang nach **Krummendeich.** Hier kann man geradeaus gleich weiter bis nach Freiburg radeln oder nach rechts abbiegen. Man kommt dann nach **Kamp** und radelt auf einem kleinen Stück des **Obstmarschenwegs** – auch eine zu Recht beliebte Radwanderstrecke – nach Freiburg. In Freiburg haben wir dann die Wahl zwischen drei Wegen: mittig weiter auf dem Obstmarschenweg, südlich von Freiburg über Landesbrück, Larkenburg und Hollerdeich durchs „Binnenland“ oder wieder auf dem schon von der Hinfahrt bekannten Elberadweg am Fluss entlang. Egal wie wir uns entscheiden: alle Wege führen zurück nach Wischhafen.

Oste-Sperrwerk Balje – Hörne
Apr.–Sep. Di–Do 10–17, Sa/So 10–18 Uhr
Okt.–März Di–Do 10–17, Sa/So 10–17 Uhr

Hotel und Restaurant Zwei Linden
Regionale Küche, Wild- und Fischspezialitäten
Itzwördener Straße 4
21730 Balje-Hörne
Tel. (0 47 53) 8 43 00
www.hotel-zwei-linden.de
Di–Sa 12–13.30 Uhr und 18–21, So 12–14 Uhr,
Nov.–Apr. Sa nur ab 18 Uhr

Café Wichers
Hans-Mügge-Str. 1
21729 Freiburg
Tel. (0 47 79) 14 52
Sommer tgl. 9–18 Uhr
Winter 9–17 Uhr

Westen

Falkensteiner Ufer
▸ Seite 168

Am grünen Strand der Elbe

- ★ Spaziergang: Altonaer Museum, Altonaer Balkon, Elbufer, Museumshafen Övelgönne & Teufelsbrück
- ★ Elbblick, Fischerhäuser und Museumshafen

Start
Bhf. Altona

Rückfahrt
Teufelsbrück
SchnellBus 36
alle 15–30 Min. oder
Klein Flottbek
S1 S11 alle 5–10 Min.

Der Bahnhof Altona als Ausgangspunkt für eine Wanderung ins Grüne? Nein, hier liegt kein Irrtum vor. Wer weiß, wo's lang geht, ist schon nach wenigen Minuten von Blumen und Bäumen umgeben.

Der **Platz der Republik** ist der Beginn einer grünen Achse vom Altonaer Bahnhof zur Elbe. Tatsächlich ist der Platz ein Park, eine gärtnerische Schmuckanlage, die sich an die Platzgestaltung des 19. Jahrhunderts anlehnt. Die typischen repräsentativen Stadtplätze dieser Zeit waren meist von Straßen umgeben und im Inneren mit Flanierwegen, Zierbeeten und Sitzbänken reich ausgestattet. Die mächtigen Blutbuchen und Platanen auf dem Platz der Republik stammen noch aus dem vorletzten Jahrhundert. In den 70er Jahren des 20. Jahrhunderts wurde die Anlage neu gegliedert, eine Staudenbepflanzung eingefügt und nach außen, also zu den immer verkehrsreicher gewordenen Straßen hin, durch Büsche abgeschirmt. Im nördlichen Teil des Parks befindet sich außerdem eine imposante, mehrfigurige Brunnenanlage mit Wasserspiel – der Stuhlmannbrunnen.

Wenn wir uns beim Gang über den Platz der Republik rechts halten, gelangen wir zum **Altonaer Museum** für Kunst und Kulturgeschichte. Nicht nur Freunde des Maritimen kommen hier auf ihre Kosten, auch Besucher, die sich für die Kulturgeschichte und die Landeskunde des norddeutschen Küstengebietes interessieren, finden eine umfangreiche Ausstellung vor. Besonders stolz ist das Museum auf seine Vierländer Kate, ein Haus aus dem 18. Jahrhundert, das Stein für Stein in den Vierlanden ab- und hier im Inneren des Museums wieder aufgebaut wurde.

Altonaer Museum
Museumstraße 23
Tel. (040) 42 81 35 35 82
www.altonaermuseum.de
Di–So 10–17 Uhr
7,50 €, 4,50 €, bis 17 Jahre frei

Wer nach dem Museumsbesuch auf Kurs bleibt und sich weiterhin steuerbord – ach was: rechts – hält, gelangt zu einer kleinen Grünanlage am Ottenser Marktplatz. Mittelpunkt der Anlage ist die **Christianskirche,** ein einfacher, aber reizvoller Backsteinbau von 1738, benannt nach dem dänischen König Christian VI. Auf dem die Kirche umgebenden alten Friedhof, heute Teil der Grünanlage, liegt auch der Dichter Friedrich Gottlob Klopstock (1724–1803) begraben. Sein von einem schmiedeeisernen Zaun eingefriedetes Grab findet sich an der der Elbe zugewandten Seite des Friedhofs unter einer alten Buche.

Als Abschluss der grünen Achse vom Altonaer Bahnhof zur Elbe thront der **Altonaer Balkon** hoch über dem Strom. Von hier bietet sich ein eindrucksvoller Blick über die Hafenanlagen, die kühn geschwungene Köhlbrandbrücke und das Treiben auf der Elbe. Die Anlage schafft eine Verbindung zwischen dem Zentrum Altonas und dem Elbuferwanderweg.

Am Ufer der Elbe reihen sich jetzt an unserem Weg stromabwärts zahlreiche Parks und Grünanlagen aneinander. Alle gehen sie zurück auf einst private Parks der reichen Kaufleute und Reeder, der sprichwörtlichen Pfeffersäcke, die sich hier ihre Prachtvillen errichten ließen. Nicht umsonst gilt die Elbchaussee, die oberhalb unseres

Le Canard Nouveau
Restaurant in einem Hightech-Neubau oberhalb des Museumshafens.
Elbchaussee 139
Tel. (040) 88 12 95 31
www.lecanard-hamburg.de
Di–Sa 12–14.30 und 18.30–22.30 Uhr

Landhaus Scherrer
Die rustikale Variante eines Edelrestauransts mit traditionellem Ambiente.
Elbchaussee 130
Tel. (040) 8 83 07 00 30
www.landhausscherrer.de
Mo–Sa 12–15 und ab 18.30 Uhr

Landhaus Dill
Gehobene Küche.
Elbchaussee 94 (auf Höhe des Donnersparks)
Tel. (040) 3 90 50 77
www.landhausdill.com
Di–Fr 17.30–22.30, Sa/So/Fei 12–22.30 Uhr

Blick vom Altonaer Balkon auf die Hafenanlagen

Weges parallel auf dem Hochufer verläuft, als die schönste Straße Hamburgs.

Bei dem ersten Elbufer-Park auf unserem Weg, der **Rainville-Terrasse,** handelt es sich um den Überrest der Anlage, die einst als öffentlicher Park von Lubin Claude Rainville geschaffen wurde – als Anziehungspunkt für den französischen Landgasthof, den er hier betrieb. Wir gelangen in den **Heine-Park,** der erst vor 20 Jahren öffentlich zugänglich wurde. Er erhielt seinen Namen durch den Bankier Salomon Heine, der das Grundstück Anfang des 19. Jahrhunderts erwarb.

Es folgt der **Donnerspark,** der auf einen Lustgarten des frühen 17. Jahrhunderts zurückgeht. Seinen Namen verdankt er dem Kaufmann Conrad Heinrich Donner, der das Gelände 1820 kaufte. Der benachbarte Park heißt **Rosengarten,** weil hier zum 250-jährigen Stadtjubiläum Altonas im Rahmen einer Gartenbauausstellung ein Rosengarten angelegt wurde. Durch alle vier ineinander übergehenden Parks führt der Schopenhauer Weg. Diesen Weg sollte man wählen, denn noch verlaufen direkt unten am Elbufer die großen Straßen Kaistraße bzw. Neumühlen. Am Lüdemannsweg, in den der Schopenhauerweg mündet, aber geht es steil bergab nach Övelgönne.

In **Övelgönne,** am Fuße des steilen Geesthanges, führt der schmale Fußweg parallel zur Elbe zwischen den malerischen Häuschen und den dazugehörenden Gärten entlang. Zuerst lebten hier Fischer. Im 17. Jahrhundert entwickelte sich das Gebiet zu einem frühen Industriestandort mit Trankochereien und Leimsiedereien, also zu einem Industriestandort der unangenehmen Art. Schließlich siedelten sich Lotsen an, deren Dienste auf der Elbe wegen der immer größer werdenden Schiffe unentbehrlich wurden. Die Lotsenhäuser, ein- und zweigeschossige Fachwerk- und Backsteinhäuser, prägen noch heute das Gesicht Övelgönnes und machen den besonderen Reiz dieser Idylle aus.

Museumshafen Övelgönne
Anleger Neumühlen
Tel. (040) 41 91 27 61
www.museumshafen-oevelgoenne.de
Ganzjährig geöffnet, Besuch jederzeit möglich
Eintritt frei

Museumshafen-Café
Neben Kaffee und Kuchen auch Fischgerichte und andere Klassiker der norddeutschen Küche.
Auf der D.E.S. „Bergedorf"
Anleger Neumühlen
Tel. (040) 39 73 83
www.museumshafencafe.de
Mo/Mi–Sa 12–21,
So 10–21 Uhr

Ein Anziehungspunkt für alle Schifffahrtsbegeisterten weit über Hamburg hinaus ist der **Museumshafen Övelgönne,** der 1977 von einem privaten Verein am Anleger Neumühlen eingerichtet wurde. Viele historische Schiffe haben hier – endgültig – Anker geworfen, so das legendäre Feuerschiff Elbe 3, der schwimmende Leuchtturm in der Elbmündung und viele Segler, die früher den Hauptteil des Verkehrs auf der Elbe bewältigten.

Die weitere Wanderung führt unmittelbar am Ufer entlang. Zur Linken geht der Blick über die Elbe, zur Rechten hinauf zu **Schröders Elbpark.** Das dicht mit alten Eichen bestandene Parkgelände ist der Rest eines riesigen Gartens, den Johann Heinrich Freiherr von Schröder Anfang des 19. Jahrhunderts anlegen ließ, „damit er in den Sommermonaten der Erholung und Pflege des Familienlebens diene“. Wohl um den Garten mit Leben zu füllen, zeugte Schröder zwölf Kinder. Einer seiner vielen Nachfahren, der Londoner Bankier Helmut Schröder, verschenkte das Gelände in den 50er Jahren des 20. Jahrhunderts schließlich an die Stadt Hamburg (das freiherrliche „von“ scheint schon vorher abhandengekommen zu sein). Nur ein Stück weiter das Hans-Leip-Ufer entlang, treffen wir auf den sich nun gut einen Kilometer am Ufer hinziehenden **Hindenburgpark.** Ihn musste die – damals noch nicht zu Hamburg gehörende – Stadt Altona im Jahre 1928 teuer kaufen.

Teufelsbrück, unser Ziel, ist gleich hinter dem Hindenburgpark erreicht. Vielleicht ist Teufelsbrück nur ein Etappenziel, denn nahtlos lässt sich der nächste Abschnitt des Elbuferwanderweges bis Blankenese anschließen (▸ Seite 162). Man kann auch den hier beginnenden und sich ins „Landesinnere“ erstreckenden **Jenischpark** (▸ Seite 160) erkunden, um dann zum S-Bahnhof Klein Flottbek zu gehen. Wer wirklich früh aufgestanden ist, schafft womöglich auch noch den dort gelegenen **Loki-Schmidt-Garten** (▸ Seite 158). Oder man besteigt am Anleger Teufelsbrück die Fähre und setzt nach Finkenwerder über, der ehemaligen Elbinsel, die ebenfalls erkundet werden will (▸ Seite 128).

Strandperle
Kultkneipe mit traumhafter Lage und toller Atmosphäre.
Am Strand von Övelgönne
Tel. (040) 8 80 11 12
www.strandperle-hamburg.de
Mo–Fr ab 11,
Sa/So ab 10 Uhr

Café Elbterrassen
Café in schöner Lage mit Blick auf den Museumshafen.
Övelgönne 1
Tel. (040) 3 90 34 43
www.cafe-elbterrassen.de
Apr.–Okt. tgl. 10–23 Uhr
Okt.–Apr. nur
Sa/So 12–18 Uhr je nach Witterung

Restaurant Engel
Thront wie ein Gewächshaus auf dem Anleger, hervorragende Aussicht.
Auf dem Fähranleger Teufelsbrück
Tel. (040) 82 41 87
www.restaurant-engel.de
Mo–Fr ab 12, Sa/So/Fei ab 10 Uhr, So/Fei Brunch 10–14.30 Uhr,
Nov.–März Di Ruhetag

Klingende Hölzer

★ **Spaziergang durch den Neuen Botanischen Garten**

★ **Exotische Pfanzen erleben, durch Bambuswälder schreiten und Nutzpflanzen mit anderen Augen sehen**

Start
Klein Flottbek
S1 S11 alle 5–10 Min.
oder **MetroBus M21**
alle 5–10 Min.

Am 23. Oktober 2012 wurde der „Neue Botanische Garten" nach der verstorbenen Umweltschützerin Loki Schmidt umbenannt. Die Gattin von Altkanzler Helmut Schmidt hatte sich für den Erhalt und Ausbau der Grünanlage engagiert.

Eröffnet wurde der „Neue Botanische Garten" 1979. Angelegt ist er auf dem Gelände des Nordparks der berühmten „Ornamented Farm" von Johann Caspar Voght (► Seite 160). Im Zentrum des Gartens befindet sich seit 2012 eine **Phylogenetische Zeituhr,** eine kreisförmig gestaltete Anlage, in der 300 Millionen Jahre der Pflanzenevolution in Form einer Uhr dargestellt werden. Am Anfang der Zeitreise steht der Ginkgobaum, der als ältestes lebendes Fossil gilt.

Wer sich beim Rundgang nach rechts wendet, trifft in der Nähe des Eingangs auf einen **Nutzpflanzengarten.** Alle europäischen Nutzpflanzen von Kohlgewächsen bis Zwiebeln sind hier angebaut. Je nach Jahreszeit sieht man den Wachstumsstatus unserer Grundnahrungsmittel. Gleich dahinter schließen sich Giftpflanzen an – Kinder bitte an die Hand nehmen! Es folgen ein **Rosengarten** und ein **Steingarten** mit blau leuchtender pyramidenförmigen Gewächshäusern.

Weiter geht es durch die Flora von **Süd- und Nordamerika.** Zum Ausruhen lädt der **Japanische Garten** ein, der neben Pflanzen auch die japanische Gartenkunst repräsentiert. Von einer schattigen Bank aus kann man auf die **zentralasiatische Steppe** schauen. Wer sich lieber in der **alpinen Landschaft** aufhalten möchte, muss nur ein paar Schritte weiter gehen und kann fast wie in den Alpen an kleinen Bächen verweilen und den Molchen bei der Futtersuche zuschauen.

Loki-Schmidt-Garten – Botanischer Garten der Universität Hamburg
Ohnhorststraße
22609 Hamburg
Tel. (040) 42 81 64 76
www.bghamburg.de
Tgl. 9 Uhr bis 1,5 Stunden vor Sonnenuntergang
Eintritt frei

Von Anfang Mai bis Ende Okt. sonntags um 10 Uhr kostenlose Führungen.

Loki-Schmidt-Haus
Tel. (040) 42 81 64 40
www.biologie.uni-hamburg.de/bzf/museum/index.htm
März–Okt. Di–Sa 13–17, So/Fei 10–17 Uhr
Nov. jeweils bis 16 Uhr
Eintritt frei

Die Wüste lebt: in den Gewächshäusern des Loki-Schmidt-Gartens

Beim Weg zurück zum Ausgang lohnt noch eine Wanderung durch den **Rhododendronhain** und den **Bambuswald** mit bis zu sechs Meter hohen Stämmen. Auch ein Abstecher in den **Bauern-** und den **Arzneipflanzengarten** ist lohnenswert. Die Abteilung für **Mittelmeerflora,** durch die der Rest des Rundweges führt, präsentiert unter anderem einen uralten, knorrigen Olivenbaum.

Tipp: Im Frühjahr zur Krokusblüte den Garten besuchen, wenn in der Nähe des Eingangs unzählige Blüten den Rasen an der linken Seeseite in ein blaues Meer verwandeln.

Das **Loki-Schmidt-Haus,** ein Museum für weltweit wachsende Nutzpflanzen, setzt die Tradition des Botanischen Museums zu Hamburg nach dem Umzug aus der Marseiller Straße fort und erfüllt sie im Sinne der Namensgeberin mit neuem Leben. Hier kann nicht nur geschaut, sondern auch angefasst werden. Die Vielfalt und Bedeutung der Nutzung pflanzlicher Ressourcen wird kleinen und großen Besuchern begreifbar gemacht. Produkte aus Nutzpflanzen, die uns alltäglich begegnen, gibt es zu entdecken. Von Äpfeln bis Zucchini wird alles genau unter die Lupe genommen. Auf abrufbaren Steckbriefen gibt es Informationen zu Anbaugebieten, Verwendung, Hauptproduzenten und ökonomischer Bedeutung. Auch Loki Schmidts Entwicklungsgeschichte als Forscherin und Botschafterin für die Natur wird in einer Ausstellung ausführlich dargestellt.

Riech-, Hör- und Tastgarten

Auf keinen Fall sollte man den Botanischen Garten verlassen, ohne den Riech-, Hör- und Tastgarten besucht zu haben. Hier können sich die Besucher nicht nur an den Duftorgeln mit diversen pflanzlichen Düften zudröhnen, sondern auch das Dendrophon ausprobieren – eine Art Instrument, mit dem sich die verschiedenen Holzarten nach dem Klang unterscheiden lassen. Verblüffend, wie unterschiedlich die Hölzer der einzelnen Bäume klingen!

Ein Park mit Aussicht

★ Stadtausflug Instenhäuser, Ernst-Barlach-Haus & Jenisch Haus
★ Parklandschaft in englischem Stil und ein Juwel des Klassizismus

Start
Klein Flottbek
S1 S11 alle 5–10 Min.

Karte ▸ Seite 163

Ernst-Barlach-Haus
Baron-Voght-Straße 50a
Tel. (040) 82 60 85
www.barlach-haus.de
Di–So/Fei 11–18 Uhr
6 €, erm. 4 €, bis 18 Jahre frei, Familienkarte 9 €

Jenisch-Haus
Museum für Kunst und Kultur an der Elbe.
Baron-Voght-Straße 50
Tel. (040) 82 87 90
www.jenisch-haus.de
Di–So/Fei 11–18 Uhr
Preise:
5,50 € / erm. 3,70 € / bis 18 Jahre frei
Kombiticket für Ernst-Barlach-Haus und Jenischhaus: 8 €

Der vielleicht schönste, auf jeden Fall der bekannteste Park an der Elbchaussee ist der Jenischpark. Dabei geht er eigentlich auf einen Bauernhof zurück.

Allerdings war dieser Bauernhof kein gewöhnlicher Landwirtschaftsbetrieb, sondern eine „Ornamented Farm". Der reiche Hamburger Kaufmann Johann Caspar Voght ließ 1797, inspiriert von seinen Englandreisen, diese Mischung aus Mustergut und Landschaftsgarten anlegen. Der ursprüngliche Park war sehr viel größer als der heutige Jenischpark, dieser umfasst nur den ehemaligen Süderpark. Auf anderen Teilen der „Farm" entstanden unter anderem der Loki-Schmidt-Garten (▸ Seite 158) und ein Golfplatz. Dem Begründer kam es darauf an, das Schöne mit dem Nützlichen zu verbinden und eine Ackerreformwirtschaft mit einer empfindsamen, „der Natur abgelauschten" Gestaltung zu verknüpfen.

Dass sich Voghts Reformgedanken nicht auf die Botanik beschränkten, sondern auch den Menschen einbezogen, davon kann man sich schon auf dem Weg vom S-Bahnhof Klein Flottbek über die zum Park führende Baron-Voght-Straße überzeugen. Mit der Hausnummer 52 stehen hier die sogenannten **Instenhäuser,** die Voght ab 1786 hatte bauen lassen. Die elf erhaltenen Häuser stellen eine frühe Reihenhaussiedlung dar. Durch die geschickte Raumaufteilung ließ es sich in den einheitlich gehaltenen Häuschen für eine Familie recht behaglich wohnen, obwohl die Wohnfläche nicht einmal 30 Quadratmeter beträgt. Heute sind die vorbildlich restaurierten Häuser eine begehrte Adresse bei Singles.

Die Instenhäuser stehen am Nordrand des heutigen Jenischparks. Bevor man die ganze Parklandschaft in ihrer Weite genießt, bietet sich ein

Das Jenisch Haus ist ein Juwel des Klassizismus

Besuch des **Ernst-Barlach-Hauses** an. Das Haus beherbergt eine Holzskulpturensammlung, 400 Zeichnungen, das druckgrafische Werk und ein Archiv des expressionistischen Bildhauers, Zeichners und Schriftstellers.

Majestätisch auf einer kleinen Anhöhe gelegen, präsentiert sich das **Jenisch Haus** in strahlendem Weiß. Das im Jahre 1832 für den Senator Martin Johann Jenisch nach Plänen von Gustav Forsmann und Karl Friedrich Schinkel errichtete Landhaus ist ein Juwel des Klassizismus. Heute ist das Jenisch Haus eine Außenstelle des Altonaer Museums, es zeigt Mobiliar und Einrichtungen von der Spätrenaissance bis zum Jugendstil.

Als Jenisch, übrigens der Patensohn des Johann Caspar Voght, den Besitz seines Patenonkels kaufte, wurde der Süderpark entsprechend dem damaligen Zeitgeschmack weiterentwickelt. Allerdings bewahrte Jenisch die Ackerstrukturen, den Solitärbaumbestand und eine Waldparzelle im Herzen des Parks und legte sein eigenes Konzept quasi wie ein zweites Netz darüber. Dieser klassische Landschaftsgarten mit seinen noch immer ablesbaren Felderkammern ist bis heute weitgehend erhalten geblieben.

Café im Jenisch Haus
Im ehemaligen Billardzimmer des Senators, wird vom Hotel Louis. C. Jakob betrieben. Außenbereich bei schönem Wetter.
Tel. (040) 82 29 08 22
www.hotel-jacob.de
Di–Fr 12–18,
Sa/So 11–18 Uhr

Für Strandläufer

★ Spaziergang: Elbschlösschen, Hirschpark & Blankenese Fähranleger (Fortsetzung von Elbuferweg 1 ▸ Seite 154)

★ Berühmte Treppen, edles Ambiente und jahrhundertealte Linden

Start
Teufelsbrück
SchnellBus 36
alle 15–30 Min.

Rückfahrt
Blankenese
S1 S11 alle 5–10 Min.
oder SchnellBus 36
alle 15–30 Min.

Die Schuhe in die Hand nehmen und mit den Füßen im Wasser waten – das kann man tatsächlich auf dem Weg zwischen den beiden Fähranlegern Teufelsbrück und Blankenese.

Wanderer, denen das Wasser zu kalt ist oder die den Beteuerungen zur Wasserqualität der Elbe misstrauen, können selbstverständlich trockenen Fußes auf dem gut ausgebauten Weg nach Blankenese kommen. So rechte Urlaubsstimmung will aber nur bei einer Wasserwanderung aufkommen. Andererseits lohnt es sich auch, der Landseite einige Aufmerksamkeit zu widmen.

So führt schon kurz hinter Teufelsbrück die Elbschlosstreppe hoch zur Elbchaussee. Und dort zum **Elbschlösschen,** einem kleinen klassizistischen Bau von 1804, der unter Denkmalschutz steht. Entworfen wurde er von dem berühmten dänischen Architekten Christian Frederik Hansen.

Kaum zurück am Strand geht schon wieder eine Treppe nach oben, die **Jacobstreppe.** Sie führt zu dem bekannten gleichnamigen Restaurant mit seiner noch bekannteren Lindenterrasse. Max Liebermann hat sie gleich auf zwei Gemälden verewigt. Angelegt wurde die Terrasse von dem französischen Kunstgärtner Daniel Louis Jacques, nachdem er die Witwe des 1790 gestorbenen Wirtshausbesitzers Nicolaus Paridom Burmester geheiratet hatte.

Über dem Elbuferweg ragt bald das satte Grün des Hirschparks auf. Ein Abstecher hinauf zu dieser Anlage lohnt auf jeden Fall. Fast 25 Hektar groß ist der **Hirschpark** und bietet damit Gelegenheit zu ausgedehnten Spaziergängen. Aber der beliebte Park hat noch mehr zu bieten. Berühmt ist die 200 Jahre alte Lindenallee; uralte frei stehende Bäume, Solitärbäume, schmücken die groß-

Hotel Louis C. Jacob
Eines der berühmtesten Restaurants der Stadt mit der legendären Lindenterrasse.
Elbchaussee 401–403
22609 Hamburg
Tel. (040) 82 25 50
www.hotel-jacob.de
Do–So 12.30–14 und
Mi–So 19–21.30 Uhr

zügigen Freiflächen. Manche ihrer Äste berühren den Boden und dienen Kindern als Klettergerüst. Seinen Ursprung hat der Park in den Aktivitäten Johann Cesar VI. Godeffroys. Auf diesen schwerreichen Kaufmann geht auch das Hirschgehege zurück. Godeffroy war leidenschaftlicher Jäger, doch blieb ihm wenig Zeit, in den Wäldern zwischen Rissen und Blankenese auf die Pirsch zu gehen. Wenn der Jäger nicht zum Hirsch kommt, muss eben der Hirsch zum Jäger kommen. Heute landen die Tiere natürlich nicht mehr vor den Flinten der Pfeffersäcke, sondern können von den Besuchern bestaunt werden. Architektonisches Schmuckstück des Parks ist das **Witthüs,** ein reetgedecktes Haus nahe der Elbchaussee. Von 1950 bis zu seinem Tode 1959 wohnte hier Hans Henny Jahnn, der berühmte Dramatiker, Schriftsteller und Orgelbauer; heute ist darin ein Restaurant untergebracht.

Neben dem Hirschpark nimmt sich der nächste Park, der **Baurs Park,** fast bescheiden aus. Er reicht bis zum Strandweg hinab – diesen Namen hat unser Elbuferweg mittlerweile angenommen. Statt der einst berühmten Kleinarchitektur, mit der sein Schöpfer Georg Friedrich Baur die Anlage schmückte, markiert heute ein im klassischen Rot-Weiß gehaltener Leuchtturm den Baurs Park.

Gleich hinter dem Baurs Park beginnt das Treppenviertel von Blankenese (▸ Seite 164). Wer sich bis jetzt vorm Treppensteigen gedrückt hat, wird womöglich auch hier vor der Anstrengung fliehen – und zwar mit der Fähre vom Anleger Blankenese ins Alte Land nach Cranz (▸ Seite 134).

Witthüs Teestuben
Nicht (nur) Teestube mit Sommerterrasse, sondern auch Restaurant der gehobenen Kategorie. Im plüschigen Ambiente Gerichte der verfeinerten Regionalküche.
Elbchaussee 449a
Im Hirschpark
22587 Nienstedten
Tel. (040) 86 01 73
www.witthues.de
Di–Sa 14–23,
So/Fei 10–23 Uhr,
Restaurant ab 19 Uhr

Treppauf, treppab

★ Spaziergang: Goßlers Park, Hessepark & Süllberg
★ Pitoreske Fischerhäuser, unzählige Treppen zum Auf- und Absteigen und ein wunderschöner Elbblick

Start
Blankenese
S1 S11 alle 5–10 Min.
oder **MetroBus M1/M22**
alle 10–20 Min.

Gratis Audiotouren unter hvv.de/audiotouren herunterladen

▸ Hörabschnitt Nr. 1–6 siehe HVV-Netzplan Klappe hinten im Umschlag und
▸ Hörabschnitt Nr. 7–19 Karte Seite 165

Jede Wette, dass Sie sich bei diesem Ausflug mindestens einmal verlaufen werden. Das Treppenviertel des Blankeneser Süllbergs ist ein wahres Labyrinth – allerdings ein äußerst malerisches.

Nach der Ankunft am Blankeneser S-Bahnhof bietet sich vor der Erkundung des Treppenviertels zunächst ein Besuch des benachbarten **Goßlers Parks** mit dem Goßlerhaus an. Wie auf einer Bühne erhebt sich auf einer sanften, rasenbewachsenen Anhöhe der klassizistische weiße Prachtbau.

Wenn man die **Blankeneser Bahnhofstraße** hinunterbummelt, zweigt links der Mühlenberger Weg ab, wo am Markt die **Blankeneser Kirche** steht. Die Backsteinkirche im neugotischen Stil wurde 1896 eingeweiht. Wieder auf der Blankeneser Bahnhofstraße, zweigt kurz darauf ein Weg nach rechts zum **Hessepark** ab. Wie Goßlers Park ist auch der Hessepark in den 1920er Jahren von der Gemeinde Blankenese erworben worden und steht seitdem der Öffentlichkeit zur Verfügung.

Vom Hessepark ist es nur ein Katzensprung zur Erkundung des Treppenviertels und zur Besteigung des Süllbergs. Der **Süllberg** ist eine steil zum Elbufer abfallende Anhöhe von 75 Metern. Zweimal wurde hier in fernen Zeiten eine Burg errichtet, aber beide Male hatte sie nur wenige Jahre Bestand. Der Berg blieb ungenutzt und unbewohnt. Im Jahre 1837 erkannte schließlich ein cleverer Gastronom den Wert der exponierten Lage mit dem herrlichen Ausblick und eröffnete hier einen Milchausschank, aus dem sich bald ein bekanntes Ausflugslokal entwickelte. Der Bau mit seinem runden Aussichtsturm sollte an eine alte Burg erinnern. Nach aufwendiger Renovierung bietet die Anlage anspruchsvollen und betuchten

Ausflüglern in verschiedenen Restaurants angenehme Rast. Unweit befindet sich auch der **Waseberg** (▸ Seite 166).

Bedingt durch die Lage am Hang sind viele Wege in Blankenese als Treppen angelegt. Die Namen erinnern an die Bewohner der Häuser, zu denen sie führten: Bartmanns Treppe, Bornholdts Treppe, Schlagemihls Treppe, Schnudts Treppe. Kröger, Lesemann und Möller haben ebenso ihre eigene Treppe wie die Broers und die Oestmanns. Die längste Treppe ist die Strandtreppe, die von der Blankeneser Hauptstraße hinunter zum Elbstrand führt. Ein Besuch dieses **Treppenviertels** lohnt auf jeden Fall. Schön anzusehen und meist vorbildlich gepflegt sind die vielen alten, zum Teil reetgedeckten Häuser, in denen früher die Lotsen, Kapitäne und Schiffbauern lebten. In einem alten **Fischerhaus,** einem sogenannten Twehuis, befindet sich heute ein Museumszimmer, das Ausstellungsstücke aus der Geschichte Blankeneses zeigt.

Für den Fremden stellt sich das Treppenviertel allerdings als dreidimensionales Labyrinth dar. Wenn man sich verlaufen hat, ist es am einfachsten, sich immer bergab zu halten. So gelangt man irgendwann zwangsläufig zum **Strandweg** am Ufer der Elbe.

Unterhalb des Süllbergs liegt der **Fähranleger,** von dem aus die Fähre ins Alte Land nach Cranz verkehrt (▸ Seite 134). Wer keine Lust auf eine Schifffahrt hat, fährt mit der „Bergziege" (▸ Seite 166).

Deck 7
Auf dem Gipfel des Süllberges gelegen, mit entsprechendem Ausblick, Sommerterrasse.
Süllbergsterrasse 12
Tel. (040) 8 66 25 20
www.suellberg-hamburg.de
Mo–Sa 7–23 Uhr,
So/Fei 7–15 Uhr

Wochenmarkt
Frische Leckereien u.v.a.m. in der Blankeneser Bahnhofstraße.
Di 7.30–14, Fr 7.30–18,
Sa 7.30–13.30 Uhr
www.blankeneser-wochenmarkt.net

Fischerhaus Blankenese-Museum
Elbterrasse 6
Tel. (040) 86 40 53
www.blankenese.de/das-fischerhaus.html
Mai–Okt. jeden 1. So im Monat 14–17 Uhr

Hörabschnitte der Audiotour

Hörabschnitt Nr. 1–6 von Altona bis Blankenese: ▸ Klappe hinten

7 S-Bahnhof Blankenese
8 Goßlers Park
9 Hessepark
10 Waseberg
11 Strandweg
12 Fischerhaus (Blankenese Museum)
13 Süllberg
14 Treppenviertel
15 Fähranleger
16 Jollenhafen
17 Blankeneser Bahnhofstraße
18 Markt
19 Blankeneser Kirche am Markt
— Bus 48

Eine Bergziegentour

★ Bustour durch Blankenese: Baurs Park – Strandtreppe – Elbterrassen – Leuchtturm – Römischer Garten

★ Vorbei an Villen und Fischerhäusern, immer mit Blick auf die Elbe

Start
Blankenese
SchnellBus 48 alle 10–30 Min. ab Ⓢ Blankenese

Karte ▸ Seite 165

Hamburgs ungewöhnlichste Buslinie ist mit Sicherheit die Linie 48, eine Ringlinie, die vom S-Bahnhof Blankenese startet. Und warum die kleinen Busse Bergziege genannt werden, wird auf der Fahrt schnell klar.

Seit 1959 fährt die Bergziege dieselbe attraktive und spektakuläre Strecke durch Blankenese. Die Bergziegen sind kleine wendige Busse, eigens für diese Strecke angefertigt, damit sie gut durch die engen Gassen des Treppenviertels (▸ Seite 164) kommen. Seit Oktober 2014 fahren sie außerdem besonders umweltfreundlich – nämlich elektrisch. Und Steigungen schafft die Bergziege spielend: Den **Waseberg** mit immerhin 15 % Steigung nimmt sie, ohne zu meckern.

Eine Rundfahrt mit dem originellen Bus sollte sich kein Blankenese-Besucher entgehen lassen. Angefangen am S-Bahnhof Blankenese geht es zunächst ins Villenviertel um die Oesterleystraße.

Die nächste Station heißt Auguste-Baur-Straße und erschließt den nebenan liegenden **Baurs Park.** Der verdankt seinen Namen dem Altonaer Kaufmann Georg Friedrich Baur. Dieser ließ den Park anlegen und bestückte ihn mit allerlei Schmuckarchitektur: Mehrere Tempel, eine künstliche Turmruine, eine Orangerie und diverse Grotten gehörten dazu. Ein chinesischer Turm befand sich dort, wo heute ein moderner Leuchtturm steht. Von all den Bauten blieb nichts erhalten. Auch von der ursprünglichen Parkanlage ist nur noch ein Rest übrig, eben der heutige Baurs Park.

An der Haltestelle **Strandtreppe** sollte aussteigen, wer das Treppenviertel erkunden will. Die Strandtreppe ist die längste der zahlreichen Treppen und führt – man kann es sich denken – hinunter bis zum Strand. Es soll im Treppenviertel

4864 Stufen geben – amtlich gezählt. An der Haltestelle Beckers Treppe bietet sich die Möglichkeit, **Sagebiels Fährhaus** zu besuchen und von dort einen herrlichen Blick über die Elbe zu werfen. Einen ähnlich schönen Blick hat man von den **Elbterrassen,** zu denen man von Krögers Treppe aus gelangt, einer der nächsten Haltestellen der Bergziege. Von den Elbterrassen kann man ein kleines Stück hinunter zum „Rutsch" gehen. Das ist eine der längsten Treppen in Blankenese, und sie endet genau am Strandweg an der Haltestelle Krumdal. Eine ideale Abkürzung also.

Wer nicht an Krögers Treppe aussteigt, der lässt sich mit der Bergziege hinunterfahren zur Landungsbrücke von Blankenese. Sie wird auch „Bull'n" genannt, nach einem kleinen flachbödigen Transportschiff, das hier einst als improvisierte Landungsbrücke diente. Die nächste Haltestelle, Krumdal, liegt direkt an einem **Leuchtturm.** Der steht zwar schon im Wasser der Elbe, doch kann man trockenen Fußes vom Strand aus über einen Steg auf die Aussichtsplattform gelangen.

Am Falkentaler Weg klettert die Bergziege vom Elbufer hinauf zum Elbhöhenweg. Nach einem steilen Aufstieg ist bald der **Waseberg** erklommen. Am Waseberg liegt auch der Bismarckstein, ein 87 Meter hoher Aussichtsberg mit weitem Blick nach Westen. Über die Richard-Dehmel-Straße und schließlich wieder über die Oesterleystraße gelangt man zurück zum Ausgangspunkt, dem S-Bahnhof Blankenese.

Kaffeegarten Schuldt
Kleines Traditionscafé mit traumhaftem Blick über das Treppenviertel und die Elbe. Hier kann man sein Kaffeepulver auch selbst mitbringen.
Süllbergsterrasse 30
Tel. (040) 86 24 11
www.kaffeegarten-schuldt.de
Mai–Sep. Di–Fr 14–20 Uhr
Sa/So 13–20 Uhr
Okt.–Apr. Fr–So 13–18 Uhr

Sagebiels Fährhaus
Blankeneser Hauptstraße 107
22587 Blankenese
Tel. (040) 86 15 14
www.sagebielsfaehrhaus.de
Apr.–Sep. tgl. 12–22 Uhr, ab 14.30 Uhr Kaffee und Kuchen
Okt.–März Mo Ruhetag

Der Süllberg in Blankenese

Wandern am Strom

★ Wanderung (10 km) Blankenese – Falkensteiner Ufer – Wedel
★ Eine frische Brise, ein weiter Blick über Elbe und Elbinseln, landschaftliche Vielfalt und ein Abstecher ins Puppenmuseum

Start
Blankenese
S1 S11 alle 5–10 Min.

Rückfahrt
Wedel
S1 alle 10–20 Min.

Die Elbe weist den Weg: zu sehr imposanten Hochufern, zu verborgenen historischen Gärten und urwüchsigen Naturschutzgebieten.

Am Blankeneser Fähranleger bietet sich die Möglichkeit, über eine Reling gebeugt auf Elbwellen zu schauen: Der **Leuchtturm,** der einige Kilometer weiter flussabwärts schon im Wasser der Elbe zu sehen ist, lässt sich zwar nicht besteigen, es wurde aber extra an der Außenwand eine Aussichtsplattform angebracht, die sich vom Ufer trockenen Fußes erreichen lässt. Und welche Aussicht bietet sich? Rechts vor uns schweift der Blick über die mittlerweile zusammengewachsenen, unbewohnten Elbinseln Neßsand und Schweinesand ins Alte Land – und links über das Mühlenberger Loch. Besser: über die Reste des einstigen Biotops. Denn der größte Teil des Mühlenberger Lochs wurde mit Milliardenaufwand zugeschüttet, um dort die Erweiterungsbauten der Finkenwerder Flugzeugfabrik von Airbus Industries zu errichten.

Schöne Ausblicke bieten sich im weiteren Verlauf der Wanderung immer wieder, sowohl vom Uferwanderweg, der bald nach Blankenese nicht mehr Strandweg, sondern **Falkensteiner Ufer** heißt, als auch vom teils bewaldeten, teils zu Parks umgestalteten Hochufer aus. Allerdings ist der Aufstieg nicht immer ganz bequem. So geht es zum Schinckels Park über den Falkentaler Weg recht steil bergauf. Auf keinen Fall versäumen sollte man den **Römischen Garten** direkt am Falkensteiner Ufer. Dieser kleine Park ist eine der schönsten Grünanlagen Hamburgs – und zudem fast noch ein Geheimtipp. Äußerst gepflegt zeigt der Garten sich in mediterranem Stil.

Am Elbstrand

Strandfeeling an der Elbe: Falkensteiner Ufer

Wanderer, die noch genug Zeit haben, legen die Strecke nach Wedel nicht am Strand zurück, sondern auf dem Steilufer. Hier kann man sich zwar leicht verlaufen, zumal eine Beschilderung praktisch nicht vorhanden ist, aber man stößt auch immer wieder auf wunderschöne Flecken.

Im **Sven-Simon-Park** wartet neben dem landschaftlichen Reiz auch ein Museum der besonderen Art auf die Besucher: Das **Puppenmuseum** zieht mit seinen niedlichen Exponaten nicht nur kleine Kinder in seinen Bann. Vor allem ältere Damen erweisen sich als sehr begeisterungsfähig.

Ein letztes Naturerleben bietet sich noch einmal im **Naturschutzgebiet Wittenberger Heide.** Danach beginnt hinter der Grenze nach Schleswig-Holstein ein Industriegebiet. Eine Ölraffinerie und ein Heizkraftwerk verstellen den Weg. Das „Industriedenkmal" umgeht man am besten über den Tinsdaler Weg. Danach kann man sich entscheiden, ob man auf diesem bis zur Bahnhofstraße verbleibt, die ins historische Zentrum Wedels und zur S-Bahn führt, oder ob man sich wieder Richtung Elbe auf den Elbwanderweg begibt, der an der Schiffsbegrüßungsanlage Willkomm Höft endet (► Seite 173).

Puppenmuseum Falkenstein – Sammlung Elke Dröscher
Grotiusweg 79
Tel. (040) 81 05 81
www.elke-droescher.de
Di–So/Fei 11–17 Uhr
6 €, Kinder 3 €
Zweimal im Jahr Sonderausstellungen

Für Pferdefreunde

★ (Rad-)Rundwanderung (12 km) Rissen – Klövensteen – Rissen
★ Zwischen dichtem Wald und Pferdekoppeln zu malerischen Teichen

Start
Rissen
S1 alle 10–20 Min.

Der Klövensteen, ein großes Wald- und Weidegebiet im Westen der Hansestadt, ist ein traditionelles Ausflugsgebiet der Hamburger. Nicht nur für Reiter ist er ein Eldorado.

Tatsächlich lassen sich die landschaftlichen Schönheiten dieses Gebietes an der westlichen Stadtgrenze besonders gut vom Sattel aus erleben. Aber ein Pferd braucht es dazu nicht, ein Drahtesel leistet ebenso gute Dienste. Ein besonderer Vorteil ist natürlich, dass wir das Fahrrad bequem in der S-Bahn bis zum Bahnhof Rissen mitnehmen können. Versuchen Sie das mal mit einem Pferd.

Vom S-Bahnhof ist man über den nahen Klövensteenweg schon bald in einem Kiefernwald. Am Walderholungsplatz sollte man nach links in den Feldweg 84 einbiegen, über den man zum Wildgehege kommt. Rechter Hand befinden sich das Schnaakenmoor und ein Reit-

Beliebt bei Pferd und Reiter: der Klövensteen

weg. Auf dem Feldweg 84 gelangt man zum östlichen Eingangsgatter des Geheges. Uhus, Wildschweine, Hirsche und Rehe kann man hier aus nächster Nähe beobachten. Wer einen besonders guten Einblick in die einzelnen Gehege haben möchte, der besteigt eine kleine Aussichtsplattform und entdeckt so womöglich noch einige scheuere Exemplare. Im südlich des Wildgeheges liegenden Waldgebiet stößt der Spaziergänger auf malerische Teiche.

Zurück auf dem Klövensteenweg kommt man bald auf den meist gut besuchten Waldspielplatz Klövensteen. Nördlich davon, am Babenwischenweg, befindet sich die **Ponywaldschänke,** ein beliebtes Familienausflugslokal. Gestärkt geht es auf den gut ausgeschilderten Wirtschaftswegen in nördlicher Richtung in den eigentlichen **Staatsforst Klövensteen**. Auf dem Weg wechseln immer wieder kleinere Waldgebiete mit Pferdekoppeln ab. Zahlreiche private Reitställe verteilen sich über den Klövensteen.

Spätestens auf der Fahrt über die ruhigen Waldwege des Klövensteens sollte man sich überlegen, ob der Ausflug zurück nach Rissen führen soll, oder ob Wedel das Ziel der Fahrt ist. Wer sich für Wedel entscheidet, lernt noch eine andere schöne Landschaft kennen: das ausgedehnte **Moorgebiet**, das sich auf schleswig-holsteinischem Boden an den Klövensteen anschließt. Krabatenmoor, Buttermoor, Butterbargsmoor und Sandbargsmoor heißen die einzelnen ineinander übergehenden Moore. Auf gut befestigten Wegen, auf denen man auch unbedingt bleiben sollte, erreicht man mit dem Rad in südlicher Richtung mühelos die Wedeler Vororte Magdalenenhof und Haidehof.

Über die Straßen Wespenstieg und Sandmoorweg geht es nach einem waldreichen Tag zum Ausgangspunkt Rissener Bahnhof zurück.

Ponywaldschänke
Babenwischenweg 28
22559 Hamburg
Tel. (040) 81 23 53
www.pony-waldschaenke.de
Sommer tgl. 11–22 Uhr, im Winter bis 21 Uhr

Restaurant Reitstall Klövensteen
Biergarten, Fisch- und Wildgerichte.
Uetersener Weg 100
22869 Schenefeld
Tel. (040) 8 30 69 92
www.restaurant-reitstall-kloevensteen.de
Di–Sa 10–24, So/Fei 10–22, Biergarten Di–Fr ab 12, Sa/So/Fei ab 11 Uhr

Da kommt Fernweh auf!

★ (Rad-)Wanderung (12 km) Wedel – Fährmannssand

★ Durch Wedel spazieren, in Willkomm Höft Schiffe begrüßen und an der Elbe Schafe sehen

Start
Wedel
S1 alle 10–20 Min.

Rückfahrt
Wedel
S1 alle 10–20 Min.

Karte ▸ Seite 179

Diese Discjockeys arbeiten nicht nachts, und sie spielen auch nicht die neuesten Hits, sondern lassen jeden Tag bis zum Sonnenuntergang Nationalhymnen erklingen. Doch bevor wir in Willkomm Höft dem Begrüßen und Verabschieden der Schiffe lauschen, besuchen wir erst einmal den historischen Part der westlichen Nachbarstadt Hamburgs – gleich hinter dem Wedeler S-Bahnhof.

Die Kirche, das Pastorat und weitere gepflegte Bauten bilden den Kern des alten Wedels. Zentrum ist der Roland, eine etwas ungeschlachte Sandsteinfigur. Der Sage nach war Roland ein Ritter im Dienste Karls des Großen. Der Roland steht als Symbol für verliehene Handels- und Marktrechte. Der Reichsapfel ist ein Zeichen des Marktfriedens und der Marktgerechtigkeit. Die einstige wirtschaftliche Bedeutung Wedels gründete sich auf den Ochsenmarkt, der – 1212 erstmals urkundlich erwähnt – im 16. und 17. Jahrhundert seine Blüte erlebte. Bei Wedel gab es eine Furt, auf der die Herden durch die Elbe getrieben werden konnten. Tausende von Tieren, die von Jütland heruntergetrieben wurden, wechselten hier im Frühjahr alljährlich den Besitzer. So sollen im Jahr 1601 allein 20000 Ochsen verschifft worden sein. Von Wedel aus gelangten die Tiere weiter nach Mitteldeutschland und nach Holland. Als zu Beginn des 18. Jahrhunderts vermehrt Tiere der Lungenseuche zum Opfer fielen, nahm der rege Handel jedoch schnell ab. Noch heute erinnert daran der stets im April stattfindende Wedeler Ochsenmarkt. Nur reisen die Tiere inzwischen bequem im Hänger an, und es sind auch nicht mehr nur Rinder, sondern immer mehr Pferde. Eines ist aber immer noch so wie früher:

Willkomm Höft
Wer vom Fernweh gepackt werden möchte, der ist hier richtig.
Tgl. 10–18 Uhr, im Winter bis Einbruch der Dunkelheit

Restaurant Schulauer Fährhaus
Regionale und mediterrane Küche, Fischspezialitäten.
Parnaßstraße 29
22880 Wedel
Tel. (0 41 03) 9 20 00
www.schulauer-faehrhaus.de
Mo–So 11–23 Uhr
So/Fei 9.30–12 Uhr Frühstücksbuffet

Der Verkauf per Handschlag nach alter Tradition. Wer beim Auftrieb dabei sein will, muss früh aufstehen, denn zwischen 5.30 und 6.00 Uhr geht es los. Wer dem Handel mit den Vierbeinern nicht beiwohnen möchte, kann im Festzelt ein mehrtägiges Programm miterleben. Aus dem historischen Ochsenweg ist inzwischen der gleichnamige Radfernweg geworden. Er beginnt in Wedel und endet nach 245 Kilometern im dänischen Viborg.

Das **Stadtmuseum** Wedel zeigt geschichtliche Aspekte von der ersten urkundlichen Erwähnung des Ortes im Jahre 1212 bis ins 20. Jahrhundert: Elbschifffahrt, Industrialisierung, Arbeiterbewegung und Nationalsozialismus. Sein Domizil hat das Museum in einem spätklassizistischen Schulhaus von 1829 in der Küsterstraße. Bereits seit 1912 dient das Gebäude mit einigen Unterbrechungen als Museum. Sonderausstellungen aus den Bereichen Kulturgeschichte, Volkskunde und Kunst sowie ein Museumsgarten mit wechselnden Veranstaltungen ergänzen die Dauerausstellung. Ein wahres Kleinod ist das **Reepschlägerhaus** von 1758. Bis 1964 wurden dort Taue für Großsegler hergestellt. Mehr als zehn Jahre war das unter Denkmalschutz stehende Gebäude ungenutzt, bis man es in den 1970er Jahren aufwendig renovierte. Heute dient es als Teestube und Ort für kulturelle Veranstaltungen, aus der alten Reeperbahn ist ein lauschiger Garten geworden.

Ein bekanntes Ausstellungshaus lockt Besucher von weit her nach Wedel: Das **Ernst-Barlach-Museum** im Geburtshaus Ernst Barlachs (1870-1938) in der Mühlenstraße. Das Museum zeigt eine repräsentative Sammlung nicht nur des plastischen, sondern auch des grafischen, zeichnerischen und literarischen Schaffens des Künstlers. Eine umfangreiche Fotodokumentation veranschaulicht die verschiedenen Lebensstationen Barlachs, dessen Werke im Nationalsozialismus als „entartet" gebrandmarkt waren (für Barlach-Fans gleichfalls ein Muss: das Ernst-Barlach-Haus am Jenischpark ► Seite 160). Das Museum präsentiert zudem wechselnde Sonderausstellungen, in denen bildende Künstler und Schriftsteller der klassischen Moderne sowie Kunst und Literatur der Gegenwart ausgestellt werden.

Stadtmuseum Wedel
Küsterstraße 5
Tel. (0 41 03) 1 32 02
www.stadtmuseum.wedel.de
Do–Sa 14–17, So 11–17 Uhr
Eintritt frei

Ernst-Barlach-Museum
Mühlenstraße 1
Tel. (0 41 03) 91 82 91
www.ernst-barlach.de
Di–So 11–18 Uhr
7 €, erm. 5 €,
Familienkarte 12 €

via Tipp

Reepschlägerhaus
Lauschige Teestube mit Ausstellungen und Kulturveranstaltungen.
Schauenburgerstr. 4
22880 Wedel
Tel. (0 41 03) 8 50 57
www.reepschlaegerhaus.de
Di–Mi 16–22,
Sa/So 15–22 Uhr

Der Roland von Wedel

Hier tönt die Musik: Nationalhymnen aus aller Welt

Nun geht es endlich runter zur Elbe. Über die Bahnhofstraße und die Straße Rollberg gelangen wir zur **Schiffsbegrüßungsanlage Willkomm Höft** am Schulauer Fährhaus. Seit 1952 werden hier täglich Schiffe, die in den Hamburger Hafen einlaufen oder über die Elbe in die Weltmeere hinausfahren, begrüßt und verabschiedet. Über 150 Nationalhymnen haben die sechs Discjockeys, die sich den Job „Begrüßungskapitän" teilen, auf ihrem Computer abrufbereit. Schiffe, die kleiner als 1000 Bruttoregistertonnen sind oder den nationalen Küstenbereich nicht verlassen, werden nur mit dem Dippen (Senken) der Flagge der Hansestadt empfangen. Emotionaler wird es bei der Verabschiedung, wenn das Lied „Auf Wiedersehn, auf Wiedersehn, bleib nicht so lange fort ..." ertönt. Da kommt auch bei der letzten Landratte Fernweh auf. Unter deutscher Flagge fahrende Schiffe werden auch mal mit „Muss I denn, muss I denn zum Städtele hinaus" auf dem Weg in die Nordsee begleitet. Wer das Treiben auf der Elbe vom Restaurant oder der Terrasse des Schulauer Fährhauses beobachtet, der bekommt eine Menge Informationen zu jedem „dicken Pott" über den Lautsprecher verkündet: zu Herkunft, Länge, Breite, Geschwindigkeit, Bruttoregistertonnen und Reiseziel des Ozeanriesens. Dazu greifen die Begrüßungskapitäne eine ihrer 16000 Karteikarten heraus. Auch der tägliche Hafenbericht gehört zu ihrer Informationsquelle.

Wer die auslaufenden Schiffe noch ein Stück begleiten will, begibt sich auf einen Deichausflug auf der Deichstraße Richtung Fährmannssand. Wie weit der Ausflug gehen soll, hängt von der Zeit, der Ausdauer und dem Fortbewegungsmittel ab. Die langsamen Fußgänger wandern auf der Deichkrone und können die schöne Aussicht sowohl über die Elbe, als auch über die Wedeler Marsch genießen. Links und rechts an der Deichböschung verlaufen gerade, ebene, asphaltierte Wege, die ideal zum Radfahren sind. Auch Inline-

Gasthaus Fährmannssand
Fährmannssand
Tel. (0 41 03) 23 94
www.faehrmannssand.de
Mi–So 11–20 Uhr
Im Winter Öffnungszeiten vorher telefonisch erfragen

skater haben den Deich zu ihrem Revier erklärt. Wer auf Rädern oder Rollen unterwegs ist, mag sich also aussuchen, welcher Blick ihm lieber ist: der über das satte Grün der Marsch oder der auf die Ozeanriesen, die auf der Elbe zum Greifen nah vorbeifahren. Am besten auf der einen Seite des Deiches hin und auf der anderen zurück! Lästiges Hindernis allerdings sind die Schafgatter, die in regelmäßigen Abständen zum Bremsen zwingen. Die Schafe selbst lassen sich von den Ausflüglern nicht beeindrucken.

Fußgänger können sich als Ziel die Schäferei und Gaststätte **Fährmannssand** ausgucken. Radfahrer sind wie im Fluge viele Kilometer weit vom Ausgangspunkt entfernt. Je weiter die Fahrt geht, desto menschenleerer wird die Landschaft. Aber Vorsicht: Genügend Zeit für den Rückweg einkalkulieren! Denn auf dem bewahrheitet sich bestimmt die alte Radlerregel: Der Wind kommt immer von vorn. Wer vor der Heimreise noch in kühlendes Nass eintauchen, sich mit einer Massage verwöhnen oder in der Sauna relaxen möchte, sollte im Sport- und Erlebnisbad **Badebucht** einen Stopp einlegen.

Badebucht Wedel
Am Freibad 1
22880 Wedel
Tel. (0 41 03) 91 47-0
www.badebucht.de
Mo 14–20 (in den Ferien ab 6.30 Uhr),
Di–Fr 6.30–20,
Sa/So/Fei 10–20 Uhr
Sauna: Mo–Fr 9–22,
Sa/So/Fei 10–22 Uhr
Kinder (ab 3 Jahre) ab 3,50 €, Erwachsene ab 6 €, Sauna ab 16 €

Willkomm Höft: Schiffsbegrüßungsanlage für große Pötte

Im Reich des Wachtelkönigs

★ Radtour (35 km) Wedel – Fährmannssand – Hetlinger Schanze – Haselau – Haseldorf – Hetlingen – Wedel

★ Natur pur, viele Vögel und Schafe und ein Backsteinkirchlein

Start
Wedel
S1 alle 10–20 Min.

Karte ▸ Seite 179

Nordwestlich von Wedel dehnt sich – von Gräben und Wasserläufen durchzogen – die Haseldorfer Marsch aus, eine Landschaft von urwüchsiger Schönheit. Und ein Eldorado für Radwanderer, Naturfreunde und Ornithologen.

Der Start zu einer Rundfahrt durch die Haseldorfer Marsch ist schon beim vorigen Ausflugstipp Wedel & Fährmannssand (▸ Seite 172) beschrieben: Es geht auf oder am Elbdeich zwischen Schafen hindurch zum Gasthaus und zur Schäferei **Fährmannssand.**

Für die Rundfahrt geht es nun von Fährmannssand weiter am Elbdeich entlang, bis ein schmaler Weg zur **Carl-Zeiss-Vogelstation** des NABU (Naturschutzbund Deutschland) abzweigt. Von eigens für die Besucher eingerichteten Beobachtungsposten aus kann man zu jeder Jahreszeit die unterschiedlichsten Vogelarten beobachten.

In dem 2 160 Hektar großen **Naturschutzgebiet Haseldorfer Binnenelbe mit Elbvorland,** das der eigentlichen Haseldorfer Marsch vorgelagert ist, brüten zahlreiche Vogelarten, darunter auch gefährdete wie Bakassine, Uferschnepfe, Blaukehlchen, Tüpfelsumpfhuhn, Rohrdommel, Eisvogel, Rohrweihe, Neuntöter und der Wachtelkönig. Wen diese Aufzählung der Ornithologen nicht beeindruckt, der ist vielleicht mit dem Hinweis, dass sich hier sogar der Seeadler, das Wappentier Deutschlands, wieder angesiedelt hat, von dem ökologischen Wert des Gebietes zu überzeugen.

Die Entstehung der heutigen Marschlandschaft, über die man bei der Weiterfahrt vom Deich aus blickt, ist geprägt durch die Dynamik der Elbe. Der Fluss hat im Laufe der Zeit ständig sein Bett

NABU Carl-Zeiss-Vogelstation
Liegt inmitten der Kleientnahmestelle Fährmannssand.
Tel. (040) 69 70 89-0
Mi/Do/Sa/So/Fei 10–16 Uhr
Veranstaltungen unter
www.nabu-hamburg.de

NABU Naturzentrum Scholenfleth
Haseldorf, Hafenstraße
Tel. (0 41 29) 9 55 49 11
http://schleswig-holstein.nabu.de/
Apr.– Sep. So 11–16 Uhr

Elbstrand und große Pötte gibt's auch an der Hetlinger Schanze

verlagert; noch vor wenigen Jahrhunderten war die Haseldorfer Binnenelbe das Hauptstrombett. Durch das Absetzen von Schwebstoffen als Folge von Ebbe und Flut bildete sich die nährstoffreiche Marsch. Es entstanden vielfältige, einmalige Lebensräume. Als in den 1970er Jahren im Rahmen von Hochwasserschutzmaßnahmen auch an der Elbe neue Landesschutzdeiche errichtet wurden, änderten sich die Wasserverhältnisse und damit die natürlichen Lebensräume grundlegend. Große Teile der Flussmarsch wurden dem Einfluss der Gezeiten entzogen. Als Folge verschwanden die an den Gezeitenwechsel angepassten Pflanzenarten wie Wibels Schmiele und Schierlings-Wasserfenchel, die weltweit nur an der Elbe vorkommen, aus diesem Gebiet.

Als Nächstes passieren wir die **Hetlinger Schanze.** Auf einer damaligen Elbinsel errichteten die Dänen 1659 eine Festung, die Hetlinger Schanze, die zusammen mit dem Fort in Glückstadt die Schifffahrt auf der Elbe sichern sollte. Heute ist von den 1764 geschleiften Anlagen nichts mehr zu sehen. Hätte sich nicht der Name erhalten, wäre diese Episode der dänischen Geschichte wohl weitgehend der Vergessenheit anheimgefallen.

Elbmarschenhaus
Hauptstraße 26
25489 Haseldorf
Tel. (0 41 29) 95 54 90
www.elbmarschenhaus.de
Tgl. 10–16 Uhr

Café Grote
Beliebte Bäckerei und Konditorei, mit Außenterrasse.
Deichstraße 3
25489 Haselau-Hohenhorst
Tel. (0 41 29) 2 90
www.cafe-grote.de
Di–Sa 6–18, So 7–18 Uhr, Jan.–März Di–Fr 12–14 Uhr geschlossen

Zu den Sperrwerken Pinnau und Krückau siehe unter Glückstadt
▸ Seite 180

Haselauer Landhaus
Ausflugslokal in einem schönen alten Strohdachhaus.
Dorfstraße 10
25489 Haselau
Tel. (0 41 22) 9 87 10
www.hauselauer-landhaus.de
Tgl. außer Mi 12–22 Uhr

Nach weiteren fünf Deichkilometern passiert man eine zweite Einrichtung unserer Vogelfreunde vom NABU, das **Naturzentrum Scholenfleth** am Deich bei Haseldorf. Bald darauf ist die Pinnau erreicht, ein Flüsschen, dem die Stadt Pinneberg, durch die es fließt, ihren Namen verdankt. Man könnte jetzt die Pinnau über ein Sperrwerk passieren und weiter den Deich entlang bis nach Glückstadt radeln. Allerdings muss man die ungünstigen Zeiten berücksichtigen, zu denen die Pinnau passierbar ist. Für die nach weiteren fünf Kilometern in die Elbe mündende Krückau gilt dasselbe (Sperrzeiten ▸ Seite 180).

Wer nicht nach Glückstadt möchte, der fährt am Ufer der Pinnau landeinwärts und schlägt dann einen Bogen über **Haselau** nach **Haseldorf,** dem Hauptort der Marsch. Die Wasserburg, die sich einst hier befand, gehörte von 1494 bis 1736 den Grafen Ahlefeldt, die das Land eindeichen ließen. Die Burg wurde 1805 durch das heutige Herrenhaus ersetzt. Der meist verwendete Titel „Schloss" für das vergleichsweise schlichte Bauwerk scheint etwas prahlerisch. Der zwischen den Deichen eingebettete Schlosspark ist malerisch und reich an seltenen Bäumen. Allerdings sind Haus und Park noch heute in Privatbesitz der Grafenfamilie, die ihr Anwesen auch als solchen ausschildert und nicht als touristischen Besichtigungspunkt betrachtet. Am Rande der Schlossparkanlage steht die evangelische **Pfarrkirche St. Gabriel** (▸ Seite 179), die in ihren Ursprüngen auf das Jahr 1195 zurückgeht und die eine Besichtigung lohnt.

Über den Hetlinger Deich führt der Weg nach **Hetlingen,** einem Zentrum des Obstanbaus. Auf dem letzten Abschnitt der Rückfahrt von Hetlingen durch die Wedeler Marsch nach Wedel finden sich noch einige Reste der Korbweiden, denen die Region einst den Namen Korbweidenland verdankte. Noch 1960 gab es hier 80 Betriebe, in denen Weidenkörbe geflochten wurden. Heute stehen die letzten Korbweiden nur noch in der schönen Gegend herum und erinnern an ein ausgestorbenes Handwerk.

Pfarrkirche St. Gabriel

Der Bau der Pfarrkirche St. Gabriel zeigt sich heute als spätromanische Backsteinkirche. Im Jahre 1599 wurde eine Gruftkapelle für den ermordeten Gutsherren Detlef von Ahlefeldt angebaut. Das Innere der kleinen Kirche ist ein Schmuckkästlein der Sakralkunst. Der Triumphbogen zwischen Altarraum und Kirchenschiff legt Zeugnis ab von den Anfängen dieses Gotteshauses. Darunter hängt das älteste Stück der Kirche: ein frühgotisches Triumphkreuz aus dem frühen 13. Jahrhundert, im Originalzustand erhalten. Sofort ins Auge fällt dem Besucher das Patronatsgestühl. Diese prachtvolle Loge des Gutes Haseldorf wurde 1731 auf Veranlassung des Patronatsherrn Andreas von Schilden eingebaut. Sie steht auch heute noch den jeweiligen Besitzern des Gutes Haseldorf zur Verfügung.

Die Stadt, das Glück und der König

★ Radtour und Stadtbesichtigung (35 km einfach)
Wedel – Glückstadt – Marktplatz – Hafenstraße
★ Am nördlichen Elbufer über die Sperrwerke nach Glückstadt

Start
Wedel
S1 alle 10–20 Min.

Rückfahrt
Bhf. Glückstadt
(nicht im HVV)
RB 61 ca. alle 60 Min. nach Pinneberg oder Altona

Karten ▸ Seite 179
▸ Seite 183

Sperrwerk Pinnau
Öffnungszeiten:
Mai–Sep.
Sa/So/Fei 9–13 und14–18,
Mo–Mi 8.45–15.45,
Do 8.45–13.45,
Fr 8.45–12.45 Uhr
Jede Std. auf Min. 45

Sperrwerk Krückau
Öffnungszeiten:
Mai–Sep.
Sa/So/Fei 9–13 und 14–18,
Mo–Mi 9.15–15.15,
Do 9.15–14.15,
Fr 9.15–12.15 Uhr
Jede Std. auf Min. 15

Im Winter sind die Sperrwerke durchgehend geschlossen! Der Weg verlängert sich um ca. 30 km.

Glückstadt, das malerische Städtchen an der Elbe, sollte vor allem einem Glück bringen: dem dänischen König Christian IV.

Dieser Monarch, der sich durch eine Reihe von Stadtgründungen auszeichnete und ohnehin eine beeindruckende Bauwut an den Tag legte, hatte Großes vor mit Glückstadt. Die Stadt sollte sein Tor zur Welt werden und dabei die schon damals bedeutende Handelsmetropole Hamburg überflügeln. Wie wir wissen, kam es dazu nicht. Ein Besuch lohnt sich trotzdem!

Ein Fahrradausflug nach Glückstadt bietet sich als Ergänzung der Tour in die Haseldorfer Marsch (▸ Seite 176) an. Statt an der Pinnau nach Haseldorf abzubiegen, führt der Weg dann ganz einfach immer weiter an der Elbe entlang auf dem Deich nach Glückstadt. Dabei fährt man über die **Sperrwerke von Pinnau und Krückau.** Aber Achtung! Die Öffnungszeiten sind nicht ganz unproblematisch. Besonders die Rückfahrt mit dem Rad auf dem Deich nach Wedel ist wegen der frühen Schließzeiten der Sperrwerke an Werktagen für einen Ausflug mit Stadtbesichtigung sehr ungünstig. Über die Pinnau führt schon in Neuendeich eine Brücke, der Umweg beträgt neun Kilometer. Um die Krückau zu überqueren, muss man außerhalb der Sperrwerkszeiten jedoch einen 20 Kilometer langen Umweg bis nach Elmshorn einplanen.

Am Wochenende im Sommerhalbjahr kann man diesen möglichen Umweg allerdings erheblich verkürzen und dabei auch noch ein nostalgisches Highlight der besonderen Art genießen: mit der historischen **Fähre Kronsnest.** Zwischen **Neuendorf** und **Seestermühe** überquert man die Krückau in der kleinsten Fähre Deutschlands.

Blick auf die Hafenstraße in Glückstadt

Auch das Fahrrad darf mit, auf der einzigen handbetriebenen Fähre in Schleswig-Holstein.

Dieser Flussübergang war jahrhundertelang das Verbindungsglied zwischen zwei Teilen eines alten Handelsweges. Hier wurden Menschen, Tiere und Güter über die Krückau befördert. Im Jahre 1968 lohnte der Fährbetrieb nicht mehr und wurde eingestellt. Doch seit 1993 ist die vermutlich kleinste Personenfähre Deutschlands wieder in Betrieb, um das tideabhängige Flüsschen zu überqueren. Bei Niedrigwasser ist die Krückau nur einen Meter tief. Bei Hochwasser können es bis zu vier Meter sein. Dann hat der Fährmann kräftig zu arbeiten, um der Strömung zu trotzen. In Ruhezeiten wartet er auf der Neuendorfer Seite in einem umgebauten Bauwagen auf Passagiere. Auf die gegenüberliegende Seite wird er mittels einer Glocke oder durch ein freundliches „Hol över" herübergerufen. Diesen Namen erhielt 1993 auch die Fähre.

Einerlei, ob man nun mit Fahrrad und Fähre von Wedel nach **Glückstadt** kommt oder mit der Regionalbahn anreist: In der Altstadt mit Markt und Hafen kann man sich leicht orientieren und findet die steinernen Zeugnisse der Vergangenheit dicht beieinander. 1617 hatte Christian IV. die Stadt mit ihren zwölf sternförmig vom **Marktplatz** abgehenden Straßen befestigen lassen. Mittelpunkt der Stadt ist die **Kirche am Markt.** Der Bau von 1618 ist die erste nach der Reformation errichtete Kirche Holsteins und wird auf der Turmspitze von der Glücksgöttin Fortuna geziert, die eine dänische Königskrone trägt. Die Kirche ist in einem einheitlichen Barock gehalten, ganz in Grau, Weiß und Schwarz. Jünger als die Kirche ist das **Rathaus.** Es wurde erst 1872 errichtet; allerdings nach dem Muster des Vorgängerbaus aus dem Jahre 1642. Im Stil erinnert es an die Renaissancebauten Christians IV. in Kopenhagen.

In der **Hafenstraße,** die unter Denkmalschutz steht, hat sich etwas von der alten Glückstäd-

Fähre Kronsnest
Lustige Fahrt mit der vielleicht kleinsten Fähre Deutschlands über das Flüsschen Krückau.
Tel. (0 41 21) 2 13 99 (ab 18 Uhr)
www.faehre-kronsnest.de
Mai–Okt. Sa/So/Fei 9–13 und 14–18 Uhr, wochentags nach Absprache
Überfahrt 1 €, Kinder bis 12 Jahren 0,50 €, Fahrrad 0,50 €

Restaurant Aal-Kate
Fischspezialitäten.
Kuhlworth 21
25436 Neuendeich
Tel. (0 41 22) 22 64
www.aal-kate.de
Apr.–Okt. Di–Sa 12–22, So 9–22 Uhr
Nov.–Feb. Mo/Di Ruhetag

Vorsicht, Schafe! Auf dem Deichweg nach Glückstadt

ter Mischung erhalten, die eine starke dänische Prägung auszeichnet. Hingewiesen sei auf das Haus Nr. 46, das sich ein königlicher Proviantkommissar im Jahre 1697 bauen ließ. Jetzt beherbergt es eine Galerie. Die Nr. 40 war von Christian IV. eigentlich als königliches Wohnhaus gedacht, dann schenkte er es aber seiner Geliebten Wiebeke Kruse. Zwei weitere Bauten aus Glückstadts großer Zeit lohnen wegen ihrer architektonischen Pracht eine Besichtigung: das **Palais Brockdorff,** Am Fleth 43, im Jahr 1631 für den dänischen Statthalter und Schwiegersohn Christians IV. errichtet, und das **Palais Wasmer** in der Königstraße 36, in dem in früherer Zeit das Obergericht für Holstein untergebracht war. Von 1893 bis 1976 wurde in Glückstadt die Heringsloggerei betrieben. Von Mai bis Juli fuhren die Segellogger auf die Nordsee hinaus und machten Jagd auf den kleinen Fisch. Das Gebäude der Heringsfischerei am Hafen ist längst einer modernen Jugendherberge gewichen. Aber im **Detlefsen-Museum** im Palais Brockdorff ist dieses Kapitel des Ortes noch nachvollziehbar. Auch heute wird in Glückstadt der Hering noch zum Matjes und ist eine Delikatesse, die man vor Ort verkosten sollte. Und jedes Jahr am zweiten Donnerstag im Juni beginnen die Glückstädter Matjeswochen mit dem traditionellen Matjes-Anbiss auf dem Marktplatz.

Nicht vom alten Hafen, sondern vom etwas nördlicher gelegenen Anleger startet eine Fähre nach Wischhafen am anderen Elbufer. Die Fahrt dauert nicht einmal eine halbe Stunde. Was wir jedoch schmerzlich vermissen, ist eine Fährverbindung nach Hamburg, die sich eigentlich anböte. Aber vielleicht hat Glückstadt mit der alten Konkurrentin noch immer nicht ihren Frieden gemacht.

Detlefsen-Museum
(im Palais Brockdorff)
Geschichte des Walfangs und der Heringsfischerei.
Am Fleth 43
25348 Glückstadt
Tel. (0 41 24) 93 05 20
www.detlefsen-museum.de
Mi 14–17 Uhr, (Juni–Aug. 14–18 Uhr), Do–Sa 14–18, So 14–17 Uhr
4 €, erm. 2,50 €

Restaurant Kandelaber
Von Mai bis Sep. tgl. vorzügliches Matjesbuffet.
Am Markt 14
25348 Glückstadt
Tel. (0 41 24) 93 27 77
www.restaurant-kandelaber.de
Di–Sa 11.30–14.30 und ab 18 Uhr, So ab 11.30 Uhr
Nov.–Feb. Mo/Di Ruhetag

Fähre nach Wischhafen
Glück-stadt
Glückstadt
Herzhorn
Sieth-wende
Moor-husen
Elmshorn ca. 2 km
B 431
Neuendorf b. Elmshorn
Kollmar
Kronsnest
Krückau
Fähre
Sperrwerk Krückau
Schwarz-tonnen-sand
Elbe
NSG
Pagensander Nebenelbe
Seester-müher Marsch
Seester-mühe
Assel
Neuendeich
Abben-fleth
Pinnau
Sperrwerk Pinnau
Hohenhorst
NABU Naturzentrum Scholenfleth
Götz-dorf
Haseldorf
ehemaliges Kernkraft-werk
Schwinge
Wedel 9 km
Stade
B 13
2000 m

In die Rosenstadt

★ Radtour (20 km) Pinneberg – Uetersen – Tornesch

★ Stadtbesichtigung Rosarium – Klosterbereich – Langes Tannen

Start
Pinneberg
S3 alle 10–20 Min.

Rückfahrt
Bhf. Tornesch
RB 71 alle 60 Min. bis Pinneberg

In Uetersen führen alle Wege zum Rosarium, dem berühmten Rosengarten. Daneben lohnen aber auch die weniger bekannten Anlagen des historischen Klosters und des Museums Langes Tannen einen Besuch.

Zunächst führt der Weg des Radwanderers von Pinneberg nach Uetersen. Am Bahnhof fährt man auf dem Weg An der Mühlenau in nordwestlicher Richtung nahe des Flüsschens entlang, das sich später mit der Pinnau vereinigen wird. Vorher biegen wir in die Mühlenstraße ein und fahren dann über die Hauptstraße, die bald zu einer Landstraße wird, zum Dorf **Appen**. Am Dorfende biegen wir rechts nach **Unter-Glinde** ein. Einen Kilometer weiter, in **Ober-Glinde,** führt die Pinneberger Chaussee nach kurzem Weg ins Städtchen Uetersen hinein.

In **Uetersen** führen tatsächlich alle Wege zum **Rosarium,** das in der Ortsmitte liegt. Die Rosenzucht im Raum Uetersen hat eine Tradition, die bis weit ins 19. Jahrhundert zurückreicht. In Uetersen selbst war es der Gärtnermeister Ernst Ladewig Meyn, der 1880 eine Baumschule gründete und mit der Veredelung und Zucht der Rosen begann. Das großzügig gestaltete Rosarium konnte im Sommer 1934 eröffnet werden. Zwei weltbekannte Rosenzüchter des Gebietes, Wilhelm Kordes aus Sparrieshoop und Mathias Tantau aus Uetersen, waren die Initiatoren. In einer bunt gestaffelten Schaupflanzung wird heute ein breites Sortiment alter und neuer Park-, Beet-, Kletter- und Hochstammrosen gezeigt.

Rosarium
Wassermühlenstraße 7
25436 Uetersen
Tel. (0 41 22) 71 40
www.rosarium-uetersen.de
Ganzjährig geöffnet
Eintritt frei

Auch außerhalb des Rosariums begegnen uns in Uetersen immer und überall Rosen. Während Verkehrsinseln in anderen Städten mit dauergrünen sogenannten Bodendeckern bepflanzt sind, blühen in Uetersen prächtige Rosenbüsche.

Der ehemalige **Klosterbereich** mit seinen historischen Gebäuden inmitten einer parkähnlichen Anlage lohnt für Garten- wie für Architekturfreunde gleichermaßen einen Besuch. Bedeutendstes Bauwerk ist die spätbarocke Klosterkirche, 1748 bis 1749 aus Backstein errichtet. Kunstinteressierte sollten nicht versäumen, den Innenraum zu besichtigen, den ein Deckenfresko des italienischen Meisters Giovanni Battista Innocenzo Colombo schmückt.

Das dritte grüne Ausflugsziel Uetersens liegt nördlich des Stadtkerns, ist aber mit dem Rad in wenigen Minuten zu erreichen, auch zu Fuß braucht man kaum länger. Es handelt sich um Langes Tannen. Das Anwesen, das ursprünglich Langes Neue Mühle hieß, beherbergt seit 1985 das **Museum Langes Tannen.** 1979 traf Werner Lange kurz vor seinem Tode die Entscheidung, seinen traditionsreichen Familiensitz der Stadt Uetersen zu vererben, mit der Maßgabe, ihn zu einem Museum umzuwandeln. Die Museumsanlage besteht aus dem ehemaligen Wohnhaus der Familie, einer Fachwerkscheune aus dem Jahre 1762 und den Überresten einer Mühle von 1796. Die Bauten dienen als Museum – Wald, Wiesen und Park als Erholungsgebiet. In den Räumen des Herrenhauses wird heute die liebevoll aufbereitete Schausammlung des „Museums zur Geschichte der bürgerlichen Wohnkultur in Norddeutschland von 1790 bis 1920“ präsentiert.

Nach dem Besichtigungsprogramm in Uetersen sind wir froh, dass Uetersen und das nordöstlich gelegene **Tornesch** fast ineinander übergehen. So ist man in kürzester Zeit am dortigen Bahnhof.

Café Langes Mühle
Selbstgebackener Kuchen und kleine herzhafte Gerichte. Auf dem Gelände des Museums.
Heidgrabener Straße 3
25436 Uetersen
Tel. (0 41 22) 90 05 67
www.cafe-langes-muehle.de
Mo, Mi, Fr/Sa/So 14–18 Uhr

via Tipp

Museum Langes Tannen
Der ehemalige Familiensitz von Werner Lange zeigt traditionelle Wohnkultur in Norddeutschland.
Heidgrabener Straße 3
25436 Uetersen
Tel. (0 41 22) 97 91 06
www.langes-tannen-uetersen.de
Mi/Sa/So 10–18 Uhr
2 €, Kinder bis 15 Jahren frei

City & Hafen

Tradition trifft auf Moderne in der HafenCity
► Seite 194

Grüne Oase mit Sternensicht

★ Spaziergang durch den Hamburger Stadtpark
★ Bezaubernde Gartenarchitektur, riesige Spielwiese und die Sterne zum Greifen nah

Start
Alte Wöhr
S1 S11 alle 5–10 Min.

Rückfahrt
Borgweg
U3 alle 5–10 Min.

Mit knapp 150 Hektar zählt der Stadtpark zu den größten Grünflächen Hamburgs. 2014 konnte der Park seinen 100. Geburtstag feiern. Über der beliebten Stadtparkwiese erhebt sich gut sichtbar der ehemalige Wasserturm. Er beherbergt das Planetarium, das zum Erkunden der Sternenwelten einlädt.

Als Fritz Schumacher (1869–1947) 1909 zum Baudirektor berufen wurde, sollte es nur ein Jahr dauern, bis er den Plan für einen „sozialen Park" entwickelt hatte. 1914 wurde der Volkspark im Stadtteil Winterhude schließlich eröffnet. Ein Teil des Areals, das Sierichsche Gehölz, hatte zuvor als das private Jagdrevier eines Hamburger Geschäftsmanns gedient.

Wir betreten den Park von der Straße Alte Wöhr aus und befinden uns bald auf der **Platanenallee.** Einst eine beliebte Flaniermeile, wurde diese Querachse 2002 wiederhergestellt und ist neben der markanten Wasserturmachse in Ost-West-Ausrichtung ein wichtiger Bestandteil der Parkgestaltung. Im östlichen Teil grenzt die **Freilichtbühne** an, auf der den ganzen Sommer hindurch zahlreiche Konzerte stattfinden. Der Weg zum **Stadtparksee** führt durch den Rosengarten. Im Jahr 1925 nach Plänen von Otto Linne (1869–1937) angelegt, wurde er anlässlich des 100. Parkgeburtstags mit 4 000 neuen Rosen bepflanzt. Hinter dem Pinguin-Brunnen liegt hinter hohen Hainbuchenhecken der **Adam- und Eva-Garten** mit zwei Marmorstatuen des Hamburger Bildhauers Oscar E. Ulmer versteckt. Den östlichen Abschluss der Ost-West-Achse bildet das **Modellboot-Becken**, an dem sich fast immer die Liebhaber der Miniaturschiffe tummeln. Wir flanieren zur Liebesinsel und weiter am Rand der Stadt-

Naturbad Stadtparksee
Südring 5b
22303 Hamburg
Mai–Aug. tgl. 11–20 Uhr, bei schönem Wetter bis 21 Uhr
3 €, bis 16 Jahre 2 €

Minigolf
Die Minigolfanlage befindet sich südlich der Festwiese, oberhalb des Südringes.
www.minigolf-in-hamburg.de
Mo–Fr ab 14, Sa/So ab 12 Uhr
3 €, Kinder bis 14 Jahre 2 €

parkwiese vorbei. Der zentrale Ort in der grünen Oase wird zum Chillen, Picknicken, Spielen und Sonnenbaden genutzt. Mit seinen fast 65 Metern ist das **Planetarium** nicht zu übersehen, das seit 1930 in dem ehemaligen Wasserturm untergebracht ist. Moderne Multimediashows erklären den Kosmos und der Sternenhimmel wird auf die große Kuppel über dem Planetariumssaal projiziert. Eine Plattform in Höhe von 42 Metern sorgt für eine herrliche Aussicht. Letzte Station des Spaziergangs ist der 1915/16 entstandene Kurgarten nebst **Trinkhalle.** Nach den Vorstellungen von Baudirektor Schumacher sollten die Hamburger vor der eigenen Haustür in den Genuss einer Kur kommen statt in ferne Orte zu reisen. Und so konnten die Bürger mit dem eigenen Trinkglas in der Hand verschiedene Heilwässerchen zu sich nehmen. Von der denkmalgeschützten Trinkhalle aus schaut man über einen Senkgarten, an dessen gegenüberliegenden Seite die Bronzefigur „Diana mit Hunden“ von Artur Bock (1875–1957) thront. Sie ist eine von knapp zwei Dutzend im Stadtpark befindlichen Skulpturen. Die Ausgestaltung des Parks mit Kunstwerken geht auf eine Anregung des ehemaligen Direktors der Hamburger Kunsthalle Alfred Lichtwark (1852–1914) zurück, einem wichtigen Förderer des Stadtparks.

Von der Trinkhalle aus ein Stück entlang des Südrings und rechts in den Borgweg eingebogen, erreicht man schnell die gleichnamige U-Bahn-Station, um den Heimweg anzutreten.

Planetarium Hamburg
Otto-Wels-Straße 1
22303 Hamburg
Tel. (040) 428 86 52 -0
www.planetarium-hamburg.de
Vorstellungen: Di–So (in den Schulferien auch Mo)
Aussichtsplattform:
Di–Fr ab 9.30, Sa ab 12.30, So ab 10.30 Uhr
Wissens-, Kindershows und Vorträge 10 € / erm. 6 €,
sonstige Shows ab 12 €

Trinkhalle im Stadtpark
Café mit Biergarten in historischer Umgebung.
Südring 1
22303 Hamburg
trinkhalle-hamburg.de
Di–Fr 11–18,
Sa/So 10–18 Uhr

Plattdeutsche Pflanze

★ Stadtausflug Schaugewächshäuser & Japanischer Garten
★ Von den Tropen bis nach Japan und zum Wasserlichtkonzert

Start
Stephansplatz
U1 alle 5–10 Min.
MetroBus M4/M5 mind. alle 5–10 Min.
St. Pauli
U3 alle 5–10 Min.

Planten un Blomen heißt Hamburgs meistbesuchte Grünanlage. Das ist Plattdeutsch und heißt Pflanzen und Blumen. Als Hamburger weiß man das. Und man weiß wahrscheinlich auch, dass sich kein Ausflugsziel der Stadt so bequem erreichen lässt.

Planten un Blomen ist heute der Oberbegriff für den Grüngürtel zwischen Millerntorplatz und Dammtorbahnhof – ein Ausflugsziel ins Grüne also, das mitten in der Stadt liegt und daher mit den öffentlichen Verkehrsmitteln aus allen Richtungen schnell und mühelos zu erreichen ist. Dieser Grüngürtel setzt sich zusammen aus dem Gelände der im Jahre 1935 veranstalteten „Niederdeutschen Gartenschau Planten un Blomen" – quasi dem Ur-Planten un Blomen –, dem Alten Botanischen Garten, den Kleinen und den Großen Wallanlagen. Auch für die drei nachfolgenden Internationalen Gartenbauausstellungen (IGA) in den Jahren 1953, 1963 und 1973 war die Anlage Hauptausstellungsfläche. Wer heute Planten un Blomen besucht, den erwartet ein themenreicher, aufwendig gestalteter Park mit hohen ästhetischen Ansprüchen, zahllosen botanischen Raritäten und Freizeitattraktionen, die anderswo nur gegen hohes Eintrittsgeld zu sehen sind.

Die Vergangenheit des Geländes als Schutzwallanlage der alten Stadt Hamburg lässt sich an manchen Stellen noch erahnen. So am Zugang Stephansplatz, wo der Blick über einen tiefliegenden See schweift, der ein Überrest des einstigen Wallgrabens ist. Heute ist der See malerischer Mittelpunkt des **Alten Botanischen Gartens.** Attraktion in diesem Bereich des Parks sind die **Schaugewächshäuser.** Anlässlich der internationalen Gartenbauausstellung des Jahres 1963 errichtet, gehören sie auch nach fünf Jahrzehnten noch

Planten un Blomen
Tel. (040) 4 28 54 47 23
www.plantenunblomen.hamburg.de
Parköffnungszeiten:
Apr. tgl. 7–22 Uhr
Mai–Sep. tgl. 7–23 Uhr
Okt.–März tgl. 7–20 Uhr
Tropengewächshäuser:
März–Okt.
Mo–Fr 9–16.45,
Sa/So/Fei 10–17.45 Uhr
Nov.–Febr.
Mo–Fr 9–15.45,
Sa/So/Fei 10–15.45 Uhr

zu den weltweit interessantesten. Sie sind eine Einrichtung der Universität Hamburg. Der Rundgang durch die einzelnen Gewächshäuser, die miteinander verbunden sind, wird zu einer Reise durch mehrere Erdteile und Klimazonen. Gleich zu Anfang, in den Tropen, gerät der Besucher ins Staunen und Schwitzen: Die Pflanzen des tropischen Regenwaldes, unter denen der Weg hindurchführt, scheinen fast das Glasdach des Gewächshauses durchschlagen zu wollen. Tatsächlich täten sie das auch, wären nicht alpinistisch geschulte Gärtner damit beschäftigt, sie regelmäßig zu kappen.

Grüne Idylle in der City – Planten un Blomen

Ähnlich exotisch anmutend ist der Besuch des Japanischen Gartens in Richtung Fernsehturm, der sich ohnehin gut zur Orientierung eignet, weil er den ganzen Park überragt. Allerdings steht der Heinrich-Hertz-Turm schon nicht mehr auf dem Gelände von Planten un Blomen. Der **Japanische Garten** wurde von dem berühmten Professor Yoshikuni Araki im traditionellen japanischen Stil gestaltet. Pflanzen, Steine und Wasser bilden das verkleinerte und stark idealisierte Abbild einer natürlichen Landschaft. Der Garten fügt sich trotz seiner in sich geschlossenen, strengen Form überraschend harmonisch in die Parklandschaft Planten un Blomens ein. Mittelpunkt dieses authentischen Stückes Japan mitten in Hamburg bilden das Teehaus und die beiden Wasserläufe, die in einen stillen Teich münden. Japanische Gartenkunst und Lebensphilosophie werden hier anschaulich.

Ein besonderer Anziehungspunkt des Parks ist die **Wasserlichtorgel.** 1935 im Parksee installiert, ist sie bis heute in ihrer Größe und Art der Ausstattung weltweit einzigartig. Die farbigen Wasserlichtkonzerte sind schon seit Generationen ein beliebtes Sommernachtsvergnügen der Hamburger.

via Tipp

Wasserlichtkonzerte
Farbenfrohe Wasserlichtspiele vor beeindruckender Kulisse am Parksee. Ideal für ein romantisches Picknick.
Mai–Aug. tgl. 22 Uhr
Sep. tgl. 21 Uhr

Musikpavillon
Konzerte von Mai bis Sep. jeden So und an weiteren Terminen.

Chillen mit Hafenblick

★ Stadtausflug Park Fiction, U-Bootmuseum & Fischmarkt
★ Palmen aus Stahl und ein toller Blick auf Elbe, Docks und Hafen

Start
Landungsbrücken
S1 S3 alle 10 Min.
U3 alle 5–10 Min.

Rückfahrt
Fähre 62 ab Fischmarkt (Altona) alle 15–30 Min.

Restaurant Fischerhaus
Fischgerichte in allen Variationen. Im Erdgeschoss mit einer Gaststube von 1898, im 2. Stock Restaurant mit fantastischer Aussicht auf die Elbe.
St. Pauli Fischmarkt 14
20359 Hamburg
Tel. (040) 31 40 53
www.restaurant-fischerhaus.de
Tgl. 11.30–22.30 Uhr

(Platz-) Not macht erfinderisch: Mitten im dicht besiedelten St. Pauli liegt ein ungewöhnlicher Park, der zum Chillen und Schiffegucken einlädt. Park Fiction, eine Mischung aus Kunst und Natur, ist auf einem minimalen Freiraum und unter Beteiligung der Anwohner entstanden.

Der schönste Weg zum Park führt ab Landungsbrücken über die Promenade hohes Elbufer. Das ausgewiesene Wegesystem beginnt an den St. Pauli Landungsbrücken und führt bis nach Schulau an die Grenze zu Schleswig-Holstein. Schon am Beginn des Spaziergangs – hier entlang des Weges „Bei der Erholung“ – lässt sich die unverbaute Sicht auf die Elbe genießen.

Antonipark heißt die urbane Oase zwischen Hafen und St. Pauli, unweit der ehemals besetzten Häuser in der Hafenstraße, offiziell. So ist es auch auf den Hinweisschildern zu lesen. Im Stadtteil wird die 7 500 Quadratmeter große Grünfläche jedoch **Park Fiction** genannt. Echte Bäume sind Mangelware, dafür gibt es eine Mischung aus

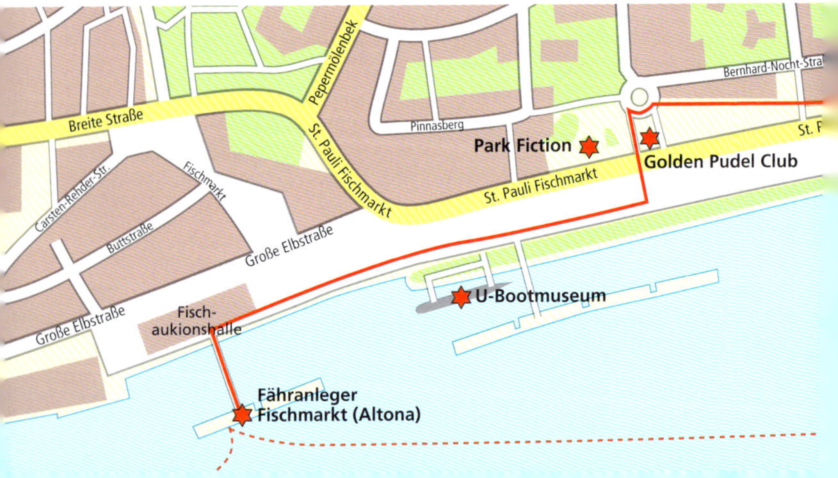

Kunst und Natur, zu der künstliche Palmen ebenso zählen wie ein begraster fliegender Teppich.

Bemerkenswert ist die Entstehungsgeschichte dieses winzigen, dafür aber umso kreativer gestalteten Parks: Mitte der 1990er Jahre wehrten sich Anwohner gegen den weiteren Bau von Wohnhäusern und Büros auf dem Kiez. Sie entwickelten Ideen und entwarfen Skizzen, wie sie sich einen künftigen Park vorstellten. Die eingereichten Vorschläge dienten den Künstlern und Architekten schließlich als Vorlage für ihre Entwürfe. Im Jahr 2002 wurde das Projekt auf der Dokumenta 11 in Kassel ausgestellt, 2005 war der Park endlich fertig. Von der Aussichtsterrasse, die sich auf dem Dach einer Halle befindet, kann man den Blick ausgiebig über Elbe, Docks und Hafen schweifen lassen.

Wir verlassen den Park über die Hafentreppe. Linker Hand ist in einem Häuschen mit Holzfassade der **Golden Pudel Club**, eine bekannte Musik-Location, untergebracht. An der Hafenpromenade angekommen, flanieren wir weiter Richtung Fischmarkt. Wer sich für Technik interessiert und gern noch einen Blick in das Innere eines stillgelegten, russischen Jagd- und Spionage-U-Boots werfen will, hat dazu im **U-Bootmuseum** Gelegenheit. Immerhin mehr als 90 Meter misst das schwarze Ungetüm mit Baujahr 1974, das knapp über der Wasseroberfläche aus der Elbe herausragt. Am Anleger Fischmarkt steigen wir in die Fähre und schippern gemütlich zurück zur S/U-Bahn Landungsbrücken.

Ausblick unter Palmen: Vom Park Fiction aus hat man einen umwerfenden Blick auf den Hafen

U-Bootmuseum Hamburg
St. Pauli Fischmarkt 10
20359 Hamburg
Tel. (040) 32 00 49 34
www.u-434.de
Mo–Sa 9–20, So 11–20 Uhr
9 € / erm. 7 € /
6–12 Jahre 6 €

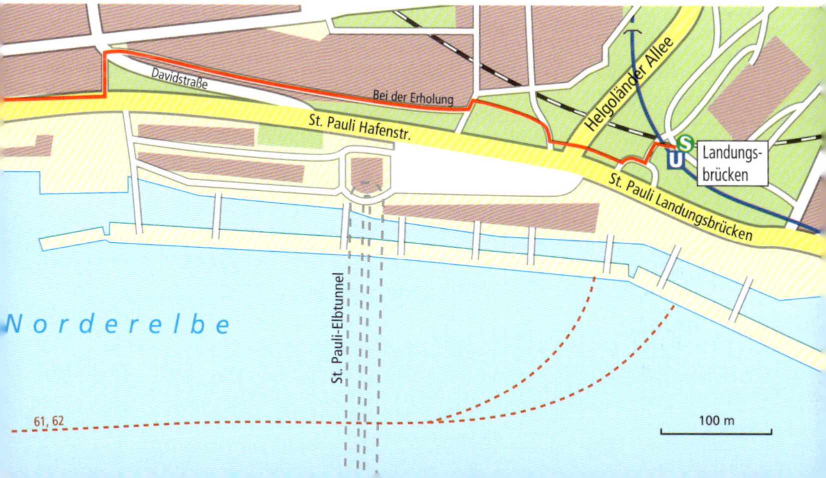

Zwischen Tradition und Moderne

★ **Zwei Spaziergänge: Östliche HafenCity – Speicherstadt mit Museen – Störtebeker Denkmal & Westliche HafenCity – Speicherstadt mit Museen – Elbphilharmonie**

Start
Überseequartier
U4 alle 10 Min.

Rückfahrt
Spaziergang 1:
Meßberg
U1 alle 5-10 Min.

Spaziergang 2:
Baumwall
U3 alle 5-10 Min. oder
Anleger Elbphilharmonie
Fähre 72 bis St. Pauli Landungsbrücken, alle 30 Min.

Karte ▸ Seite 196/197

Nein, grün ist es eher nicht in der HafenCity. Aber der eine oder andere Glaspalast, der als Büro- oder Wohngebäude in den letzten Jahren zwischen Hamburger Innenstadt und Elbe gewachsen ist, hat auch seinen Reiz. Wir haben zwei Routen mit interessanten Besichtigungsstopps zusammengestellt.

Vieles, was sich derzeit in der Hamburger HafenCity im Bau befindet, muss sich erst noch in einen stolzen Schwan verwandeln. Und vieles wird in den nächsten Jahren noch hinzukommen, auch wenn inzwischen mancher Glasturm bewundernde oder zumindest interessierte Blicke auf sich lenken kann. Bis circa 2025 soll sich die Hamburger Innenstadt um 40 Prozent erweitert haben. Auf 157 Hektar wird es eine Mischung aus Wohnen, Arbeiten, Kultur und Natur geben. 12 000 Menschen werden zukünftig hier leben und 45 000 ihren Arbeitsplatz haben. Die HafenCity wird von Westen nach Osten und von Norden nach Süden entwickelt. 56 Projekte sind fertiggestellt, weitere 49 im Bau oder in der Planung.

Nach fünf Jahren Bauzeit nahm im Dezember 2012 die neue U-Bahnlinie U4 von Billstedt über den Jungfernstieg bis zur HafenCity ihren Betrieb auf. Überseequartier und HafenCity Universität heißen die beiden neuen Bahnhöfe.

Wir nehmen die U-Bahn bis zum Überseequartier und fühlen uns nach dem Aussteigen auch erst einmal wie im Meer oder unter der Elbe, zumindest aber unter Wasser. Wie ein Taucher, der langsam aus 18 Metern Tiefe wieder an der Oberfläche auftaucht, begeben wir uns vom dunklen Blau in immer hellere Farbtöne, die schließlich silbrig schimmern. Oben angekommen, stören noch einige Baukräne das einheitliche Bild der neuen Glasgiganten, von denen der 55 Meter hohe Marco-Polo-Wohn- und Gewerbeturm mit den ineinander verschränkten Stockwerken und das ökologisch konzipierte Unilever-Gebäude mit transparenter Außenfassade in der Nähe der Marco-Polo-Terrassen am spektakulärsten wirken. Am Langnese-Café an den Marco-Polo-Terrassen stehen im Sommer Liegestühle mit Elbblick. Sollte gerade ein Kreuzfahrtschiff am Cruise Center HafenCity angelegt haben, hat man von hier beste Sicht und kann ein bisschen von Urlaub träumen. Die meisten musealen Attraktionen befinden sich allerdings nicht in der HafenCity, sondern in der alten Speicherstadt mit ihren roten Backsteinfassaden, die durch die Straße Am Sandtorkai von den modernen Glasbauten getrennt ist.

Da das gesamte Areal unmöglich in einem Tag zu erkunden ist, zumindest nicht, wenn man sich das eine oder andere Bauwerk und Museum ansehen möchte, sollte man sich spätestens an der U-Bahn-Station (Ausgang Hübenerstraße/Elbphilharmonie) entscheiden, ob man den östlichen oder westlichen Teil des Gebietes auskundschaften möchte.

Lohnenswert: Bootstour durch die Speicherstadt

NachhaltigkeitsPavillon Osaka 9
Osakaallee 9
(am Magdeburger Hafen)
20457 Hamburg
Tel. (040) 37 47 26 60
www.hafencity.com
Di–So 10–18 Uhr
Eintritt frei

Internationales Maritimes Museum Hamburg
Koreastr. 1
Tel. (040) 30 09 23 00
www.internationales-maritimes-museum.de
Di–So 10–18 Uhr,
12,50 €, Familienrabatte

Spaziergang 1: Östliche HafenCity

Wir schlendern den Großen Grasbrook entlang und wandern nach rechts über den **Sandtorpark**, die erste Grünfläche, die 2011 in der HafenCity angelegt wurde. Anschließend geht es über die Tokiostraße Richtung Osakaallee. Nachdem wir sie überquert haben, treffen wir links von der Busan-Brücke auf einen alten Bekannten: Das **Störtebeker-Denkmal** aus der Straße Großer Grasbrook hat hier einen neuen Standort gefunden. Die Bronzestatue des Künstlers Hansjörg Wagner erinnert an den Piraten Klaus Störtebeker, der 1401 als Anführer der Likedeeler (Gleichteiler) auf dem Grasbrook enthauptet wurde. An der Uferpromenade des Magdeburger Hafens informiert der **HafenCity NachhaltigkeitsPavillon Osaka 9** über ressourcenschonende und umweltverträgliche Stadtentwicklung.

Im **Maritimen Museum** wird auf neun Decks im ältesten noch erhaltenen Speicher der Stadt, dem

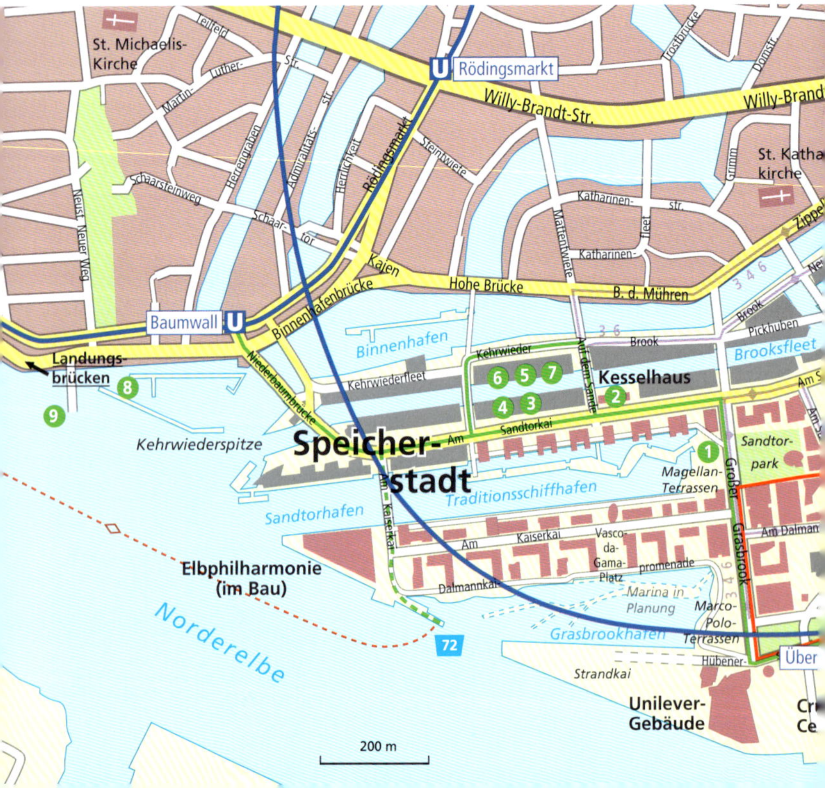

Kaispeicher B aus dem Jahre 1878, die Privatsammlung des Hamburger Professors Peter Tamm gezeigt, dessen Sammelleidenschaft als 6-Jähriger begann. Tausende Exponate von Segelschiffen, Dampfern, U-Booten, Schiffsmodellen aus verschiedenen Materialien vom 16. Jahrhundert bis in die Gegenwart, über Seekarten, Navigationsgeräte und Schiffseinrichtungsgegenstände lassen den Betrachter staunen. Wem der Sinn mehr nach Autos statt nach Schiffen steht, der macht im **Automobilmuseum Prototyp** in der Shanghaiallee eine Zeitreise durch die Welt der Rennwagen.

Auch wenn oder gerade weil das Hamburger Freihafen-Privileg, das bis auf das Jahr 1881 zurückgeht, am 1. Januar 2013 komplett aufgehoben wurde, lohnt der Besuch des **Deutschen Zollmuseums** im alten Zollamt Kornhausbrücke in der Straße Alter Wandrahm. Lebensmittel, Zier- und Gebrauchsgegenstände sind beliebte Verstecke für Rauschgift, Schmuck, Waffen oder Munition.

Automobilmuseum Prototyp
Shanghaiallee 7
Tel. (040) 39 99 69 70
www.prototyp-hamburg.de
Di–So 10–18 Uhr
9 €, 4–14 Jahre 4,50 €,
Familienkarte 20 €

Deutsches Zollmuseum
Erlebnismuseum rund um das Thema Zoll und kuriose Schmuggelverstecke.
Alter Wandrahm 16
Tel. (040) 30 08 76 11
www.museum.zoll.de
Di–So 10–17 Uhr
2 €, bis 17 Jahre frei

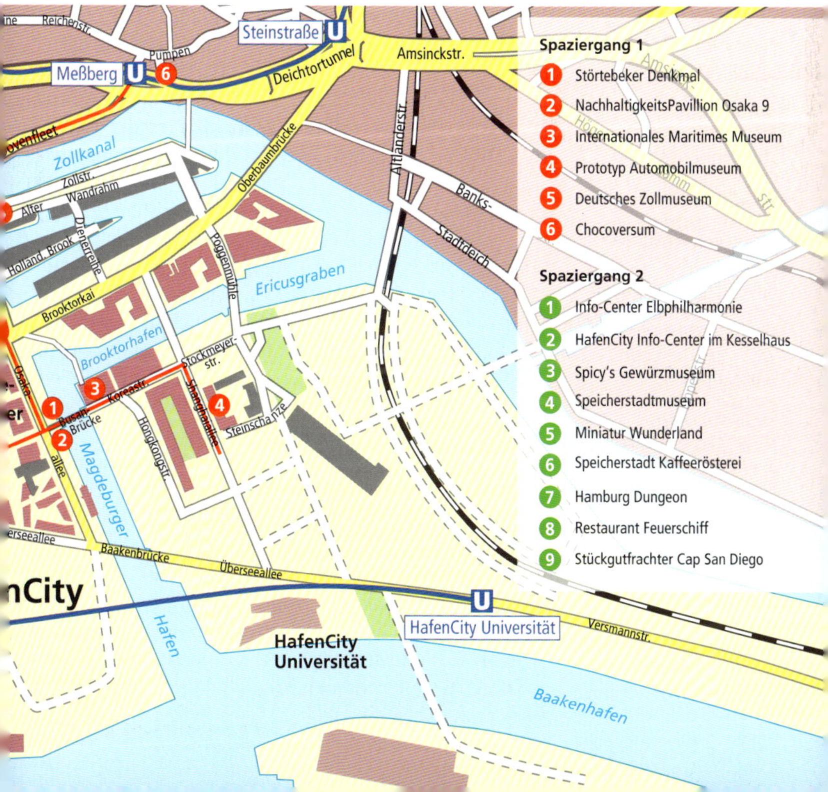

Chocoversum
Meßberg 1
20095 Hamburg
Tel. (040) 4 19 12 30-0
www.chocoversum.de
Mo–So 10–18 Uhr

Pavillon Elbphilharmonie
Magellan-Terrassen/Großer Grasbrook
www.elbphilharmonie.de
Apr.–Okt. Di–So 10–17 Uhr
Nov.–März nur Do–So

HafenCity InfoCenter
Im Kesselhaus
Am Sandtorkai 30
Tel. (040) 36 90 17-99
www.hafencity.com
Di–So 10–18 Uhr,
Sep.–Mai 10–20 Uhr
Eintritt frei

HafenCity-Landgang:
Sa 15 Uhr, Mai–Sep. auch
Do 18.30 Uhr
HafenCity-Radtour:
Mai–Sep. 1. und 3. So
11 Uhr (mit eigenem
Fahrrad)

Spicy's Gewürzmuseum
Am Sandtorkai 34
Tel. (040) 36 79 89
www.spicys.de
Di–So/Fei 10–17 Uhr,
Juli–Okt. auch Mo
5 € (ab 15 Jahre), 2 €,
Familienkarte 10 €

Speicherstadtmuseum
Am Sandtorkai 36
Tel. (040) 32 11 91
www.speicherstadtmuseum.de
Apr.–Okt. Mo–Fr 10–17,
Sa/So 10–18 Uhr
Nov.–März Di–So 10–17 Uhr
3,60 € / erm. 2,50 € /
Schüler 2 € / Kinder unter
6 Jahren frei

Wieder zurück auf dem Festland, können wir auf dem Weg zur U-Bahn-Station Meßberg noch in die Welt der Düfte eintauchen. Im **Chocoversum** dreht sich alles nur um Schokolade. Auf 1 200 Quadratmetern kommen wir dem Geheimnis vom Weg der Kakaobohne bis zur fertigen Tafel auf die Spur. Im Aroma-Atelier können wir zum Abschluss sogar unsere eigene Schokolade kreiren.

Spaziergang 2: Westliche HafenCity

Wer sich für den westlichen Teil der HafenCity entscheidet, gelangt von der U-Bahn-Station Überseequartier über den Großen Grasbrook zu den **Magellan-Terrassen.** Hier blickt man auf den **Traditionsschiffhafen** mit alten Seglern und Dampfern, der eingerahmt ist, von den unterschiedlichsten architektonischen Projekten, hinter deren schillernden Fronten sich Büros und Wohnungen verbergen. Im **Pavillon Elbphilharmonie** erhalten wir ausführliche Informationen über das sich immer wieder verzögernde Megaprojekt. Im oberen Stockwerk des würfelförmigen Baus ist das 1:10-Modell des großen Konzertsaals montiert, der einmal 2 150 Besuchern Platz bieten wird. Die eigentliche Ausstellung im Erdgeschoss des Pavillons informiert sowohl über die Architektur als auch über die Nutzung der Elbphilharmonie. Draußen bieten aus der Fassade ragende Hör- und Sehrohre audiovisuelle Eindrücke.

Links um die Ecke im **Kesselhaus**, Am Sandtorkai 30, informieren wir uns über neueste Bauaktivitäten in der HafenCity. Hier wird alles präsentiert, was sich zwischen Elbbrücken und Kehrwiederspitze tut. Mittels Computern, Hörstationen, Filmen und Broschüren kann man sich am Modell mit Vergangenheit und Zukunft der zehn wachsenden Quartiere auseinandersetzen.

Am Sandtorkai 34 riecht es hingegen nach Gewürzen. Im **Spicy's** kann man etwa 50 Rohgewürze fühlen, riechen und schmecken. Über 800 Exponate erzählen Gewürzgeschichte vom Anbau bis zum Fertigprodukt. Am Sandtorkai 36 hat sich das **Speicherstadtmuseum** niedergelassen. Im authentischen Rahmen eines Lagerhauses aus dem 19. Jahrhundert zeigt das Museum, wie die Quartiersleute früher hochwertige Importgüter gelagert, bemustert und veredelt haben. Auch die Baugeschichte der Speicherstadt wird illustriert. Das Besondere des Museums sind Tee- und Kaffeeverkostungen, die an verschiedenen Wochenenden stattfinden.

Gleich drei Attraktionen gibt es in der Parallelstraße Kehrwieder: Im **Miniatur Wunderland** lässt sich der Eisenbahnfan im Maßstab 1:87 begeistern. Auf 12 Kilometern Gleislänge bahnen sich über 800 Züge ihren Weg durch Landschaften in Deutschland, Österreich, der Schweiz, Skandinavien und den USA. In der **Speicherstadt-Kaffeerösterei** nebenan kann man beim Rösten zuschauen und auch an Verkostungen teilnehmen. Schauspieler entführen im **Hamburg Dungeon** mutige Erwachsene und Kinder ab 10 Jahren ins 18. und 19. Jahrhundert, als Sturmflut, Pest und Feuersbrünste die Hansestadt heimsuchten.

Nach einem ereignisreichen Tag begeben wir uns auf die Heimreise. Über die Straße Niederbaumbrücke ist die U-Bahn-Station Baumwall schnell erreicht. Aber was wäre ein Besuch in HafenCity und Speicherstadt ohne eine Schifffahrt? Dafür verlassen wir die HafenCity vom Fähranleger Elbphilharmonie, um auf selbige noch einen letzten Blick zu werfen. Von Bord der Fähre 72 sehen wir das rote **Feuerschiff**, den Stückgutfrachter **Cap San Diego** und den Großsegler Rickmer Rickmers im Hafenbecken dümpeln. Dann nehmen wir Kurs auf die St. Pauli Landungsbrücken.

Miniatur Wunderland
Eine fesselnde Welt im Maßstab 1:87.
Kehrwieder 2–4
Tel. (040) 3 00 68 00
www.miniatur-wunderland.de
Mo–Fr 9.30–18, Di bis 21, Fr bis 19, Sa 8–21, So/Fei 8.30–20 Uhr (abw. Öffnungszeiten in den Ferien)
12,50 €, bis 16 Jahre 6,50 €

Speicherstadt Kaffeerösterei
Kehrwieder 5
Tel. (040) 31 81 61 61
www.speicherstadt-kaffee.de
Tgl. 10–19 Uhr
Kaffeeverkostung So nach Voranmeldung: 13,50 €

Hamburg Dungeon
Kehrwieder 2
Tel. (040) 36 00 55 20
www.thedungeons.com
Tgl. 10–18 Uhr,
Juli–Aug. 10–19 Uhr
Online-Tickets ab 15,50 €, 10–14 Jahre ab 14,95 €

Entspannen auf den Magellan-Terrassen

Ab nach Amerika!

★ Stadtausflug Auswandererwelt BallinStadt
★ Nacherleben, wie es Auswanderern erging

Start
Veddel (BallinStadt)
S3 S31 alle 5–10 Min.

An dem Ort der historischen Auswandererstadt auf der Veddel steht heute die BallinStadt. Hier kann man die Geschichten der Auswanderer nacherleben, die über Hamburg in eine neue und unbekannte Welt aufbrachen.

Mit der S3 oder S31 geht es bis zur Station Veddel (BallinStadt). Von dort sind es fünf Minuten Fußweg zur **Auswandererwelt.** Noch interessanter, aber auch teurer ist es, mit der Hafenbarkasse anzureisen. Alle zwei Stunden fährt die Maritime Circle Line ab Landungsbrücke 10 direkt zum Anleger BallinStadt am Ballin-Park.

„Hallo! Ich heiße Maria und wohne in einem kleinen Dorf in Österreich. Ich bin neun Jahre alt und habe vor 155 Jahren gelebt, ich wurde nämlich 1857 geboren. Meine Eltern wollen nach Amerika ziehen. Sie sagen, dass es dort besser ist. Aber Amerika ist sehr weit weg ..."

So wie Maria mit ihren Eltern und Geschwistern brachen zwischen 1850 und 1939 über fünf Millionen Menschen von Hamburg aus in eine neue Heimat auf. Die meisten zog es Richtung Nordamerika, aber auch Brasilien, Argentinien, Neuseeland oder Australien waren Ziele. Durch sprechende Puppen erfahren Besucher der Ausstellung von Träumen, Hoffnungen und Wünschen, die die Menschen damals bewegten.

1901 wurden die **Auswandererhallen** eingeweiht. Albert Ballin, Generaldirektor der Reederei Hamburg-Amerikanische Packetfahrt-Actiengesellschaft (HAPAG) ließ sie für die Emigranten, die mit den Schiffen der HAPAG befördert wurden, auf der Veddel bauen. In 30 Gebäuden waren Schlaf- und Wohnpavillons, Bäder, Speisehallen, Räume für ärztliche Untersuchungen, Kirchen und Synagogen untergebracht. Zweck der Auswande-

Auswandererwelt BallinStadt
Veddeler Bogen 2
20539 Hamburg
Tel. (040) 3 19 79 16-0
www.ballinstadt.de
Apr.–Okt. tgl. 10–18 Uhr
Nov.–März
tgl. 10–16.30 Uhr
12,50 €, 5–12 Jahre 7 €,
Familienkarte (2 Erw.,
2 Kinder) 26 €

Pavillon 3
Restaurant
„Nach Amerika"
Sommer: tgl. 11–18 Uhr
Winter: tgl. 11–16.30 Uhr

rerstadt war es, den meist armen Menschen, die auf ihre Überfahrt warteten, einen sicheren Ort zur Verfügung zu stellen und die Ausbreitung von Krankheiten zu vermeiden. Unterkunft und Verpflegung waren im Preis der Passagiertickets enthalten. Die Einrichtungen zeichneten sich für die damalige Zeit durch sehr gute hygienische Verhältnisse aus.

In Haus 1 befindet sich die Kasse, und hier startet das Auswandererspiel „Simmigrant" – eine interaktive Simulation, die es erlaubt, sich selbst in einen Auswanderer zu versetzen.

Im Haus 3 der Auswandererwelt befindet sich auch das Familienforschungszentrum

Haus 2 ist das Herzstück der BallinStadt. Hier erfährt man, warum Menschen ihre Heimat verließen und den Start in eine ungewisse Zukunft wagten. Man lernt den Gründer Albert Ballin kennen, und endlich beginnt die große Überfahrt. Schließlich zeigt die Ausstellung die Ankunft auf Ellis Island, der Einwandererstation im Hafen von New York. Nun kann man die Ankommenden auf ihrem Weg in die neue Heimat begleiten und verfolgen, ob sich Wünsche und Hoffnungen erfüllten. So wie bei Maria, dem Mädchen vom Beginn der Ausstellung: „Hello! Ich bin Maria aus Österreich. Aber jetzt heiße ich Mary. Wir sind tatsächlich ausgewandert. Die Überfahrt dauerte vier Wochen. Das Schiff war schrecklich voll mit Menschen. Obwohl ich es mir zuerst nicht vorstellen konnte, bin ich jetzt doch froh, dass wir nach Amerika ausgewandert sind."

Im Haus 3 kann man durch den großen rekonstruierten Schlafsaal gehen und im Familienforschungszentrum kostenlos nach Familienmitgliedern, die einst ausgewandert sind, suchen. Dafür stehen unter anderem die Hamburger Passagierlisten der Schiffe von 1850 bis 1934 und Daten der amerikanischen Volkszählung von 1930 zur Verfügung. Im Restaurant „Nach Amerika" speist man wie vor 100 Jahren: Die Tische und Bänke sind Originalnachbauten von 1910.

Museums-Hafenbarkasse
Ab Landungsbrücke 10 als Hop-On Hop Off-Rundtour direkt zum Ballin-Park.
Nov.–März Sa/So 11, 13 und 15 Uhr
Apr.–Okt. tgl. 11, 13 und 15 Uhr
16 €, 7–15 Jahre 8 €
(2 Kinder bis 6 Jahre pro Erw. frei)
Tel. (040) 28 49 39 63
www.maritime-circle-line.de

Von der Gartenschau zum Volkspark

★ Spaziergang durch den Wilhelmsburger Inselpark

★ Beeindruckende Gartenarchitektur und Abwechslung pur – Ruhe oder Bewegung, Wiesen oder Wasser

Start
Wilhelmsburg
S3 S31 alle 5–10 Min.
oder
Ernst-August-Schleuse
Fähre 73 Mo–Fr alle 40 Min.

Karte ▸ Seite 205

„In 80 Gärten um die Welt" lautete das Motto der Internationalen Gartenschau (IGS), die im Oktober 2014 ihre Tore schloss. Nach dem Umbau ist auf dem frei zugänglichen Gelände in unmittelbarer Nachbarschaft der neuen Wilhelmsburger Mitte ein attraktiver Volkspark entstanden, der viel Raum für Spiel und Bewegung bietet.

Nur acht Minuten mit der S-Bahn sind es vom Hamburger Hauptbahnhof bis zum neu gestalteten S-Bahnhof Wilhelmsburg. Ab hier, vorbei am schwungvoll bunten Gebäude der Behörde für Stadtentwicklung mit seinem dreizehngeschossigen Hauptturm, dem größten Hochbauprojekt der IBA (▸ Seite 206), ist der Haupteingang des Parks nach wenigen Schritten erreicht. Er liegt in der neuen Mitte Wilhelmsburg, dem IBA-Quartier im Herzen der Elbinsel. Vis-à-vis der fünf, von einem Kanal umgebenen WaterHouses befindet sich die Inselparkhalle mit dem neuen Schwimmbad. Besonderheit der Freizeiteinrichtung: Im Sommer lässt sich die Südseite, bestehend aus einer Front verschiebbarer Glaselemente, vollständig öffnen. Sie schafft freien Zugang zu den Liegewiesen – das Hallenbad wird zum Freibad. Wer mag, unternimmt vor dem Parkspaziergang einen Abstecher in das **Wälderhaus**, dessen Fassade und Gebäudestruktur mit dem nachhaltigen Material Holz gestaltet wurde. Mit einer Dauerausstellung macht die Schutzgemeinschaft Deutscher Wald die Ökologie des Waldes, seine Wichtigkeit für Wasser und Klima sowie seine kulturelle Bedeutung erfahrbar. Weiter geht es in die am östlichen Parkrand gelegene **Welt der Bewegung**, bestehend aus elf Gärten. Klein und Groß, Alt und Jung, Menschen mit und ohne Handicap können hier

Wälderhaus
Am Inselpark 19
21109 Hamburg
Tel. (040) 302 15 65 30
www.waelderhaus.de
März–Okt. 10–18 Uhr
Nov.–Feb. 10–17 Uhr
5,10 €, erm. 4,30 €,
7–16 Jahre 2,70 €
Familienkarte (2 Erw., 2 Kinder 7–16 J.) 12,60 €

Restaurant Wilhelms im Wälderhaus
Vorzugsweise regionale Produkte, raffiniert zubereitet.
Im Sommer große Außenterrasse mit Blick auf weitere IBA-Projekte.
Tel. (040) 302 15 66 00
Tgl. 6–22 Uhr

Blütenpracht im Wilhelmsburger Inselpark

die Lust an sportiver Betätigung entdecken. Besonders beliebt ist die 1500 Quadratmeter große Skater-Anlage mit Bowl- und Streetbereich. Ein Eldorado für Kletter-Freaks stellt die 850 Quadratmeter große **Nordwandhalle** mit Innen- und Außenkletterwänden dar. Sie ist das erste Null-CO_2-Kletterzentrum Deutschlands. Gleich dahinter bietet ein Hochseilgarten Kletterstationen in fünf Schwierigkeitsstufen. Exotisch erscheinender Blickfang in der **Welt der Kontinente** ist der Sansibar-Felsen, ein vier Meter hoher, wie vom Wind verformter Steinbrocken, auf dem eine 25 Jahre alte Schwarzkiefer thront. In den westlich davon gelegenen einstigen **Naturwelten** entwickelt sich eine Schilffläche, im Süden entstehen zahlreiche neue Schrebergärten. Vorbei am Kuckucksteich, wo noch einige Gärten aus der **Welt der Kulturen** erhalten sind, gelangt man zu den lange bestehenden Laubengärten, die wie selbstverständlich in die Gartenausstellung einbezogen wurden. Wer sehen möchte, wie ihre Besitzer ihre Mini-Gärten pflegen und hegen, kann zwischen den Parzellen entlangflanieren oder nimmt den Weg über den neu angelegten **Rosenboulevard**. Noch durchschneidet die Wilhelmsburger Reichsstraße

Nordwandhalle
Klettern an Innen- und Außenwänden
Am Inselpark 20
21109 Hamburg
Tel. (040) 209 33 86 20
www.nordwandhalle.de
Mo–Fr 10–23,
Sa/So/Fei 10–22 Uhr
Tageskarte Klettern und Bouldern: 15,50 €,
14–18 Jahre 7,50 €,
Kinder unter 13 J. in Begleitung eines zahlenden Erwachsenen frei

Restaurant im alten Wasserwerk
Speisen in geschichtsträchtigen Räumlichkeiten.
Wasserwerk Wilhelmsburg
Kurdamm 24
21107 Hamburg
Tel. (040) 75 06 22 03
www.restaurant-wasserwerk-wilhelmsburg.de
Mo–So 12–22.30 Uhr

Hochseilgarten Hanserock
Am Inselpark
21109 Hamburg
Preise und aktuellen Öffnungszeiten:
www.hanserock.de

den Park, doch werden die Pläne Wirklichkeit, soll die Schnellstraße in den nächsten Jahren verlegt werden. Eine Brücke führt zur Westseite des Parks, wo die Besucher vom alten Baumbestand rund um einen kleinen See und dem idyllisch gelegenen Kükenbrack empfangen werden. Dahinter eröffnet sich der Blick auf das ehemalige Wasserwerk, das zu einem schicken Restaurant umfunktioniert wurde. Rechter Hand führt der Weg in die **Wasserwelten**. Während der Gartenschau wurden hier mit unterschiedlichen Gärten Wassermangel und -überfluss zum Thema gemacht. Erhalten geblieben ist unter anderem das Wasserkino, ein aus vielen Mosaiken zusammengestelltes Abbild der Unterwasserwelt, sowie der Gesirgarten. Inmitten einer Steinlandschaft schießt aus der Tiefe der Erde ruckartig immer wieder eine zwölf Meter hohe Fontäne heraus – zur Freude besonders der jungen Parkgäste. Diese können – nicht weit entfernt – eine Wüstenlandschaft entdecken, die als Spielplatz dient. In der nordwestlich gelegenen **Welt der Religionen** waren während der Blumenschau Christentum, Buddhismus, Hinduismus, Islam und Judentum repräsentiert. Auch diese Gärten wurden seit Ende der Ausstellung stark reduziert, blieben aber in ihrer Grundform erhalten und sollen als interkultureller Treffpunkt dienen. Ein gemeinsamer Brunnen ist das Zeichen für Respekt und Toleranz. Er symbolisiert die Bedeutung des Wassers als Quell des Lebens für alle Religionen. Integriert ist die alte Kapelle inmitten des ehemaligen Friedhofs, die als Veranstaltungsort genutzt wird. Übrigens: Der neue Inselpark und die IBA-Bauten lassen sich nicht nur bei einem Spaziergang, sondern auch paddelnd vom Wasser aus entdecken. Die drei Kilometer lange Kanu-Strecke beginnt am Barkassenanleger beim Bürgerhaus und führt mit fünf Ein- und Ausstiegsmöglichkeiten durch das Parkgelände.

Das Restaurant im alten Wasserwerk lädt zum Entspannen und Genießen ein

Wilhelmsburger Inselpark
1 Behörde für Stadtentwicklung
2 Water Houses
3 Schwimmhalle Inselpark
4 Wälderhaus
5 Welt der Bewegung
6 Welt der Kontinente
7 Welt der Kulturen
8 Wasserwelten
9 Restaurant im Alten Wasserw
10 Welt der Religionen
Wilhelmsburg/IBA
1 Energieberg
2 Windmühle Johanna
3 Leuchtturm Bunthäuser Spitze
4 Museum Elbinsel Wilhelmsbur
5 Energiebunker
6 Ernst-August-Schleuse
Alter Elbtunnel
Kleiner Grasbrook
Tiefsack
Veddeler Damm
Veddel
Spreehafen
Harburger Chaussee
Peutestraße
Norderelbe
A 255
A 252
Veddel
Müggenburger Hauptdeich
Reiherstieg
Georg-Wilhelm-Straße
Wilhelmsburger Reichsstraße
Niedergeorgswerder Deich
A 1
Wilhelms-burg
Schönenfelder Str.
Mengestr.
Wilhelmsburg
Kreetsander Hauptdeich
Reiherstieg
Neuenfelder Straße
Kirchdorfer Straße
B 75
B 4
Otto-Brenner-Straße
Kornweide
A 253
Moorwerder Hauptdeich
Spadenländer Hauptdeich
Spadenland
NSG Heuckenlock
Moor-werder
Süderelbe
Neuland
Schweenssand-Hauptdeich
Fünfhausener Hauptdeich
Moorwerder Hauptdeich
Neuländer Straße
Hannoversche Str.
Hamburg-Harburg
Harburg
Elbdeich
Bullen hauser
500 m

Stadt im 21. Jahrhundert

★ Radtour (25 km) nach Moorwerder & durch Wilhelmsburg

★ Durch die Naturidylle an der Bunthäuser Spitze, vorbei an den Highlights der IBA und rein in die Neue Wilhelmsburger MItte

Start
Veddel (BallinStadt)
S3 S31 alle 5–10 Min.

Karte ▸ Seite 205

Die größte bewohnte Flussinsel Europas bietet viel: multikulturelles Flair und dörfliche Strukturen, lauschige Plätze und einen der letzten Tideauenwälder. Als Teil der Internationalen Bauausstellung (IBA) präsentiert sich Wilhelmsburg zudem mit nachhaltigen Projekten zur Energieversorgung und einem zukunftsfähigen Wohnungsbau.

Infozentrum Energieberg Georgswerder
Fiskalische Straße 2
21109 Hamburg
Tel. (040) 25 76-10 80
1. Apr.–31. Okt.
Di–So 10–18 Uhr
Eintritt frei,
Öffentliche Führungen:
Fr 15.30, Sa/So 13.3o und 15.30 Uhr
energieberg@srhh.de

Nach sieben Jahren des Forschens, Entwickelns und Bauens war es 2013 so weit: Über 60 bleibende bauliche, soziale und kulturelle Modellprojekte wurden auf 35 Hektar auf den Elbinseln Wilhelmsburg und Veddel sowie im Harburger Binnenhafen präsentiert. Die 60 entstandenen Projekte sind drei Leitthemen zugeordnet: „Kosmopolis“ zeigt, welche Potenziale sich aus dem Zusammenleben von Menschen unterschiedlicher Herkunft und Kulturen ergeben können, besonders im Hinblick auf eine Verbesserung der Bildungssituation. Bei den „Metrozonen“ handelt es sich um neue Räume für die Stadt. Zentrale, aber vernachlässigte Orte werden neu belebt. Das Thema „Stadt im Klimawandel“ widmet sich regenerativen Energien auf den Elbinseln.

Die Fassade des „Algenhauses“ BIQ dient der Energieerzeugung

Wie dies aussehen kann, zeigt das erste IBA-Projekt auf unserer Route, der **Energieberg Georgswerder**. Der fast 40 Meter hohe Deponiehügel wurde zum Energielieferanten durch Windkraft und Sonnenenergie. Jahrzehntelang war das Gelände für die Öffentlichkeit nicht zugänglich. Hausmüll und giftige Industrieabfälle wurden hier bis 1979 gelagert. Mittels eines aufwendigen Verfahrens wurde die Deponie abgedichtet, so dass keine giftigen Stoffe mehr austreten können. Das Informationszentrum zeigt den Wandel von der giftigen Umweltlast zum Standort für regenerative Energieerzeugung. Ein Horizontrundweg bietet fantastische Ausblicke auf die Stadt und bis zu den Harburger Bergen.

Die Windmühle Johanna in Kirchdorf

Über den Hövelweg erreichen wir die Dove-Elbe und radeln zur **Windmühle Johanna** in Kirchdorf. Die Mühle ist die fünfte ihrer Art, die seit 1582 an dieser Stelle errichtet wurde. Ende der 1990er Jahre wurde sie aufwendig restauriert und erstrahlt seitdem im neuen Glanz. Gleich neben der Mühle entstand als IBA-Projekt ein Backhaus, in dem inzwischen das „Wilhelmsburger Mühlenbrot" gebacken wird. Interessante Einblicke in die Geschichte Wilhelmsburg vermittelt das **Museum Elbinsel**: Als die Marschinsel noch vorrangig aus fruchtbarem Weideland bestand, war sie einer der Milchlieferanten für die Hansestadt. Untergebracht ist das Museum in einem ehemaligen Amtshaus, das auf den Grundmauern des „Adeligen Sitzes Stillhorn" errichtet wurde, einem Schloss der Groten. Dieses Gebiet der Elbinsel gehörte ursprünglich zur Insel Stillhorn. Erst Ende des 17. Jahrhunderts wurde es zusammen mit den Inseln Georgswerder und Reiherstieg-Rothehaus zum heutigen Wilhelmsburg zusammengedeicht. Nicht weit entfernt, in der Nähe der Kreuzkirche, befindet sich das älteste Haus der Flussinsel: das Küsterhaus von 1660.

Vom dörflichen Kern radeln wir weiter zum ländlichen Teil: Hinter dem Moorwerder Deich ist das **Naturschutzgebiet Heuckenlock** mit seinem urwaldartigen Baumbestand versteckt. Weitgehend unberührt, erblühen in dem Gebiet im Frühjahr reiche Bestände der geschützten Sumpfdotterblume und auch seltene Tiere wie Graureiher,

Windmühle Johanna
Café und Besichtigungen
jeden 1. So im Monat
Schönenfelder Straße 99a
21109 Hamburg
Tel. (040) 7 54 35 34
www.windmuehle-johanna.de

Museum Elbinsel Wilhelmsburg e.V.
Kirchdorfer Straße 163
21109 Hamburg
Tel. (040) 31 18 29 28
www.museum-wilhelmsburg.de
1. Apr.–31. Okt. So 14–17 Uhr
Eintritt frei

Der kleinste Leuchtturm Hamburgs steht an der Bunthäuser Spitze

Weißstorch und Seeadler fühlen sich hier Zuhause. Über das besondere Ökosystem des Süßwasserwatts informiert das **Elbe-Tideauenzentrum**. Von dort führt ein Wanderweg zur **Bunthäuser Spitze** mit seinem malerischen Leuchtturm, exakt dorthin, wo sich der Fluss in Süder- und Norderelbe trennt.

Nach dem Ausflug in die Naturidylle trägt uns der Drahtesel zurück ins urbane Wilhelmsburg: Über den Siedenfelder Weg führt die Route in Richtung **Neue Wilhelmsburger Mitte**, dem größten Städtebauprojekt der IBA. In unmittelbarer Nähe zum **Wilhelmsburger Inselpark** (▸ Seite 202) wächst ein innovatives Stadtquartier. 15 Wohnungsbauprojekte, bestehend aus vier unterschiedlichen Typen, sind entstanden: Smart Price Houses (kostengünstiger Wohnungsbau), Smart Material Houses (Bauen mit neuartigen Materialien), Water Houses (Bauen auf dem Wasser) und Hybrid Houses (ein Miteinander von Wohnen und Arbeiten). Die auffälligste Fassade hat das „Algenhaus“ **BIQ**. Eine Bioreaktorfront aus den pflanzenähnlichen Lebewesen, die Photosynthese betreiben, dient der Energieerzeugung. Durch das Wachstum der Algen ist die Fassade ständig in Bewegung und verändert ihre Farbe.

Von der Dratelnstraße aus biegen wir auf den Loop ein – ein neu erbauter, rund 6,5 Kilometer langer, barrierefreier Weg für Radfahrer, Spaziergänger und Skater durch den Stadtteil. Unsere nächste Station ist der **Energiebunker** in der Neuhöfer Straße. Der ehemalige Flakbunker wurde 1943 mit vier Flaktürmen errichtet. Tausenden Menschen diente er als Schutz vor Luftangriffen. 1947 zerstörte die britische Armee das Gebäude innen völlig. Es war nicht zugänglich, bis es seit 2011 im Zuge der IBA saniert und als Mahnmal erhalten wird. Eine Ausstellung dokumentiert die

via Tipp

Elbe-Tideauenzentrum Bunthaus
Wissenswertes zum Ökosystem Süßwasserwatt und Naturidylle an der Spitze zwischen Norder- und Süderelbe.
Moorwerder Hauptdeich 33
21109 Hamburg
Tel. (040) 28 49 37 35
www.naturschutzverband-goep.de/ns/bunthaus.html
1. Nov.–31. März,
So 11–17 Uhr,
1. Apr.–31. Okt.
Sa/So/Fei 11–18 Uhr
Eintritt frei

Geschichte des Bunkers. Im Café in einem der Flaktürme kann man in 30 Metern Höhe nicht nur leckeren Kuchen, sondern auch eine tolle Aussicht genießen. Der Name Energiebunker wurde gewählt, da das Gebäude mit einem Mix sauberer Energie eine benachbarte Wohnsiedlung versorgt: Eine Photovoltaikanlage auf dem Dach erzeugt Strom, an der Südseite wandelt eine Solarthermieanlage Sonnenstrahlen in Wärme um und im Innern produzieren ein Biogas-Blockheizkraftwerk sowie ein Holzhackschnitzel-Kessel Energie und Wärme.

Durch das von Gründerzeitbauten geprägte **Reiherstiegviertel** geht es zur Ernst-August-Schleuse. Nun hat man drei Möglichkeiten, die Elbinsel wieder zu verlassen: Entweder man radelt über den neu geschaffenen Radweg zum Alten Elbtunnel oder steigt am Anleger bequem in die Fähre. Variante drei besteht in der Route entlang des **Spreehafens**. Nach dem Abbau des Zollzauns sind neue Zugänge zum Deich entstanden, der sich zu einem beliebten Freizeitbereich für Jogger, Radler, Skater und Spaziergänger entwickelt hat. Vorbei an Hausbooten führt der etwa zwei Kilometer lange Weg direkt zum S-Bahnhof Veddel.

Energiebunker
Neuhöfer Straße 7
21107 Hamburg
www.vju-hamburg.de
Führungen Sa 14, 15 und 16 Uhr, So 14, 15, 16 und 17 Uhr
3 € inklusive 1 € Verzehrbon für das Café vju

Café vju im Energiebunker
Kleine Speisen und Kuchen, dazu grandiose Aussicht.
Neuhöfer Straße 7
21107 Hamburg
www.vju-hamburg.de
Tel. (01 52) 33 73 83 37
Mi–Fr 12–18,
Sa/So/Fei 10–18 Uhr

Idyllischer Rad- und Wanderweg zur Bunthäuser Spitze

TOUR 72 | Harburg

Kontraste an der Süderelbe

★ Spaziergang oder Radtour (10 bzw. 13 km) Außenmühlenteich – Harburger Innenstadt – Binnenhafen – Schlossinsel
★ Parks, Museen und neues Leben am Hafenrand

Start
Harburg Rathaus
S3 S31 alle 5–10 Min.

Gratis Audiotouren unter hvv.de/audiotouren herunterladen

▸ Hörabschnitt Nr. 1–3 siehe HVV-Netzplan Klappe hinten im Umschlag und
▸ Hörabschnitt Nr. 3–15 siehe Karte Seite 211

Die Ursprünge Harburgs reichen weit zurück. Schon um das Jahr 1000 soll auf einer Insel in der sumpfigen Elbeniederung die Horeburg gestanden haben. Harburg entwickelte sich zu einer Hafen- und Handelsstadt. Heute ist der südlichste Stadtteil Hamburgs von lebendigen Gegensätzen geprägt.

Unsere Tour beginnt am S-Bahnhof Harburg-Rathaus, den wir sogleich in Richtung Lüneburger Straße – der Fußgängerzone und Einkaufsmeile – verlassen. Vorbei an kulinarischer Vielfalt biegen wir nach nur wenigen Metern rechts ab und entdecken das **Harburger Rathaus**, erbaut 1889 im Renaissance-Stil.

Ein paar Schritte weiter – am Rathaus- und am Museumsplatz – befinden sich die beiden Häuser des **Archäologischen Museums Hamburg** und des **Helms-Museums**. Das Archäologische Museum Hamburg verfügt über eine der größten und wichtigsten archäologischen Sammlungen Norddeutschlands. Die Archäologische Dauerausstellung ist in dem Bau am Harburger Rathausplatz 5 untergebracht. In dem gegenüberliegenden Hauptgebäude, das als eines der größten Museumsneubauten im Nachkriegsdeutschland gilt, werden Sonderausstellungen gezeigt.

Gleich links neben dem Haupteingang des Archäologischen Museums biegen wir in die **Rathauspassage** ein. So gelangen wir direkt zum **Alten Friedhof**. Dieser wurde bereits 1828 eingeweiht und zeigt kunstvolle alte Grabstätten, Wandgrabanlagen und Skulpturen. Seit 1984 steht er unter Denkmalschutz und nimmt immer mehr den Charakter eines Parks an.

Wir durchqueren den Alten Friedhof und gelangen über eine Fußgängerbrücke – die über

Archäologische Museum Hamburg (Haupthaus)
Museumsplatz 2
21073 Hamburg
Tel. (040) 428 71-36 09
Di–So von 10–17 Uhr
6 €, ermäßigt 4 €, bis 17 Jahre frei

Hörabschnitte der Audiotour
Hörabschnitt Nr. 1–3 von Hamburg Hbf bis Harburg: ▸ Klappe hinten
3 S-Bahnhof Harburg Rathaus
4 Archäologisches Museum & Helms-Museum
5 Alter Friedhof
6 Stadtpark & Außenmühlenteich
7 Phoenix-Viertel & Sammlung Falckenberg
8 Bahnhof Harburg
9 Auf in den Binnenhafen
10 Der Binnenhafen
11 Schlossinsel
12 Kaufhausspeicher
13 Electrum – Museum der Elektrizität
14 Lämmertwiete
15 Sand
Harburger Schloss
IBA-Gebiet
Schloss-insel
Lotsekanal
Kanalplatz
Speicher am Kaufhauskanal
Bornemann'sches Haus
Electrum
Channel Hamburg
Lämmertwiete
Harburg Rathaus
Rathaus
Helms-Museum
Archäologisches Museum
Alter Friedhof Harburg
Sammlung Falckenberg
Phoenix-Werk
Hamburg-Harburg
Harburger Stadtpark
Außenmühlenteich
Wilhelm-Weber-Straße
Konsul-Ritter-Str.
Dampfschiffsweg
Lotsekai
Seehafenstraße
Buxtehuder Straße
Veritaskai
Westl. Bahnhofskanal
Östlicher Bahnhofskanal
Theodor-Yorck-Straße
Harburger Schloßstr.
Karnapp
Neue Straße
Sand
Schloßmühlendamm
Schippsee
Großer
Lüneburger Straße
Harburger Ring
Seevestraße
Hannoversche Straße
Schlachthofstraße
Knoopstr.
Rathaus-Passage
Hastedtstraße
Bremer Straße
Baererstraße
Maretstraße
Eddelbüttelstraße
Wilstorfer Straße
Hohe Straße
Hörstener Straße
Seevekanal
B 73
B 75
A 253
200 m

Restaurant Leuchtturm
Ausgewählte Speisen, hauseigene Konditorei und lauschige Terrasse am Außenmühlenteich.
Außenmühlendamm 2
21077 Hamburg
Tel. (040) 70 29 97 77
www.leuchtturm-harburg.de

MidSommerland
Schwimmen und Saunen direkt am Außenmühlenteich, mit Therme und Schwedenflair.
Gotthelfweg 2
21077 Hamburg
Tel. (040) 18 88 90
www.baederland.de
Mo–So 10–23 Uhr
Bad ab 6,30 €, Kinder ab 3,20 €, Sauna ab 16 €, Kinder ab 9 €

Sammlung Falckenberg
Wilstorfer Straße 71, Tor 2
21073 Hamburg
Tel. (040) 32 50 67 62
www.sammlung-falckenberg.de
Nur mit Anmeldung (über Website) und im Rahmen einer Führung, 15 €

die vielbefahrene B75 führt – in den **Harburger Stadtpark**. Als Ausläufer der Harburger Berge ist das rund 90 Hektar große Gelände durch einen Wechsel von schmalen Tälern und Hügeln geprägt. Mittendrin befindet sich der **Außenmühlenteich**. Ihn einmal zu umrunden, dauert nicht allzu lange (die Strecke beträgt knapp drei Kilometer) und ist besonders reizvoll.

Nach der Umrundung geht es ein Stück des schon bekannten Weges zurück bis zum Ausgang des Alten Friedhofs und dort rechts in die Baererstraße. Sie führt direkt hinein ins **Phoenix-Viertel**. Das Phoenix-Viertel verdankt seinen Namen den hier ansässigen Phoenix-Werken, in denen seit 1856 Gummi für jeden Bedarf hergestellt wird. Das Phoenix-Werk selbst erreichen wir am Ende der Baererstraße. Hier biegen wir links ab in die Wilstorfer Straße und erreichen bei der Nummer 71 die **Sammlung Falckenberg**. Der Kunstsammler Harald Falckenberg kaufte 2007 eine der ehemaligen Fabrikhallen der Phoenix-Werke und ließ sie zu einem großzügigen Ausstellungsgebäude umbauen. Schwerpunkt der Sammlung bilden rund 2000 Arbeiten aus dem Bereich zeitgenössischer Gegenwartskunst.

Jetzt geht es quer durch die Harburger Innenstadt weiter Richtung Binnenhafen. Zunächst die Wilstorfer Straße entlang und geradeaus durch die Lüneburger Straße. An deren Ende geht es dann kurz rechts auf den Harburger Ring und gleich am Karstadt-Kaufhaus wieder links in die Straße Großer Schippsee. Weiter geradeaus führt eine Fußgängerbrücke über die B73 und den Bahndamm in den **Harburger Binnenhafen**. In diesem Teil Harburgs erwartet uns eine Welt der Gegensätze, bestehend aus alten Hafen- und Speicherbauten, moderner Architektur und alteingesessenen Gewerbebetrieben.

Am Ende der Fußgängerbrücke gehen wir links den Karnapp entlang und biegen dann rechts in die Harburger Schloßstraße. Hier begegnet uns zunächst altes Fachwerk. Das älteste der Gebäude, das **Bornemann'sche Haus** (Nr. 13), wurde in seinem Kern um 1565 errichtet. Auf der gegenüberliegenden Straßenseite zeigt sich deutlich das neue Bild des Binnenhafens mit dem **Channel**

Hamburg, einem High-Tech-Standort. Nachdem die Hafenbauten entlang des westlichen Bahnhofskanals ihre traditionelle Nutzung verloren hatten, entstand hier ab den 1990er Jahren ein neues Quartier. Einen eindrucksvollen Blick auf die architektonisch gelungene Umwandlung alter Speicher in attraktive Büroräume vermittelt ein Abstecher zum Westlichen Bahnhofskanal.

Weiter die Harburger Schloßstraße entlang, stoßen wir auf den Kanalplatz. Ab Ende 2015 führt hier eine neue Füßgänger-Drehbrücke direkt zu unserem nächsten Ziel: der Schlossinsel. Bis dahin aber gehen wir nach links bis zur Blohmstraße und folgen dieser nach rechts über den Lotsekanal zur **Harburger Schlossinsel.**

Im Rahmen der **Internationalen Bauaustellung (IBA)** bekommt die Schlossinsel ein neues Gesicht. Es entstehen 370 neue Wohneinheiten, ein sternförmiger Park und die Lotsekaipromenade wird neu gestaltet. Zwischen den neuen Wohnbauten kann man den noch erhaltenen Teil des **Harburger Schlosses** entdecken, das allerdings recht schlicht daher kommt. Die einstige Burg wurde im 16. Jahrhundert in ein Schloss umgewandelt. Später entstand daraus eine Festungsanlage, die schließlich in den Hafen integriert wurde. Nach der Industrialisierung war die Schlossinsel nur noch Arbeitsstandort. Durch die neuen Bauprojekte entwickelt sie sich nun zum begehrten Wohnort.

Zwischen Blohmstraße und Kaufhauskanal passieren wir den **Kaufhausspeicher**, ein Fachwerkspeicher der zum Konzertsaal und als Veranstaltungslocation umgebaut wurde, und – wer mag – macht noch einen Besuch im **Museum der Elektrizität**. Das befindet sich am Ende der Blohmstraße links in Richtung der Bahnlinie direkt an der Fußgängerunterführung. Vom alten Schwarzweißfernseher bis zu kuriosen Haushaltsgeräten lässt sich bestaunen, was die Elektroindustrie in den letzten 130 Jahren hervorgebracht hat.

Bevor es jetzt durch die Neue Straße und quer über den zentralen Marktplatz am **Sand** zurück zum S-Bahnhof geht, machen wir noch einen kurzen Abstecher – hinter der Unterführung gleich links – in die zauberhafte Fachwerkgasse **Lämmertwiete**, Harburgs bunter Gastromeile.

Veritas Beach
Relaxen auf weißem Sand im Beachclub. Wegen Bauarbeiten am Veritaskai vielleicht bald in neuer Location.
Veritaskai 5
21079 Hamburg
Tel. (040) 796 70 80
Mai–Sep. Mo–Sa 11.30 Uhr, So ab 19 Uhr

Electrum, Museum der Elektrizität e.V.
Harburger Schloßstraße 1
21079 Hamburg
Tel. (040) 32 50 73 53
www.electrum-hamburg.de
So 10–17 Uhr
3 €, bis 13 Jahre frei

High-Tech-Standort in alter Hafen- und Industriekulisse: Channel Hamburg

Impressum

Liebe Leserinnen und Leser,

alle Angaben in diesem Ausflugsführer sind gewissenhaft geprüft. Trotz gründlicher Recherche unserer Autoren/innen können sich manchmal Fehler einschleichen. Wir bitten um Verständnis, dass der Verlag dafür keine Haftung übernehmen kann. Über Hinweise, Berichtigungen und Ergänzungsvorschläge freuen wir uns jederzeit.

via reise verlag
Lehderstraße 16–19
13086 Berlin
post@viareise.de
www.viareise.de

7. komplett überarbeiterte und erweiterte Auflage, Berlin 2015

ISBN 978-3-935029-94-0

Text & Recherche
Reiner Elwers, außer:
Seiten 30–33, 41–43, 66–67, 120–121, 142–143, 158–159, 194–209 Dagmar Krappe; Seiten 188–189, 192–199, 202–213 Sabine Schrader

Recherche & Aktualisierung 2015
Sabine Schrader

Redaktion
Janina Johannsen, Klaus Scheddel

Herstellung & Gestaltung
Annelie Krupicka

Kartografie
Carlos Borrell Berlin, geoSYS/Ute Dolezal, Tanja Onken & Annelie Krupicka (via reise verlag)

Druck
BGZ Druckzentrum GmbH, Berlin

FSC www.fsc.org
MIX
Papier aus verantwortungsvollen Quellen
FSC® C109591

Umschlagfoto vorn
Traditionelles Bauernhaus im Alten Land (www.mediaserver.hamburg.de/M. R. Menges)

Umschlagfoto hinten
Schafherde bei Wilsede (Sabine Schrader)

Foto Seite 1
Leuchtturm beim Falkensteiner Ufer (Veronika Keltsch)

Fotos
Diana Asbeck 135; Axel Baumann 5 (oben), 142, 152–153, 170, 195; Bergedorfer Museumslandschaft 73; Bismarck-Stiftung 79, 81; commons.wikimedia.org/Andreas Geick 54; commons.wikimedia.org/NordNord-West 206; commons.wikimedia.org/Staro1 169; commons.wikimedia.org/sujalajus 51; commons.wikimedia.org/Michael Wolf 159 (5); Elbradweg Nord 98; Reiner Elwers 44; Fotodesign Jürgen Klemme 95; GDM GmbH 181, 182 (5), 184; HADAK Seetouristik und Fahrdienst AG 68 (4), 70; Hamburger Friedhöfe – AöR – 27; internationale gartenschau hamburg 2013 gmbh/Andreas Bock 203; Veronika Keltsch 168; Dirk Kirchmann 208; Dagmar Krappe 4 (oben), 42, 43, 109, 116, 120, 127; Gudrun Maurer 175, 201; Kurverwaltung Mölln 83, 85 (4); Lüneburger Heide Tourismus GmbH 123, 126; Lüneburg Marketing GmbH 113 (4); NABU/Jonathan Otto 32; pixelio.de/fotomira 37; pixelio.de/Gabi Hamann 57; pixelio.de/Nick Herboldt 58–59; pixelio.de/Knipser5 88; pixelio.de/Birgit Winter 102–103; Ratzeburg-Information 87; S-Bahn Hamburg GmbH 72, 75, 129, 156, 173, 174 (5); Klaus Scheddel 161; Sabine Schrader 5 (unten), 12–13, 39, 148, 177, 193, 204, 207, 209, 213; Stade Tourismus-GmbH 139; Stadtmarketing Bad Oldesloe 47; Stadt Buxtehude 133; Stadt Glinde/Tanja Woitaschek 63; Stadt Lauenburg/Nadja Biebow 96; Stadt Reinfeld 55; Peter Steenbuck 19; Stiftung Freilichtmuseum am Kiekeberg 106 (4); Tierpark Hagenbeck 15; Tourismusbüro Bad Bramstedt 21; Tourist-Info Kehdingen 147; Verein Jordsand 40; Verein Jordsand/Helmut Mitelstaedt 36; Wildpark Eekholt 24; Wildpark Schwarze Berge 105; www.mediaserver.hamburg.de/M. Brinckmann 167; www.mediaserver.hamburg.de/T. Hampel 186–187, 199; www.mediaserver.hamburg.de/C. Spahrbier 191